隐蔽战线春秋书系·传记卷

打入蒋介石侍从室

夏继诚◎著

中共党史出版社

图书在版编目(CIP)数据

打入蒋介石侍从室/夏继诚著．—北京：中共党史出版社，2018.4
(隐蔽战线春秋书系．传记卷)
ISBN 978-7-5098-4580-6

Ⅰ.①打… Ⅱ.①夏… Ⅲ.①段伯宇(1904—1998)－传记
②段仲宇(1914—2010)－传记 Ⅳ.①K827＝7

中国版本图书馆CIP数据核字(2018)第046344号

出版发行：中共党史出版社
责任编辑：贾京玉
复　　审：姚建萍
终　　审：吴江
责任校对：龚秀华
责任印制：谷智宇
责任监制：贺冬英
社　　址：北京市海淀区芙蓉里南街6号院1号楼
邮　　编：100080
网　　址：www.dscbs.com
经　　销：新华书店
印　　刷：北京盛通印刷股份有限公司
开　　本：170mm×240mm　1/16
字　　数：282千字
印　　张：18.5
印　　数：1—8100册
版　　次：2018年4月第1版
印　　次：2018年4月第1次印刷

ISBN 978-7-5098-4580-6
定　　价：40.00元

此书如有印制质量问题，请与中共党史出版社出版业务部联系
电话：010—82517197

段伯宇（左）1904—1998
段仲宇（右）1914—2010

|| 丛书前言 ||

章百家

中国共产党领导的新民主主义革命，既有公开战场的博弈，又有隐蔽战线的较量。公开战场和隐蔽战线相互配合，相互支持，相得益彰，奏响了中国革命的一曲曲凯歌。正如毛泽东指出的：要战胜敌人必须打两种战争，一种是公开战争，一种是隐蔽战争。隐蔽战争有战略进攻，派人打入敌人的内心；也有战略防御，保卫自己。要打败敌人须内外夹攻，所以两者都有同样的意义。

党的隐蔽战线随着党的发展而发展，随着党的壮大而壮大。在白色恐怖笼罩的危急关头，周恩来领导创建了党的第一个专门情报保卫机构——中央特科，培养和造就了一批隐蔽战线的杰出领导人和业务骨干，为保卫党中央机关和领导人的安全作出了特殊贡献。中央苏区时期，在中央和各主要苏区创立的政治保卫工作，对配合苏区工农红军粉碎敌人的“围剿”，发展和巩固苏维埃政权，纯洁红军队伍作出了特殊贡献。长征途中，红军情报侦察部门及时获取敌人往来的电报，使中央指挥机关能够及时了解敌人的军事行动部署，避实就虚，屡出奇兵，摆脱围追堵截，胜利实现了伟大战略转移。红军到达陕北后，在争取西安事变和平解决，促成抗日民族统一战线形成的过程中，隐蔽战线发挥了关键作用。抗日战争时期，中央先后成立了中央社会部和中央情报部，隐蔽战线斗争进入了专业化的成熟期。我情工人员深入日伪党政机构，获取了日伪大量军政战略情报和国民党消极抗日积极反共的情报，对配合抗日战争的胜利起了重要作用。解放战争时期，我党我军的情报保卫工作得到了更加深入广泛的发展。我情工人员深入到国民党机密决策指挥机关内，及时准确地供给了党中央和军委及各地区战略性和动向性的重要军政情报，为中央制定解放战争的战略方针提供了重要依据，使我军在解放战争中对敌人的主要情况了如指掌，始终掌握了战争的主动权。毛泽东评价这个时期“我们的情报工作是最成功的”。

艰苦卓绝的隐蔽战线斗争造就了一大批无名英雄。他们有的大智大勇，运筹帷幄，决胜千里；有的深入虎穴，与敌周旋，获取情报；有的舍生取义，面对严刑，视死如归；有的潜伏敌营，长期经营，率部起义；有的忠诚可靠，周密安排，确保党中央安全；有的巧妙应对，冲破封锁，保证交通线畅通。一代代无名英雄赤胆忠心，赴汤蹈火，用忠诚与信仰铸就了中华民族的无名丰碑；一个个共产党人不忘初心，牢记使命，用热血和生命锤炼出薪火相传的红色基因。他们在斗争中表现出了坚定的革命理想信念、大无畏的革命英雄主义精神、敢于斗争敢于胜利的英雄气概、高超灵活的对敌斗争艺术、艰苦奋斗和严谨细致的工作作风、甘于无名甘于奉献的高尚情操，这些凝聚成了隐蔽战线精神特质：胜而不骄，败而不馁，受气不叫，有苦不说，舍己救人，冒险犯难，埋头苦干。

毛泽东曾经说过：今后革命胜利了应该给我们情报战线的无名英雄们发一个大大的奖章。很多无名英雄没能盼来这枚奖章就早早地离开了我们。他们的名字无人知晓，但他们的功绩永世长存！徐向前曾指出：“我们的党史、军史有一个重大缺陷，就是对情报工作反映不够。”近年来，可以看到一些公开出版的反映隐蔽战线的史料、传记，但总的来说还不是很丰富，与隐蔽战线建立的功勋还不相称。这套《隐蔽战线春秋书系》分“传记卷”、“回忆录卷”和“史述卷”，比较全面地反映了隐蔽战线的历史和无名英雄的精神。既是对老一辈隐蔽战线英雄的深切怀念和告慰，也可以作为新时代国安干警的教育读本，让一代新人了解历史，传承基因，所以是很有价值的。

（作者为中国中共党史人物研究会副会长）

‖引子‖

蒋介石在他长达22年的统治中国期间，建立了一套庞大的党、政、军、警、宪、特官僚机构。但是，偌大一套机构如何进行控制和驾驭呢？

蒋介石的统治作风，概而言之为两个字："独裁。"也就是独断专行，一个人说了算。不过，蒋介石即使有三头六臂，也感到身边少不了几个得力的办事人员。否则，上情下达、情况汇总、文电拟办以及洋洋洒洒的讲话稿的捉刀代笔，由谁来具体承办呢？

在这个背景下，蒋介石的御用机构"侍从室"就应运而生。其全称是"国民党军事委员会委员长侍从室"；后来国民政府主席林森去世，蒋介石继任，也就成了"国民政府主席侍从室"（同时仍为军事委员会委员长侍从室）；再后来蒋介石当了"中华民国总统"，其侍从机构又改名为"总统府军务局、政务局"。

当时，国民党各级衙门对别的机构交办的事，也许可以马马虎虎，甚至推三阻四，但一听说"侍从室"三个字，就肃然起敬，对交办之事半点也不敢怠慢。即使像国民党的元老重臣，如何应钦、孙科、宋子文等，对"侍从室"也侧目而视。何应钦就在背地里发牢骚讲怪话，指责"侍从室挟天子以令诸侯"。至于下级人员则说得更为直率："侍从室里的一条狗也比人强！"

正因为"蒋介石侍从室"处于国民党统治机构的核心，有点类似于清朝的军机处，故而中共情报部门对它倍加关注，并为派人打入其内部而煞费苦心。

本书主人公段氏兄弟——打入军务局、官至少将情报科长的中共地下党员段伯宇，以及由他培养和介绍入党的其弟段仲宇（侍从室上校参谋，后任上海港口少将副司令兼京沪、沪杭铁路运输指挥官），他们的这一段经历，就有了极浓的传奇色彩。

亲爱的读者，如果你有兴趣探索半个多世纪前风云变幻的历史，想了解中共地下党员为创建新中国而舍生忘死、“提着脑袋干革命”的惊险经历，那么请你打开本书，读一读段氏兄弟鲜为人知的故事吧……

目 录

1. 蒋介石咬牙切齿，大骂“混”进侍从室的段氏兄弟

公元1949年，在中国历史长河中，这一年是壮丽辉煌的一年，天翻地覆慨而慷的一年；但对于当时的“中华民国总统”蒋介石来说，却是他运交华盖的一年，是他88年人生历程中最倒霉的一年。

这一年元旦钟声敲响之前，亦即1948年的除夕之夜，蒋介石在他的南京黄埔路“官邸”举行了盛大晚宴。这次宴会名为度岁末，迎新年，实际上，它成了蒋介石政府在它的“首都”所举行的“最后的晚餐”。

国民党政府的40多位头头脑脑出席了宴会。他们之中有“副总统”李宗仁，“行政院长”孙科，“立法院长”童冠贤，国民党中央常委张群、张治中，以及“太子”蒋经国等人。可谓“大官”毕至，冠盖云集，在南京的重要大员都到了场。

没有在南京生活过的人，常常误以为南京既以“三大火炉”之一而著称于世，那么南京的冬天大概也不会很冷。其实不然，特别是1948年的冬天，自然气候上的“冷”倒还在其次。政治气候上的“冷”使得国民党政府的显要们更感到冷入骨髓，仿佛整个身心都跌入了无底的冰窟。

宴会大厅里华灯齐放，五彩缤纷，热水汀烧得暖暖的，室内温暖如春，和室外的严寒形成强烈的反差。晚宴由名厨主理，菜肴极为丰盛。但是，宴会的气氛却一反往常，显得出奇的抑郁而沉闷，见不到喜迎新年的热闹场面，听不到互致祝贺的欢声笑语。

宴会结束后，蒋介石清清喉咙，用目光扫视了一下四周。大家顿时安静下来，静听“总统”的训词。

蒋介石开了腔，以沙哑低沉的口气说：“现在局面严重，党内有人主张和谈。我对于这样一个重大问题不能不有所表示。现在拟好了一篇文告，准备明天（元旦）发表。下面，请岳军先生读一下，征求各位的意见。”

岳军是张群的字。这位政学系的首脑是四川华阳人，1889年出生，保定军校肄业，日本士官学校毕业，在日本加入了同盟会。因为这几条，他成了蒋介石的重臣和心腹智囊，长期为蒋介石出谋划策。

蒋介石留学日本军校期间着和服与张群合影

蒋介石《元旦文告》的核心是向中国共产党求和，并无可奈何地表示："只要和平能够实现，则个人的进退出处，绝不萦怀，而一惟国民的公意是从。"

多年来，蒋介石在政治舞台上曾不止一次地玩弄过"以退为进"的策略。此公嗜权如命，要他主动"退"出"总统"宝座，交出权力杖，几乎是不可能的。明眼人一眼就可看出，他的这种表示只不过是一种"姿态"而已。

又过了十天，即1949年1月10日，淮海战役（国民党称之为"徐蚌会战"）以人民解放军大获全胜而宣告结束。蒋介石的黄百韬、黄维、邱清泉、李弥、孙元良等五个精锐兵团被消灭殆尽，总共损失55.5万余人。再加上华北傅作义集团很快将要被中共以武力消灭或被迫接受城下之盟，蒋介石心中清楚：长江以北即将全部落入中共之手。

面对这一既成的客观情势，蒋介石将他最大的战略目标放在确保长江以南的半壁江山上。划江而治，造成像历史上南北朝那样的局面。先稳住"兵败如山倒"的被动态势，尔后再徐图恢复，最好是争取美国出兵，第三次世界大战爆发，那时他蒋介石又可以带兵北伐，重圆"统一全中国"的美梦了。

为此，蒋介石作出了精心部署：

将京沪警备司令部扩大为京沪杭警备总司令部，任命心腹宠将汤恩伯为总司令，让他部署自江西九江湖口以东的长江防线，阻止共军渡江南下。

大力加强淞沪地区的防御，确保上海至少坚守半年至一年，等待美国出兵。

加强福州绥靖公署领导，任命朱绍良为主任。任命参谋次长方天为江西省政府主席。大力加强闽赣的防御力量，既作为台湾的屏障，又造成京沪杭的巩固后方。

成立和加强14个编练司令部，负责编练30多个新军，使已经削弱到只剩100多万人的国民党军扩大到300万至500万人，以便与人民解放军再作抗衡。

保住长江以南的半壁江山，不仅是当时蒋介石的最大战略目标，也是美国的战略利益所在。美国驻华大使司徒雷登、驻华联合军事顾问团团长巴大维，均认为国民党应以半壁江山与中共“划江而治”，分庭抗礼。为此，美国挤走蒋介石，抬出李宗仁，策划与中共进行所谓“和平谈判”。

1月21日，蒋介石在各种因素的迫使下，不得不宣告“引退”。下午4时许，他身穿长袍马褂，到中山陵仓皇辞庙后，乘“美龄号”专机飞离南京。“无限江山，别时容易见时难，流水落花春去也”。亡国之君李后主的这几句词，最为恰当地道出了彼时彼刻蒋介石的心态。

果然，这一别，蒋介石此后再也未能见到，更未能回到具有帝王之气的古都金陵。

蒋介石和桂系的李宗仁，虽然争权夺利，彼此闹得不可开交，但在“划江

南京古城墙

而治”以确保东南半壁江山这一点上，是不谋而合的。于是“代总统”李宗仁在前台搞和谈，蒋介石回到老家溪口在幕后重点谋划军事，为国民党政权的苟延残喘进行最后的挣扎。

这期间，有几件事使蒋介石椎心泣血，痛彻心肺：

一是二级上将、浙江省政府主席陈仪竟然私下对汤恩伯进行策反，企图将京沪杭地区像傅作义在北平所做的那样拱手送给共产党；

二是被蒋“太子”倚为心腹的预干局代局长兼预干第一总队少将总队长贾亦斌，居然率4000名学员在嘉兴叛变，从而使正在筹建中的30多个新军的基层干部断了来源；

三是被自己捧为“掌上明珠”的伞兵第三团，原决定调到闽、台给自己做警卫部队，想不到2500名官兵连人带一艘大型坦克登陆艇，竟然在调动途中开往连云港投共，从而在京沪杭地区造成了极大震动。

每次接到报告，蒋介石都大发雷霆，大骂这些人忘恩负义，没有良心，在关键时刻背叛了他。他还下令追查：伞兵投共是怎么回事？中了谁的策反之计？这么先进的一艘大型坦克登陆艇，为什么调拨给伞兵三团使用？是谁搞的鬼？

伞兵第三团“投共”后才五天，人民解放军的百万雄师以摧枯拉朽之势，于4月20日晚一举突破了长江天险。使蒋介石大惑不解的是，许多部队怎么如此地不堪一击，不战而逃，使他苦心经营了几个月、被视之为“固若金汤”的陆海空长江立体防御体系，竟然在一夜之间就土崩瓦解？蒋介石感到这是军事上的一个奇耻大辱。那么，造成这种情况的原因又在哪里呢？

蒋介石把保住东南半壁江山的希望，寄托到坚守上海半年到一年之上。但是，屋漏偏逢连夜雨，沉重的打击一个紧接一个落到蒋介石头上。原先他认为：共党问题是国际问题，不是我们一国所能解决的，要解决必须依靠整个国际的力量。目前盟国（美国）要求我们给它一个准备的时间。这个时间也不会太长，只希望我们在远东战场打一年。蒋经国还私下告诉“总统府”参军兼五十师中将师长李以劻，说什么“美国已保证第三次世界大战最迟在1950年春开始”。

然而，蒋介石希冀的“第三次世界大战”是竹篮打水——一场空；更使他失望的是汤恩伯实在不争气，驻守20万大军和1万多座钢骨水泥碉堡的上海，只守了15天就在解放军的凌厉攻势下丢掉了。

蒋介石再一次受到了致命打击。他的精神几乎到了崩溃的边缘。

一个接一个的失败，使得蒋介石不得不细细思索个中的原因所在。此公一向刚愎自用，自己明明错了也是死也不肯认错的，总是把功劳归于自己而把错误推给别人。和平谈判失败，他将罪责归之于国民党首席谈判代表张治中，大骂“文白（张治中字）无能，丧权辱国”！江阴要塞失守，中共两个兵团几十万大军，兵不血刃就渡过长江截断了沪宁路，蒋介石把责任一股脑儿推到了要塞司令戴戎光头上，破口大骂：“戴戎光这个混蛋!一炮未放就投降了敌人，打破了我原来的计划。”

6月21日，蒋介石特地从台北飞到福州，部署闽、台防务。先召开80多名高级军官参加的会议，后开小型会，尔后又分头找人个别谈话，整整忙乎了一天。后来，据与会者告诉本书主人公，说老蒋在会议期间多次谈到国民党军一连串失败的种种原因，特别使他感到痛心疾首的是，他认为自己“生平待士不薄”，可是不少部下却纷纷“背叛”他而投向了共产党。特别是当过侍从室主任、被他倚为股肱的张治中，竟然也投向了中共。他还得到报告，说军务局第四科少将科长段伯宇，还有他的弟弟，曾任侍从室上校参谋、后来升任上海港口少将副司令的段仲宇，竟然都是长期潜伏的中共地下党员!蒋介石心想，进入侍从室的人员都经过严格审查，他对侍从室人员向来不薄，待遇优厚，过年过节还大把大把地加以赏赐，共产党的策反工作再厉害，怎么能把侍从室里的将军“拉”过去？或者说中共究竟用什么办法派他们潜入了侍从室？

上海易手后，蒋介石得到报告说，段氏兄弟都已留在上海从“地下”转到了“地上”，受到了重用。痛心疾首之余，蒋介石不禁出了一身冷汗。古人云：“卧榻之侧，岂容他人鼾睡!”这是宋朝开国皇帝赵匡胤的一条重要经验。而现在共产党的“奸细”竟然在自己的侍从室里“长期埋伏”!他们竟在自己的卧榻之侧“鼾睡”了几年!蒋介石越想越感到有几分后怕，真不知哪天一颗子弹会要了自己的一条老命!

还有，更为严重的是，段氏兄弟在侍从室身居要津，参与戎机，他们究竟向共产党提供了多少机密情报，给“党国”造成了多少损失……这一切，是无法用数字来计算的呀！

终于，蒋介石把郁积在心头的愤恨一泻而出，破口大骂段氏兄弟。据参加该次会议的李以劻等将军后来辗转信言，说蒋介石猛拍桌子，站起身来，咬牙切齿，大骂段氏两兄弟。这话是否确切无从查考，但可以想见，蒋介石对段伯宇、段仲宇这两位中共党员竟能“混”进侍从室，并在自己身边“潜伏”了这么久而未被察觉，是刻骨铭心、既恨且怕的。

读者必定要问：这段氏兄弟究竟何许人也？他们身为国民党将军，怎么又是共产党员？他们是怎样入党的？他们又是怎样进入蒋介石侍从室的？他们在国民党最最核心的机要单位里怎么能潜伏得这么久？他们在使蒋介石未能保住“半壁江山”方面究竟起了什么作用……

2. 撩开蒋介石侍从室“神秘莫测”的面纱

今天60岁以下的读者，对蒋介石侍从室的有关情况知之者恐怕不多，尤其是二三十岁的年轻人，更不知这个“侍从室”为何物。甚至在今天的流行语汇中，“侍从”二字也几乎听不到了。

这并不奇怪。因为以新中国成立后的政治标准来衡量，“侍从”二字委实有着太浓的封建意味，因而在共产党、人民政府以及解放军的编制序列中，是决不会出现“侍从室”之类的单位的，而以办公厅、办公室取而代之了。

但是，在20世纪30年代和40年代，人们一谈到“蒋介石侍从室”，当官的会肃然起敬，老百姓也会谈虎色变。这是因为，蒋介石侍从室是当时中国的最高政治中心，是国民党所有党政军机关都要俯首听命的“太上皇”，是国民党政权中所有权贵显要都伸长脖子注目仰视的“圣殿”，是影响整个华夏大地历史进程的许多重大事件的策划之地。难怪当时飞扬跋扈、谁也不放在眼里的大特务头子戴笠，对侍从室里的人也不得不低声下气大拍马屁了。

侍从室为什么会有这样大的能量，能起这样大的作用？说穿了，唯一的原因是它服务的对象是当时中国的最高统治者、最大的独裁者——蒋介石。

中国共产党曾把蒋介石称之为“独夫民贼”，这是很有道理的。独夫者，独裁者是也。独裁，简而言之就是一个人说了算，君临天下，唯我独尊。用一句时下流行的话说，就是蒋介石的统治没有多少“透明度”。正因为如此，有关其侍从室的一切，就笼罩上了一层神秘的面纱，深不可测。半个多世纪过去了，直到今天有关它的内幕仍有许多不解之谜。

笔者曾对蒋介石侍从室的资料有所搜集。在对段伯宇、段仲宇两位老前辈的采访中，更是反复打听，寻根究底，以求了解其内幕。

“侍从”二字，旧指随侍皇帝或官员的人。追根溯源，早在汉朝就有了侍从官。《汉书•严助传》中说：“厌承明之庐，劳侍从之事。”《霍皇后传》中也说：“皇后舆驾，侍从甚盛。”到了宋代，称大学士至待制为侍从官，因其常在皇帝左右做顾问。后来，又称在京职事官自六部尚书、侍郎、学士到两制等统为侍从，所指的范围就比较广了。

蒋介石是个封建思想极浓的人，崇尚皇权，从小就梦想当中国的最高统治者。他在1926年当上国民革命军北伐军总司令以后，身边就有了侍从副官，还设置了一个侍从室。后来官居国民党宪兵总司令的张镇，1927年从苏联回国后就当了国民革命军总司令部的侍从副官。还有那个后来官居国民党国防部新闻局局长的邓文仪，1928年就当上了蒋总司令的侍从室少将参谋。

1932年3月6日，国民党四届二中全会任命蒋介石为军事委员会委员长。这个军事委员会亦即国民政府的军事委员会。从此，蒋介石就以“蒋委员长”的头衔而主宰中国。直到1948年4月19日当选为“总统”，“委员长”的头衔一直挂了16年。至于“蒋主席”这个头衔，是因他从1928年10月至1931年12月当了3年多国民政府主席，以及林森死后从1943年8月至1948年4月又当了近5年的国民政府主席。故而他的侍从室正式名称，是“国民政府军事委员会委员长侍从室”和“国民政府主席侍从室”。

为推行“攘外必先安内”的反动政策，蒋介石于1932年6月调集60万大军，对中央苏区红军进行了大规模的反革命“围剿”。为了便于就近指挥，在南昌设立了“委员长南昌行营”，并在行营编制内设置了一个侍从室。调行营第一厅中将副厅长晏道刚任侍从室主任。晏道刚也是个久历戎行的高级军官，当过唐生智的第八军参谋长、第四方面军参谋长。他当上侍从室主任后，在蒋介石身边参赞军机，深受信用，权倾一时。那时候谁也不会想到，15年以后他会在武汉解放前夕秘密接受共产党的策反，毅然转向人民，为人民解放军顺利渡江和武汉三镇的解放尽一臂之力。当然这是后话。

1936年1月，蒋介石对侍从室进行了重大改组，成立了侍从室第一处和第二处，简称“侍一处”“侍二处”。1940年又成立了“侍三处”。这三个处都直属蒋介石个人领导，都是“通天”的。而这三个处的主任，都是国民党的军政大员，非同凡响。例如当过侍一处主任的张治中，曾经当过第九集团军总司令、湖北省政府主席，中将加上将衔（这是国民党军衔的一个阶级，低于二级上将，高于中将）。难怪他就任之后，通电各战区司令长官，郑重其事地宣告：“委座看重侍从室，特派张治中为主任。”

此外，担任过侍一处主任的还有钱大钧、林蔚、贺耀祖等，都是国民党政权的风云人物。

侍二处主任陈布雷，被称为蒋介石的“文胆”。早在1927年，他就当上了国民党中央党部书记长，正式进入决策中心。后来又兼任过中央政治会议副秘书长、中央执行委员。对他这个侍二处主任，连孔祥熙这样的皇亲国戚都不敢怠慢，常常对人宣扬说：“你晓得委员长名字底下，还有一串字咧!侍秘二是最有效的。”这位掌管国民党财政大权的“财神爷”，见了蒋介石署名的电报后，还要看看下面的一串字，只要见到陈布雷的“侍秘二”，就立刻付钱，不敢稍有得罪。

还有一个侍三处，主任是陈果夫。“蒋家天下陈家党”。陈果夫、陈立夫兄弟掌管着国民党的党权，是臭名昭著的C. C. 派首领。陈果夫曾任国民党中央常委兼组织部长。与此同时，他还兼任蒋介石侍从室第三处主任。

陈布雷(左)与陈诚，蒋介石曾经的左膀右臂

读者看到这里就不难明白，侍从室三个处的主任既然都是这样显赫的大人物，还有谁能够凌驾于他们之上当侍从室总的头领呢?

还有，三个处的主任都直接听命于蒋介石，还可以避免权力过分集中于一人之手，造成尾大不掉的局面。三人之间还可以互相制约，亦便于蒋介石的驾驭。看来蒋介石是深谙用人之“术”的。

国民党政府的组织机构相当庞大。它模仿的是西方资产阶级国家的政权结构形式，设有行政院、立法院、司法院、考试院、监察院，还有内政、外交等十几个部及军事委员会、建设委员会、蒙藏委员会、劳工委员会等若干委员会。查一下它的编制表就会发现，侍从室只不过是军事委员会下属的一个办事机构。它起的作用也无非是蒋介石个人办公室的作用，如此而已。

但是，蒋介石“玩”政治的手腕与一般人不同，用陈布雷的话来说，此人

“处理国事如同处理家事，事事要亲自处理”。他是一个嗜权如命的人，大小权力都要一把抓。他又是一个领袖欲极强的人，一个喜欢独断专行的人。他曾多次说：“我的决定就是命令，不要再在行政院讨论。”蒋介石这种搞政治的作风，他的这种独裁统治方式，很需要在身边有一个机构为他办事，为他出谋划策，为他控制人事，为他收集国内外的各种情报，还要为他提供万无一失的安全警卫保障……在这样的背景下，侍从室这个本来意义上的一般单位，就成了一个非常特殊的单位。可以说，侍从室是那个时期畸形的中国政治的“衍生物”。

有人打比方说，侍从室有点像清朝的“军机处”。雍正七年（1729年），雍正皇帝为了对西北用兵，成立了“军机房”，为他办理和参赞军机。雍正十年改称“办理军机处”。这个机构是辅佐皇帝处理军国要务、用面奉“谕旨”的名义对各部门和各地负责官员发布命令的。蒋介石侍从室和军机房确实有某些相似之处。侍从室每天将各院、部、委、局（如军统局、中统局）呈送蒋“皇上”的报告、文件等等，提出拟办意见，直接呈送蒋介石。蒋介石批阅后，由侍从室再将这些报告、文件转至各承办单位。报告、文件，侍从室呈送还是压下不呈送，先呈送还是后呈送，呈送时的拟办意见是什么，这些别以为是小事一桩，无关紧要，它所起的作用可大得很，甚至会决定一个单位或一个人的进退荣辱、生死存亡。

蒋介石手下有个得力的统治工具——军统局。它的全称是“国民政府军事委员会调查统计局”。军统局长戴笠是蒋介石最宠信的大红人之一。蒋的许多见不得人的私事也是交戴笠承办的。但就是这个戴笠，对侍从室里的职位也是垂涎三尺，削尖脑袋想往侍从室里钻，力图从中捞个组长副组长当当。因为戴笠知道侍从室对军统局和他本人的影响实在太大了。1939年初，蒋介石决定将侍一处和侍二处中搞情报的业务合并起来，单独成立一个第六组，亦即情报组。戴笠得到这个消息后，想方设法要把这个职位拿到手。为此他到处托人情，找关系，还找到蒋的“国舅”宋子文，要宋出马去向蒋说项。但蒋还是没有让戴笠当这个组长，而让另一心腹唐纵担任此职。

戴笠没能当上组长，遂千方百计拉拢、讨好唐纵。在一次军统局局务会议上，戴笠强调说：唐纵当了第六组组长后，就成了军统局的“顶头上司”，对唐要特别尊重。戴笠还指示管生活的人每月登门看望唐纵一次，主动向其送钱送物。例如1944年中秋节，就送给唐纵2万元，春节时又送唐过年费10万元。而唐纵少将当时的月薪只有480元。由此可见，为了拉拢和贿赂侍从室的一位组长，目中无人的戴笠也甘愿下这样大的赌注。

投之以桃，报之以李。唐纵受礼后，当然心中有数，对军统局和戴笠本人也就格外帮忙。有时几个单位同时向蒋介石呈送报告，唐纵就把军统局的报告率先呈送，再将别的单位的报告压个一天半天。这样的“小动作”谁也察觉不出来，当然也不会提出什么意见，在唐纵来说更不费吹灰之力，但对军统局来说就功德无量了。

侍从室的作用由此可见一斑。

国民党的特务机构除“军统”外，还有“中统”。中统的全称是“国民党中央执行委员会调查统计局”，最初称国民党中央组织部调查科（后改调查处）。众所周知，中统特务组织的最大头目是陈果夫和陈立夫，手下的得力干将和具体负责人是徐恩曾，官阶是中统局中将局长。但是，蒋介石对中统也不大放心，而要由侍从室去控制和监督它。1942年3月26日，蒋介石对侍六组组长唐纵当面下达指示说：“对两个调查统计局（笔者注：指中统和军统）工作要调整，对两统局工作人员要考核，每日要前往两局视察，协助指导，并接见其工作人员。两局人事必须由侍从室第六组处理。”

1944年1月7日，蒋介石又向侍二处主任陈布雷下达了一道手谕，其要点是要侍从室研究并设计建立一个对党政军各机关进行监督和控制的监察网，以加强对特务、缉私机构和国民党中央、军事委员会、两局（中统、军统）、宪兵司令部的监察。

国民党一贯标榜立法、司法、行政三权分立，立法、司法、考试、监察、行政五院各司其职。其实这是表面现象，是做做样子给老百姓看的，骨子里仍然是蒋介石一个人说了算。为此，蒋当然要通过侍从室来指挥五院。1943年3月8日，蒋介石亲自召集侍从室各处主任和各主要组组长开会，下达“圣旨”说：“侍从室务须设法推进各部院的工作。”一言九鼎，侍从室凌驾于各院、部之上的地位，不就昭然若揭了吗？！

凡此种种，都引起蒋政权各部门的不满，许多高层人士也对此深为反感。难怪国民党头面人物何应钦愤慨地指责侍从室是“挟天子以令诸侯”。

但天子毕竟是天子。蒋委员长也罢，蒋主席也罢，蒋总统也罢，头衔可以不断翻新，独裁者的本质始终未变。侍从室有了蒋介石做靠山，还有谁能奈其何呢！

《孙子兵法》中有句名言：“知己知彼，百战不殆。”蒋介石当然深谙此中道理。为此，他把及时了解和掌握国内外、党内外、军队内外的各种情报，作为头等大事予以关注。特别需要提醒读者的是，蒋介石的统治又是特务统治，因此搞情报就更为重要了。

蒋介石曾明确规定：侍从室第六组（情报组）每天必须向他呈报军事、政治情报各十份。为了尽快看到最新情报，蒋介石还亲自下令：六组的情报可以越级呈送，不经过侍从室一处和二处，直接呈报给蒋本人。蒋特别要求六组提供共产党的情报。例如1946年1月30日蒋指示：必须派人潜伏在共产党内部，以入虎穴之精神建立内线；今后应讲求谣言攻势，谋略工作亦十分重要。再如1943年8月17日，蒋介石下达手令，对六组提出要求说：“陕甘宁绥边区兵要地志及地图与每邻接各据点之距离里程，望详细呈报，并极密为要。”蒋介石之所以要此情报，其目的一清二楚：“此乃对奸伪用兵之步骤。”

对于国民党内的各个派系，蒋介石也十分警惕，深怕它们在背后搞自己的“小动作”。桂系、湘系、粤系、西北系、东北系、川系、滇系、阎（锡山）系以及各地方实力派（如新疆的盛世才、青海甘肃的“三马”等等），历史上与他蒋介石有过多次分分合合，恩恩怨怨，甚至兵戎相见。因此蒋介石一贯重视搞异己派别的情报，并要六组及时提供。例如1943年4月28日，蒋介石亲自召见六组组长唐纵，要唐“注意唐孟潇（唐生智）、何云樵（何键）在湖南的活动，但不可使其察觉”。

蒋介石为什么把这样机密的任务交给侍从室？因为侍从室是他心目中最可靠的机构，侍从室人员是他手下最可信任和嘱托的人员。即使是见不得人的事，也可交其承办。

有人还把侍从室称为蒋介石的“智囊团”，这话很有道理。这方面的事例也不胜枚举。

1940年1月，戴笠从杜月笙处获得一份绝密情报，内容是汪精卫与日本订立的卖国密约。蒋介石得到报告后，立即指定侍从室二处主任陈布雷和“日本通”张群一起关起门来研究，提供了对策。

再如1948年国民党召开所谓“行宪国大”后，第一届内阁即行政院长的人选，成了国内外瞩目的焦点。谁来当这个院长？各派系都跃跃欲试，争之者甚多。蒋介石当然不肯放弃这块阵地，提出由他最信得过的政学系头目张群充任。但是，国内舆论普遍反对党派色彩太浓的人当行政院长，就连大洋彼岸一向标榜民主自由的美国也希望蒋“总统”的内阁能够“民主化”一点，不要太“清一色”，以改善形象，欺骗民众。其时蒋介石在各个战场上迭遭败绩，急需得到“美援”，尤其是美国军火的支持。在这样的背景下，蒋介石与陈布雷作了多次密谈，最后终于采纳陈的意见，放弃了原先“钦定”的张群，改由无党派地质博士翁文灏出任行政院长。

侍从室里的“智囊”远不止陈布雷一人，其他如张治中、贺耀祖、林蔚、钱大钧等人，也都工于谋略，是蒋介石的智囊人物。至于组长一级干部中，也有侍二组组长于达、侍四组组长陈方（字芷町）、侍六组组长唐纵等人，常主动为蒋介石出谋划策。

以唐纵为例，他在日记中曾多次记载自己为蒋介石出了哪些主意，提了哪些建议。1940年6月1日，唐纵向蒋介石呈交了《国际现势之观察及其对策》，洋洋3000余言，建议联苏联美以抗衡日本。蒋介石阅后表示满意，“御笔”批曰：“可嘉勉。”

德、意、日法西斯的滔天罪行，激起了全世界人民的公愤。世界反法西斯统一战线不断扩大。1942年1月1日，中、苏、美、英等国在华盛顿签署了《二十六国公约》。所有签约国均庄严保证：使用本国的全部军事、经济资源，共同对抗德、意、日法西斯的侵略。经中、美两国政府商定，中国战区（包括越南、泰国等区域）正式成立，蒋介石就任中国战区统帅。

在此重要关头，为了协调有关事宜，蒋介石于2月4日上午乘飞机赴印度访问。此事行前极端秘密。是啊，要是让敌人侦知此事，把蒋介石乘坐的飞机予以击落，岂不坏了大事!但是，侍从室的高级幕僚却事先就知道此事，情报组长唐纵还专门拟了一个《敌人今后动向与我国应有之对策》的建议书，供蒋介石此行作参考。在呈蒋前陈布雷先看了这份建议书，认为其“议论判断皆极警策”。蒋阅后也颇为赞许。

以上事例足以说明，说侍从室是蒋介石的“智囊”，是当之无愧的。

侍从室又是蒋介石的“联络站”，为他的军事行动，特别是反共军事行动当参谋、下指示，起联络作用。众所周知，抗日战争时期，蒋介石是消极抗日，积极反共的。他部署在抗日第一线的部队大多是“杂牌”，如西北军、东北军、川军、桂军、滇军、粤军、晋军等等，真正的中央嫡系部队是很少打头阵的。但对付共产党和八路军、新四军，蒋却部署了最精锐的嫡系部队。如陕甘宁边区，就由胡宗南的数十万大军包围着，虎视眈眈，随时准备下手。1943年6月29日，胡宗南从西安秘密发电报给蒋介石，报告说已调集了三个师的兵力，定于7月28日进攻陕甘宁边区，并详报了作战部署。

侍从室知道军情紧急，立即将电报呈送蒋介石。蒋当即批示：“可照已有岗电切实准备，但须俟有命令方可开始进攻，否则切勿行动，并应极端秘密，毋得声张。”侍从室又以最快速度将此“圣旨”通知胡宗南，发挥了上下联络的作用。

侍从室的触角伸得很长，许多事情都要介入，甚至对标榜“司法独立”的法院也要干预，也要指手画脚。

1942年，在重庆出了一件大案，曾经轰动山城。事情是这样的：中央信托局运输处经理林世良，勾结大成商行的章德武，大搞走私活动。一次从仰光到昆明一下子走私商品3000多万元，林世良从中渔利1000多万元。谁知事机不密，被军统局侦知。军统本来就想把缉私这块“肥肉”从孔家手中攫取过来，遂向蒋介石状告孔祥熙。

这时抗战正处于最困难时期。广大群众生活艰辛，勒紧裤腰带过日子，多少人啼饥号寒。“家无隔夜粮，路有冻死骨”，可谓当时社会的真实写照。而林世良之流竟大发“国难财”，舆论哗然，国人皆曰可杀。司法机关慑于民意，准备将林世良判处死刑。

但林世良可不是一般人物，而是个有很硬背景和后台的特殊人物。他的后台就是蒋介石的大舅子、行政院副院长兼财政部长孔祥熙，以及孔夫人宋霭龄。这位孔夫人是当时“第一夫人”宋美龄的大姐，嗜财如命，搜刮钱财不择手段。而做走私生意在当时是捞钱的一条捷径，孔夫人和她的大公子孔令侃岂肯放过。林世良原先当过孔祥熙家的管家，后来又替孔祥熙家族做走私生意，西药、五金、卡车、建材，以至鸦片、吗啡等毒品都拼命走私，毫无顾忌。他成了孔家敛财的一个得力帮手，是具体操办者之一。更重要的是，法办了林世良，今后还有谁替孔、宋卖命？再说，万一林世良在临死前将走私内幕和盘托出，孔、宋岂不要大丢面子。权衡再三，孔、宋二人决定“运动”法院从轻判处林世良无期徒刑。只要留住了一条性命，过几年不就出来了吗？

蒋介石与宋美龄

法院当然不敢得罪孔“国舅”和宋“皇姐”。按照孔、宋的要求，将案件呈报到了侍从室，待蒋介石“核准”后即行办理。

侍从室里的“智囊”们看到案件报告后，进行了议论。孔“国舅”和宋“皇姐”的面子固然要考虑，但“领袖”在国人心目中的“形象”更为重要。权衡结果，陈布雷、于达、唐纵等人在呈批件上拟了个“判处死刑”的意见。蒋介石踌躇再三，最后下决心宁肯开罪“国舅”和“皇姐”，也不愿动摇自己统治的根基，于是同意了侍从室的签呈，下令将林世良枪决。

林世良案件又一次证明，侍从室的权力确实大得惊人。不要说区区法院，即使贵为皇亲国戚，也不得不向它低头俯首，甘拜下风。

侍从室不仅干预司法，甚至连“邮检”这样的事也要过问。

1943年下半年，世界反法西斯战争已进入反攻阶段。11月22日，中、美、英三国首脑蒋介石、罗斯福、丘吉尔在埃及举行了具有历史意义的开罗会议，会后发表了《开罗宣言》。蒋介石是18日秘密离开重庆赴开罗的。对蒋忠心耿耿的陈布雷为了蒋的安全，特地给邮政局下达了严格实行“邮检”的指示，要求对蒋的行踪不得有丝毫泄露。

真是上管天文地理，下管鸡毛蒜皮，凡是与蒋介石有关的事，侍从室都要过问。其范围之宽，可说无所不包。

家丑不可外扬，疏不间亲，这些都是中国的古训。但侍从室对于蒋介石，却是例外。侍从室人员天天随侍左右，耳闻目睹，对蒋介石的家务事知道得很多，蒋即使想瞒也瞒不住。因此，蒋介石有时也就一些棘手的家族之间的事情，征询侍从室高级幕僚的意见和看法。

1944年5月，“国舅”孔祥熙提出辞呈，要求辞去行政院长职务。蒋介石接到辞呈后，心中犯了难。同意吧，一时找不到合适的人；不同意吧，孔祥熙的名声实在太臭。思前想后，蒋介石拿不定主意，遂问计于陈布雷。

陈布雷善于揣摩蒋介石的意图，谋多，计绝，深为蒋所赏识，被倚为股肱。陈向蒋献计说：“止谤莫如自省。孔院长如能切实自省，改了就好。决不能因外间有所非议而有所表示，愈表示反而会增加社会的不安。”蒋一听，欣然同意，并派陈布雷代表他本人对孔祥熙表示“慰留”。

作为一个国家的最高统治者，蒋介石要发表多得不可胜数的讲话、演说、谈话、文告、电报，甚至还要舞文弄墨，著书立说，因此文字工作任务就非常繁重。侍从室对此当然是责无旁贷，是题中应有之义，是它职责范围内的事。由此，人们又把侍从室称之为蒋介石的文字“加工厂”。

蒋介石每天要处理的文件多得不可计数，如果各机关呈送的公文他都要一一过目，那他就别活了。侍从室为此制定了一套公文处理的程式，即将各机关报呈蒋介石的文电，大致分为“呈阅”“呈核”“报告”“情报”四种类型。侍从室根据各类公文的内容、性质和轻重缓急，分别整理成不同表式，再呈送蒋介石。蒋批阅后，侍从室再转发给各机关承办。

蒋介石还喜欢发“手令”，其数量之多真是吓人一跳。据段氏兄弟的老同仁、在侍从室工作八年之久的秋宗鼎先生亲身所见所闻，从1936年1月至1948年4月，侍从室（包括后来的军务局和政务局）积累的蒋介石手令，竟有120多箱。笔者曾专门到在南京的中国第二历史档案馆探询能否查到这批资料。回答令人遗憾：南京解放前夕，蒋政权将大量机密档案运往台湾。有关侍从室的机密档案更是不会留在大陆，授人以柄的。

蒋介石的手令和下发的文电，自己动手写的为数寥寥，绝大多数由侍从室代拟。蒋写个“可”或“阅”。其“阅”字形状类似“龙”字，人称“画龙”。

给蒋代拟手令或电报，是侍从室的一大任务。

蒋介石手令的内容，从军事、政治、党务、人事安排到机构设置等等，可以说应有尽有，无所不包。他还签发了大量电报、书信、公文。侍从室在代拟上述手令、书信、文电时，首先必须弄清蒋介石与受文人的关系。对一般部属，蒋介石是板起面孔打官腔，直称下属之姓名、官阶。对关系较密切的，则视情况区别对待，或使用对方的别号，甚至称兄道弟，如对冯玉祥就称焕章大哥，对阎锡山就称百川兄，对李宗仁就称德邻兄，如此等等。对黄埔军校的学生，本来他是校长，完全可以居高临下直呼其名或仅称其职务加姓名，但蒋介石为了笼络人心，常常也对其称兄道弟，如对胡宗南称宗南弟，对康泽称兆民弟。对“杂牌”军的将领或地方实力派，则更加客气，如对比自己小14岁的张学良称呼汉卿兄；对拜把兄弟马福祥之子马鸿逵，因其任宁夏省政府主席，为了拉拢他，蒋竟不顾辈分，对“侄儿”也称呼为“少云世兄”。对于蒋介石的这一套习惯、手腕，侍从室起草文电时都必须十分注意，不可稍有差错，否则就会受到训斥。

蒋介石的一些极机密电报，有时也不经过侍从室第一处和第二处转呈或转发，而由侍从室机要组越级直接呈送蒋介石。蒋介石对其重要部属，都由侍从室专发密码本，每双月更换一次，规定自行保管并亲写电文。机要组长毛庆祥，是蒋的亲信。这类电报只经过极少数人之手，其内容也就成为千古之谜了。

至于比较长一些的讲话、文件、文告等等，有时蒋介石也口授其内容，由侍从室人员加以记录整理，尔后再送侍二处主任陈布雷作文字上的润色和加工，最后呈送蒋介石本人审核。

蒋介石和毛泽东不同。毛泽东的雄文四卷，均出自他的手笔；而蒋介石的那些长篇大论以至所谓“著作”，均由人捉刀代笔。侍从室里为蒋捉刀的人，首推陈布雷。例如西安事变和平解决后，蒋介石回到南京，即命陈布雷起草对张学良、杨虎城的“训词”。为了洗刷掉自己脸上不光彩的一面，蒋又要陈

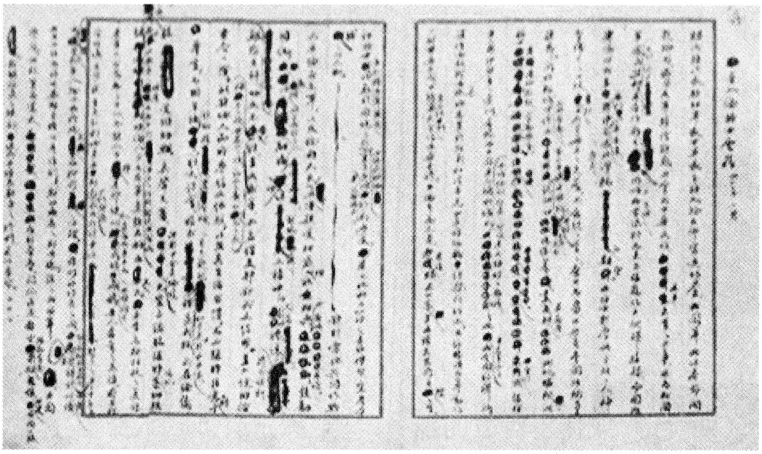

1942年2月，由陈布雷为蒋介石撰写的《告入缅将士电稿》。

闭门造车，写一篇《西安半月记》，极尽歪曲事实之能事。蒋介石50岁生日发表的文章《报国与思索》，也是由陈布雷起草，再由邵力子、叶楚伧加工，经蒋审定后公开发表的。

蒋介石对陈布雷的文笔是很满意的。但也有不满意之时。段仲宇告诉笔者，有一次蒋介石对陈布雷说：“你看看人家毛泽东的文章！”陈布雷也不大客气，回敬了一句：“那是毛泽东自己写的。”言下之意是，你蒋介石的文章可不是自己写的，哪能同毛泽东相比！

《中国之命运》是蒋介石一生中唯一的一本“著作”，1943年3月在重庆面世。此书歪曲中国社会的历史，篡改蒋介石以反共起家的发迹经过，诬蔑共产主义“不切于中国的国计民生”，叫嚷“中国的命运，完全寄托于国民党”。为蒋介石炮制此书的是侍从室第五组组长陶希圣。捉刀有功，过了几个月陶就出任《中央日报》主笔，两年后又升任国民党中央宣传部部长。真所谓“代笔自有黄金屋”，升官发财都被陶希圣捞到了。

有人打比方，说侍从室好比蒋介石的眼睛，替他眼观六路；侍从室好比蒋的耳朵，替他耳听八方；侍从室好比蒋的鼻子，替他嗅出各种不利于他的政治气息；侍从室好比蒋的手，替他写文电；侍从室好比蒋的腿，替他东跑西颠，到处联络；而最重要的是，侍从室好比蒋的头脑，替他思考、谋划，运筹帷幄。

一个在侍从室工作过的人，说侍从室里黑影幢幢，神秘莫测。即使是在侍从室和后来改称军务局工作过的段氏兄弟，向笔者介绍的也仅仅是一鳞半爪。侍从室的全部档案都被运到了台湾。看来，只有等到台湾回归之日、祖国完全统一之时，才能彻底揭开侍从室的神秘面纱了。

这一天总要到来的。

3. 蒋介石没有想到，三十多年前保定军校老同学段云峰中将的两个儿子，先后进入了侍从室；更没有想到堂堂将门之子怎么都投向了共产党

蒋介石的侍从室，作为当时中国最重要、最核心、最机密的一个单位，真是侯门深似海，多少人可望而不可即。如果要进到侍从室里去工作，那简直比登天还要难。

当时，成天仰望着这个光彩夺目的“圣殿”，想方设法要跻身进“圣殿”去陪侍君王的人，多得不计其数。究其原因，不外乎以下几个方面：

从政治上来说，谁能进入侍从室，谁就是“党国”最忠诚可靠的栋梁，就是蒋介石最信得过的人，就身价百倍，无尚荣光。

从经济上来说，侍从室待遇优厚，每个月的月薪比所有党政军机关多加发半个月，还有服装费等额外补贴，逢年过节“委座”还有赏赐。至于“隐性”收入，对有的人来说谁也弄不清。据当过侍卫官的人著书披露，送钱送物以求巴结者大有人在，到高级饭店宾馆吃喝玩乐、享受免费招待等等，则是家常便饭。

从仕途上来说，进了侍从室，前程灿烂自不待言，飞黄腾达指日可待。干上几年，离开时凭“委座”恩赐，提升官职是不成问题的，捞个“肥缺”干干也是小菜一碟。

正因为有上述种种“优越性”，多少人对侍从室趋之若鹜，多少人找关系走门路，削尖脑袋往侍从室里钻。

但是，蒋介石对侍从室人员的任用，却控制得特别严。尤其是参谋、秘书、机要、警卫等人员，都要亲自看审查表，都要亲自谈话，进行当面考核，不让下面越俎代庖。

蒋介石的用人标准，历来有“黄、陆、浙”之说。而对进侍从室的人员，还有特别的标准。

首先，要看这个人是否黄埔军校、陆军大学出身。如不是，则要看他在蒋

政权中干了多少年，表现如何。

其次，要看这个人的籍贯在哪里，家境如何，浙江人优先考虑。据段仲宇说，他进侍从室二组以前，二组成员大都是浙江人，其他省籍的人极少。

最后，还要看保荐人是谁，与自己的亲疏如何，任用人与保荐人是什么关系等等。

中国古代历来反对任人唯亲。而蒋介石对侍从室的用人标准却一反古训，实际上强调的是任人要“亲”，越“亲”越重用。如侍卫长（后任军务局长）俞济时是交通部长俞飞鹏的侄儿，而俞飞鹏则是蒋介石的表兄弟；曾任副侍卫长兼侍三组组长的蒋孝先，是蒋的族孙辈；蒋介石的亲随侍从副官蒋孝镇，和蒋孝先是兄弟辈；蒋孝先在西安事变中被打死后，继任侍三组组长的王世和，是奉化人，和蒋有亲戚关系；侍二处秘书周鸿涛，是蒋经国的表弟；在侍从室任机要秘书达十多年之久的俞国华，其父俞镇臣和蒋介石是结拜兄弟；侍从秘书陈舜耕，其父陈杏佳与蒋介石是结拜兄弟，姐姐陈志坚和蒋介石妻子毛福梅是结拜姊妹……这么多沾亲带故的人集中在侍从室，有力地说明了蒋介石任人唯亲的用人路线。

看到这里，读者自然明白：蒋介石对进入侍从室的人员，一定要确信其绝对忠实可靠，保证万无一失以后，才能批准任用。他蒋介石是绝对不会让一个不放心的人侍奉在侧的。否则，那该多危险呀！

那么，本书主人公段伯宇、段仲宇昆仲，是河北人而非浙江人，和蒋介石又不沾亲带故，他俩为什么能先后进入侍从室工作，并开创了同胞兄弟都在这个核心单位工作过的绝无仅有的记录呢？

笔者认为，这和段氏兄弟的父亲段云峰中将不无关系。早在1907年，段云峰就和蒋介石是陆军速成学堂（保定军校前身）的同班同学。也许出于对老同学的信任，对故人的关照，蒋介石终于批准段氏兄弟先后进入了侍从室。

要说清楚这个问题，有必要向读者简单地交代一下发生在20世纪初的一段历史烟云。

蒋介石之所以能在中华大地上纵横捭阖长达20多年之久，最最重要的原因是他视“军”如命，笃信“有军就有权”“有军就是草头王”的古训，在任何情况下都抓住军权不放。他的发迹，也源于军事。而保定军校，是他军事生涯中第一次获得正规军事学历的摇篮。段氏兄弟的父亲段云峰，则是他在保定军校时的同窗学友。

在中国军事史上，保定军校占有重要的一页。和黄埔系一样，保定系是庞大的国民党军队的支柱之一。

保定军校的前身叫陆军速成学堂，是清光绪三十二年（1906年）8月由北洋武备学堂改名而来的。

清朝末年，中国饱受列强的欺凌。甲午战争的惨败，八国联军的入侵，使清朝统治集团从屈辱中醒悟过来，深感有国不能无防，而国防的基石在于有一支强大的、足可抗御外侮的军队。因此，清政府拨出巨款开办军事学堂，大力培养后备军官。1902年6月9日，袁世凯就任直隶总督兼北洋大臣后，他着手抓的主要有两件事：一是编练新军；二是开办军事学堂。

保定处在京广铁路线上，北距京城180公里，东北距天津150多公里，是直隶（后改河北）省会所在地。保定历来驻有重兵，平时则为练兵基地，便于一旦有事时能策应京、津。开始，袁世凯将他的总督府设在保定，并在保定陆续开办了一些军事学堂和短训班，其中最有名的是北洋武备学堂。光绪三十二年（1906年）8月，该校划归陆军部管辖，改称陆军速成学堂[又称陆军协和学堂、通（全）国速成学堂]。

段云峰

蒋介石和段云峰，都是清光绪三十三年（1907年）进入陆军速成学堂的。

段云峰，字巍霄。清光绪十四年（1888年）出生于直隶省保定府蠡县东孟尝村的一个普通农民（中农）家庭。其父段梦龄，母戴氏，生有两子一女，大儿子云炎，次子云峰。段梦龄自幼饱尝贫穷失学之苦，尽最大努力让两个儿子先后入私塾读书。段云峰6岁就上了本村私塾，15岁考入本县高等小学肄业，17岁考入保定陆军小学堂，19岁转入陆军部陆军速成学堂。这一年是清光绪三十三年，公元1907年。

也许，这是一种机缘，使段云峰和素昧平生的蒋介石能够相聚；也许，这种机缘使他的两个儿子30多年后能够到蒋介石身边工作，从而造成了兄弟俩为“断送”蒋家王朝半壁江山尽了力的历史壮举。

蒋介石当时的名字叫蒋志清。19岁那年（1905年）4月间，他东渡日本，原拟学习陆军，因未得到清政府陆军部保送，乃转入清华学校。7月30日，孙中山在东京创立了中国同盟会，高高地举起了推翻清朝封建统治的大旗。同盟会中有个关键性人物叫陈其美，是陈果夫和陈立夫的叔叔，浙江湖州人。蒋介石于是年结识了陈其美，这对他后来的一生有着重大的影响。

1906年冬，蒋介石在日本学军事的抱负未能实现，怀着伤感的心情回到了奉化溪口。

但出乎意料的是，他在老家听到了一个令他喜出望外的好消息，这就是清政府陆军部在保定创办的陆军速成学堂向各省招考学生。总共招生名额是1140名，分配给各省的是：直隶、江苏等五个省各60名，浙江、山东、河南、安徽等十个省各40名……具体条件是“未毕业的武备学生及按选验格式考取文理清通良家子弟”。

段云峰这时正在保定陆军小学堂就读（请读者注意：这个小学堂不是现在的小学校，而是按军事学历区分的陆军小学堂、中学堂、大学堂，是专门培养军队干部的）。段云峰本人生前在一份材料中曾写道：“19岁（注：1907年）转入陆军部速成学堂，光绪三十四年（注：1908年）毕业。”

蒋介石就没有段云峰那样幸运，他必须“按选验格式”参加考试。

蒋介石匆匆忙忙赶到杭州，一打听，40个招生名额中有26个分配给了武备学堂和弁目学堂的保送生，公开招考的只有14个名额。而此时云集杭州报考者多达千人，粥少僧多，竞争十分激烈。这可难坏了蒋介石。

屋漏偏逢连夜雨。临考之前蒋介石又突然生起病来。但他咬紧牙关，凭坚强的意志参加了考试。勉强考完笔试，讵料考试官面试时，问他几岁？他据实回答后，考试官当即告诉他，未满20岁，按规定不能录取。

千载难逢的机遇难道就这样轻易放弃？蒋介石当然不甘心。他向考试官力陈自己虚岁已满20，平时身强力壮，足可完成报效国家的神圣使命，云云。考试官听他说得在理，又看他个子长得很高，双目炯炯有神，于是点点头，同意予以录取。

命运之神真是对蒋介石格外垂青！这次录取几乎决定了他一辈子投身军旅的命运。

浙江奉化地处东海之滨，河北保定远在燕赵腹地，两地千里迢迢，地图上的直线距离就有1100余公里。蒋介石满怀着对未来的美好憧憬，经过长途跋涉，备尝艰辛，于次年（1907年）夏季到达了保定。

陆军速成学堂校址在保定城东关外，由清政府直隶总督兼北洋大臣袁世凯“筹集世资”建成。袁世凯在一份奏折中说：“学堂为培养人才之地，规模不宜为隘……经营年余……共计盖造大小房屋五百七十三间，统共合料银二十二万三百四两有奇。”该校设施完备，环境优美，校园外有一道护城河，柳树围绕，安静肃穆。校门向南，有三间高大门楼，石砌高台阶，对面有相应的高大照壁，门前还矗立着一对高大的石狮子，蔚为壮观。学校西面有一个大操场。学校大院内有两棵并立的千年古柏，树高五丈多，两树相距七八尺，中间悬一铜钟，作息以敲铜钟为准。大院东西是回廊。回廊后面开着许多小门，通向教室和学生宿舍。教室、宿舍是砖瓦平房，宽敞，实用，方便。

蒋介石学的是炮兵科，段云峰学的是步兵科。

一个世纪前的军队，炮兵被誉为“战争之神”，对决定战争胜负往往起着关键性的作用。蒋介石很了解甲午战争中国军队的那段惨败史。本来，清军北洋舰队的军港威海卫，建有十几座炮台，主要装备是24厘米口径的德国克虏伯大炮，火力很强，足以抵御日军。谁知日军偷偷地从要塞背后的陆地发动进攻，先将炮台占领，尔后将夺到的十几门大炮集中火力轰击港内的北洋舰队，导致了我方的大失败。再如日俄战争，开始时日军向旅顺发动进攻均被俄军优势火力所阻。日军遂从国内调来18门旋转式28厘米榴弹炮，战局顿时从劣转优，最后大败俄军。清政府鉴于列强“船坚炮利”才能屡屡得手，故而也将建设炮兵作为当务之急。正是在这样的背景下，蒋介石选学了炮兵科。

段云峰之所以选学步兵科，他认为从传统的军事理论观点来看，解决战斗的最后关键还是要靠步兵，大炮即使再有能耐，但抓不到俘虏。

莘莘学子，风华正茂。大家相聚在一起，常常议论时事，激扬文字，粪土当年万户侯。这时，清廷腐败达到极点，各国列强肆无忌惮地侵略我国；孙中山先生创立的同盟会高举推翻清朝封建统治的大旗，革命风暴在各地风起云涌。这时的蒋介石，在军校里因其没有辫子而备受瞩目。

清朝入关后，为了使汉人归附，下令薙发，不服从者杀头。段云峰先生在解放后写的一份自传性材料中，抄录了当年流行的一首“志事诗”，诗曰：

闻说头当剃，何妨也剃头。
有头皆可剃，无剃不成头。
剃自由他剃，头仍是我头。
请看剃头者，人亦剃其头。

蒋介石大概激于民族义愤，入学后主动地自行剪掉了辫子，这在全校同学中乃至教职员工中是绝无仅有的。于是学校当局和满族同学对他就特别注意，有人议论他是“大逆不道”，有人说他是“革命党”。为了不影响被选送到日本留学，蒋介石不得不忍气吞声，让别人去议论而不予置理。但不少有正义感的同学，包括段云峰在内，对蒋介石此举表示了同情和支持。

还有一件事使蒋介石在军校大出风头，引得包括段云峰在内的许多有民族自豪感的人对他竖起了大拇指。

一天，受聘的日本军医教官给大家讲卫生课。这位教官带来一块泥土放在桌子上，对学生们说：“这块泥土大约有1立方英寸，这里面有4亿个微生虫……这可以拿来比喻中国。中国有4亿人口，就像这4亿个微生虫寄生在这块泥土上……”

刻薄的嘲讽，肆无忌惮的诬蔑，把班里有民族自尊心的学生都激怒了。许多人怒火中烧，想拍案而起怒斥这位日本教官。这时，蒋介石也按捺不住满腔义愤，他离开座位，跑到讲台上，把那块泥土分成八块，拿起其中的一块，对日本教官说：“日本有5000万人口，在这块1/8立方英寸的泥土里寄生的微生虫，也可以说是日本人吗？”

日本教官被问得张口结舌，目瞪口呆。他面红耳赤，用手指着蒋介石，连声说："你，你，你是革命党!"离开教室后，此人找到军校总办（相当于校长）赵理泰，要求对蒋介石严厉处分。按照当时的保定军校校规，反抗教官的学生要受到禁闭直至开除学籍的处分。但赵理泰毕竟也是中国人，知衅由彼起，是日本教官的错，他反倒对蒋介石寄予同情，从轻发落了事。

后来，赵理泰又格外开恩，对不是日文班学生而按规定不能参加留学日本考试的蒋介石，网开一面，特准他参加考试。

蒋介石被录取后，于翌年（1908年）离开保定去了日本。

段云峰于1908年在陆军速成学堂毕业后，分配在陆军第六镇见习。期满后分在第二镇候差。宣统二年（1910年）考入禁卫军，任第一标第一营右队排长。宣统三年辛亥革命爆发。段云峰早就秘密参加了同盟会，投身于反清、反袁（世凯）的革命斗争，在北京参加了刘汝贤（竹波）领导的革命。民国元年（1912年）入陆军将校讲习所学习。1914年考入陆军大学第四期。1916年底毕业，即到保定军校任战术教官。保定军校自1912年开办至1923年结束，历时11年，先后办了9期，共毕业学员达6000余人。段云峰先后教过步兵科、炮兵科的战术，学生众多，桃李满天下。国民党军政大员中不少人毕业于保定军校，权倾朝野的陈诚、白崇禧、张治中、顾祝同、周至柔（空军总司令）等，也都毕业于保定军校，都算得上是段云峰的学生。

1924年10月，冯玉祥发动了著名的"北京政变"，驱逐清废帝溥仪出了宫，吴佩孚下了台，段祺瑞出面维持局面。很快段祺瑞又出任国民军大元帅、临时总执政。刘汝贤被任命为参谋本部次长。刘与段云峰都是同盟会员，私谊甚厚，遂邀段云峰出任参谋本部科长、总务厅长兼代参谋次长。用今天的话来说，段云峰曾经是段祺瑞政府的代理副总参谋长。虽然只干了两年，但段云峰在军界的地位和声望由此而更加显赫。

堂堂将门之子，出身名门望族，段氏兄弟有了这样的家庭背景，他们之所以能顺顺当当地通过严格的审查并进入蒋介石侍从室，也就不足为怪了。但蒋介石怎么也没有想到，如此家庭出身的段氏兄弟，会都投向了共产党。

4. 蒋介石亲自召见段仲宇上校，边看手中条子边询问，仔细打量后，连声说了几个“好，好，好!”

在段仲宇同志的一生中，1944年11月重庆那个多雾的深秋，是他永远难以忘怀的岁月。在此期间，他经历了从印度奉调回国、蒋介石亲自“召见”、被选调到侍从室工作等一连串令人羡慕、令人嫉妒、令人眼花缭乱的重大事件。

特别是蒋介石的亲自“召见”，进一步奠定了段仲宇在国民党军队中担任一系列重要职务、在仕途上步步高升至少将副司令的坚实基础。

笔者向段老提问说：是谁推荐您到蒋介石侍从室工作的？听说侍从室的门槛很“高”，非同凡响，没有强有力的人物的保荐，谁也别想进去，是这样吗？

段仲宇很干脆地回答说：“这话不假。保荐我进侍从室的，是钱大钧。”

钱大钧何许人也？他当时身居何职？他与蒋介石是什么关系？凭什么能耐将段仲宇保荐进入“御前”工作？他与段仲宇又是什么关系？……

要弄清上述问题，有必要把时间倒转七八十年，回到那个军阀混战、异族入侵、国内政治斗争错综复杂的年代，让读者看一看一个十分陌生的人物和一段色彩缤纷的历史。

钱大钧是江苏人。1893年6月14日出生于昆山县正仪乡一个较为贫困的家庭。14岁父亲去世，16岁母亲又离他而去，家境更加清寒。17岁（1909年）考入在南京的江苏陆军小学堂第四期。1913年毕业，分配到部队当排长，从此正式开始了他的军旅生涯。

钱大钧曾追随李烈钧、黄兴参加反对袁世凯的斗争。失败后去了日本。他和蒋介石等人是最早加入孙中山创立的中华革命党的成员。后来中华革命党改为国民党，钱大钧是名副其实的国民党元老之一。

钱大钧后来到保定军校入伍生炮兵队学习，因成绩优异又被选送到日本士官学校炮兵科深造。1919年6月毕业后回国，在保定军校当过分队长、队长。后来又在黄埔军校当过上校总教官、校本部少将处长。正因为他集日本士官学校、保定军校、黄埔军校三块过硬的军事招牌于一身，使他后来在国民党军队中担任了多种重要职务，直至擢升到一级陆军上将的高位。

钱大钧和蒋介石的关系很深。他不像李宗仁、白崇禧、冯玉祥、阎锡山那样和蒋介石几度分分合合。他一直忠心耿耿地追随蒋介石，被称为蒋介石麾下的“八大金刚”之一。另七位“金刚”是何应钦、顾祝同、蒋鼎文、陈诚、陈继承、刘峙、张治中。除何、蒋二人外，其余五人都是钱大钧在保定军校任职时的学生，论资排辈都得叫他一声“老师”。

早在1927年10月，钱大钧就担任了第三十二军上将军长。1932年他担任第十三军上将军长时，麾下的八十九师师长是汤恩伯，八十八师师长是孙元良。为了“围剿”工农红军，蒋介石专门设立了“军事委员会南昌行营”，钱大钧被蒋委任为行营主任。不久后蒋为经略北方，又委任钱为保定行营主任兼军政部保定编练处主任，下辖五个军，军下辖师、旅、团。如此庞大的地区和部队，使得钱大钧权倾一时，炙手可热，朝野为之侧目。

1936年1月，国民政府军事委员会委员长侍从室在南京正式成立，钱大钧被选调担任第一处主任兼侍卫长。这使他成为蒋介石身边最信得过的人。蒋出发到全国各地，其工作、生活、安全警卫等，均由钱大钧张罗。由于侍从室凌驾于国民党政府各院、部、委、办之上，直接秉承蒋介石的意旨办事，钱大钧地位之显赫也就不言自明了。

然而，“伴君如伴虎”。西安事变中尽管钱大钧在指挥卫士队掩护蒋介石时被乱枪击中胸部，血流满地，后经抢救才保住了一条性命，但蒋介石获释回到南京后还是怀疑他私通张学良和杨虎城。后经钱大钧尽力辩解并拿出有力证据，蒋才宽恕了他。

1938年初，钱大钧出任航空委员会主任。他对日本侵略中国义愤填膺，指挥空军对日作战卓有贡献。但一年后又因故去职。1940年复出，历任军委会运输统制局参谋长、秘书长、军政部常务次长等职。

段仲宇告诉笔者，他1944年春奉命调往印度，在驻印中国军队总指挥部军务处工作，驻地是印度的蓝姆伽。负责指挥中、美军队作战的总指挥是美国上将史迪威，副总指挥是郑洞国，副参谋长是温鸣剑。指挥部里一半是中国军官，一半是美国军官。由于当时驻印“国军”有三个师、四个炮兵团、一个化学迫击炮团、六七个战车营、两个工兵团，技术兵种多，所以温鸣剑特地向史迪威建议从国内调一个懂炮兵的专家到印度工作，并推荐了他在陆军大学的同学段仲宇前往担任此要职。

史迪威关于选调段仲宇去印度的电报发到了重庆。主管此事的军令部和军政部经过协商，向蒋介石呈上了一份报告。蒋当即“御笔”一挥予以批准。也许从此时起，蒋介石脑子里已经有了“段仲宇”这个名字。须知，由一位美国将军发电报，指名道姓要调一个校级军官到国外去工作，当时能享受此殊荣的人，为数是极少的。

这时钱大钧正担任着军政部常务次长的要职。部长何应钦不大管事，实际工作基本上由钱大钧主持。

一天，军政部电话通知段仲宇，叫他去面见钱部长，说有要事相告。

这时，段仲宇正在陆军大学兵学研究院当研究员，军衔是上校。他奉命赶到军政部，晋见了钱大钧。

这一年钱大钧正好50岁。他身材修长，面色和善，表情谦逊，服装整洁，十分注意风度。段仲宇向他敬了一个礼，毕恭毕敬地站立着，准备聆听他的指示。

钱大钧客气地叫段仲宇坐下，命人倒上茶水，然后告诉段关于调他去印度工作的种种事宜，特别嘱咐段要多了解美军的组织编制、各级的职责和职权。段一边听，一边深感事出意外，一边又感到能出国去工作机会难得，心中暗暗高兴。

公事谈完后，钱大钧又十分客气地对段仲宇说：“我有两个儿子在印度，一个叫忠泽，一个叫文泽，你要多多帮助他们，使他们将来能够考上陆军大学。你是陆大教官。我部办公室里的刘参谋，是你们陆大十七期毕业生。他多次向我说起你，称赞你是陆大的高材生，留在兵学研究院后又出了不少研究成果。听说你撰写的论文《决战之诱导》，深受你们研究院主任徐祖诒的赏识。以你的高水平，去关照和辅导我的两个儿子，是绰绰有余的嘛！”

段仲宇心想自己在陆军大学学习了三年，毕业后又留校当了一年多教员，辅导两位青年军官考陆大可说是“三个指头捉田螺——稳拿”。因此他满怀自信地对钱大钧回答说：“请部长放心，卑职一定尽力而为。”

钱大钧高兴地点点头，客气地说：“那就请关照。”

段仲宇到印度后，与钱忠泽、钱文泽兄弟俩取得了联系。那年钱忠泽二十七八岁，钱文泽二十五六岁。年轻人好学上进，段仲宇帮助热心，辅导认真，一年中兄弟俩大有长进。

段仲宇凭着厚实的军事根底和勤奋的工作态度，获得了上司的好感，从参谋提升为军务科长，后又晋升为军务处代处长。他写的关于美军组织编制和补给的调研报告，他提出的国军如何适应新情况的建议，每次呈报到重庆后，钱大钧看了都十分满意，对段的才干倍加赞赏。

正好这时蒋介石调整了军政部的班子，由陈诚接替何应钦任部长。陈诚是保定军校第八期炮科毕业生，从资历上来说是钱大钧的学生、下级。学生当部长，他这个老师当助手就不合适了。何况自古以来都是“一朝天子一朝臣”，陈诚也不会用他。好在蒋介石对这种微妙复杂的人事关系心中有本账，遂下令将钱大钧调回侍从室工作，仍任第一处主任。不过侍卫长一职再没有让钱兼任。

不管怎么说，能让钱大钧回到“御前”参赞军国大事，表明蒋介石对钱还是信任的。这使钱兴奋莫名。

侍从室第一处第二组又称参谋组，主管军事参谋业务，秉承蒋介石的旨意，综绾军事机要。别看它只是一个“组”，但主管的业务几乎包括了国民党军委会所辖的各个重要部门和其他一些行政部门。因此，蒋介石对这个组非常重视。人们也把“侍二组”看成是侍从室里一个“关键中的关键”“核心中的核心”的单位。

钱大钧走马上任之前，对“侍一处”的人事当然要有所考虑和筹划，要起用他信得过的人，当然还要十分干练，十分称职，真正是他的得力助手，而不能滥竽充数。

钱大钧想到了段仲宇。无论从公谊私情两方面来说，他认为段仲宇都是非常合适的人选。

权衡成熟，钱大钧在交卸军政部常务次长的权力之前，发了一份电报到驻印部队总指挥部：调段仲宇回国，另有任用。

在印度待了将近一年，对异国的风土人情，段仲宇开始时虽然感到陌生和不习惯，但很快他就爱上了这片古老而神奇的土地，爱上了这个历史悠久、文明灿烂的国家，爱上了这里勤劳质朴的人民，以致一旦离开反感到深深的眷恋。更主要的是，在印度能与美军司令和参谋人员合作共事，亲身接触在当时来说是世界上最先进的武器装备，这对热爱军事参谋业务的段仲宇具有极大的诱惑力和吸引力。他是多么想在这里多待一些时间呀!然而，军令如山，他不得不奉调回国了。

段仲宇的妻子叫薛纪常，是重庆歌乐山国立助产学校的高材生。她是河北人，随父母来重庆，和段家都住在胡家花园。邻舍隔壁，时间长了，她和段仲宇就有了感情。经双方家庭撮合，他们于1940年喜结连理。小薛身材窈窕，清纯秀丽，对丈夫又是格外地体贴温柔，使段仲宇整天沉浸在新婚燕尔的巨大愉悦之中。但结婚才两年多他就离别妻子到印度工作。他是多么想回到妻子身边呀!

段仲宇乘飞机先到昆明，再乘机回到重庆。虽然“久别胜新婚”，但他稍事休息后即去向钱大钧报到。

钱大钧对段仲宇在印度的工作大加称赞，对段在繁忙的军务中尽心尽力帮助辅导自己的两个儿子深表谢意。在谈到下一步工作去向时，钱语气庄重地告诉段：“你先在家里等着，哪里也不要去，无论谁来找你去工作你都不要答应，也不要到你的老单位陆军大学去报到，一切听候我的通知。”

看钱大钧的神色，段仲宇预感到将有重要的任命和任务，但他一时估摸不透这位陆军上将葫芦里装的是什么。

两天后，钱大钧派人给段仲宇送来一张条子，叫段立即去见他。

到了钱大钧办公室，钱上上下下仔细检查了段仲宇的服装整齐不整齐，军容仪表端正不端正。段穿一身美式军装，佩戴上校军衔，一米七几的个头，堂堂燕赵大汉，仪表非凡，加上长期的军旅生涯，特别是通过在中央军校和陆军大学中严格的教养和训练，使他素来以“标准军人”著称。钱大钧检查后满意地点点头，然后说：“委座召见!我立刻派车送你去。”

一句话说出，段仲宇大出意外，有一种石破天惊的感觉。虽然他在军校和陆大多次听过蒋介石讲课、作报告，但那是上大课，相距远远的，他对蒋看不真切，蒋也压根儿说不出他这名普通学生的名字。现在，蒋介石要单独召见他，段仲宇心里既紧张又兴奋。

蒋介石的办公室在曾家岩附近的上清寺德安里。那幢小洋房据说原先是张群的住宅。外边就是侍从室，名叫“尧庐”。据说原为川军将领许绍宗的公馆。钱大钧派了一辆军用吉普，将段仲宇送到了德安里。

车子进门后，段仲宇又步行穿过几道门槛。蒋介石的侍从秘书周鸿涛已经在门口等候。他见了段仲宇后问道：“贵姓？”

段回答：“免贵，敝姓段，叫段仲宇。”

周鸿涛打量了一下，说：“跟我来。”

段仲宇跟他又进了一道门，到了一个接待室。周鸿涛用手指了指沙发，说，“请坐!”并给段倒了一杯开水。

段仲宇正襟危坐，心里有些紧张，思考着蒋会问些什么，自己该怎么回答，一边双目注视着那扇打开着的门。听声音好像里面有人，正在接受“委座”的召见。

等了不一会儿，有个人出来了。周鸿涛向段仲宇点点头，示意他进去，并告诉他：“你看到委座点头，你就出来。”

段仲宇站起身，整理了一下军装。这时他心里反倒镇静下来了。“最高领袖”单独召见，是莫大的荣誉，又是极大的鼓舞。当时他精神振奋，是怀着饱满的激情去晋见“领袖”并聆听其“教诲”的。

一进门，迎面立着一个大屏风。段仲宇转过屏风，一眼就看到了那个熟悉的身影——蒋介石。

这时蒋介石身兼多职，主要职务是国民政府主席兼陆海空军大元帅、军事委员会委员长，还兼行政院院长，一人独揽了党政军大权，是名副其实的、独一无二的“最高领袖”。

蒋介石没有穿他那身威严的特级上将（大元帅）戎装，而是穿一套普通的中山装。重庆的深秋并不太冷，室内暖融融的，57岁的蒋介石看上去挺精神。

段仲宇咔嚓一声“立正”，以最标准的军人姿态恭恭敬敬向蒋介石行了一个军礼。

蒋介石手里拿着一张纸条，站起身来，用手指了指沙发，以浓重的宁波口音说：“坐，请坐!”

段仲宇哪里敢坐，仍然毕恭毕敬地立正站着。

蒋介石随身坐到了近旁的沙发上，再一次用手示意段仲宇坐下。段见蒋坐下了，也就坐了下来。

蒋介石身着戎装

侍候在一旁的周鸿涛给段仲宇又倒了一杯水，然后退出。事后段仲宇得知，这位周鸿涛是蒋介石的表侄，蒋经国的表弟，当时任侍从室第二处秘书，被派在蒋身边侍候，是亲信中的亲信。怪不得他在蒋介石身边显得那么自如。

蒋介石看着手中的纸条，头也不抬地问："你是哪期的？"

"军校九期炮兵科毕业，后进陆大，十七期毕业。"段仲宇回答。

蒋介石抬起头来，两只眼睛紧紧地盯着段仲宇，用鹰隼一样的目光打量着段，嘴里"嗯""嗯"了几下。

段仲宇连大气也不敢出，挺挺腰板，端端正正地坐着，经受着蒋介石的审视。

俄顷，蒋介石站起身来，段仲宇也赶紧起身，在原地立正站着。蒋介石手里拿着纸条，走到段仲宇面前，两人相距还不到一米，又上上下下仔细审视了一番。然后，点点头，连声说了几个"好，好，好！"

段仲宇想起刚进门时周鸿涛的嘱咐，知道"委座"召见就要结束了，连忙立正、敬礼，然后退出。

周鸿涛把下一个被召见的人领进去后，从蒋介石办公室里出来，段仲宇问他："还有什么事？"

周鸿涛说："没有事了，你回去等通知。"接着很友好地向段笑了笑，说了一句"差不多了"。

两天后，侍从室一处主任办公室正式通知段仲宇，叫他前往报到。从此段仲宇荣耀地跨进了侍从室的大门，成了蒋介石身边的一名办事人员。

50多年后，段仲宇告诉笔者：蒋介石这次召见虽然只说了几句话，时间也很短，但在他脑子里却留下了永生难忘的印象。那时侍从室里对蒋介石召见戏谑地称之为“相面”。谁被召见，就说谁“今天相面去了”。当然，“相面”的结果也有很不妙的。有个人被有关部门选中拟派往德国大使馆当武官。官职不高，但事关“国家形象”，蒋介石照例要亲自召见。哪知这位仁兄有点不拘小节，服装穿得不太整齐，皮鞋后跟上还沾有一点泥巴。蒋介石问他：“你到德国后，准备怎样开展工作？”此人大概事先没有充分准备，竟脱口而出，大大咧咧地说：“联络联络。”蒋介石一听就不入耳，又见这位未来的武官皮鞋后跟上还有泥巴，更大为不悦，脸上立刻转“阴”，挥挥手让其退出。“相面”通不过，任命也就告吹。

段仲宇后来想，他见蒋介石之前，钱大钧之所以那么关心他的军容、仪表，完全是出于一片关爱之情。他心里对钱大钧充满感激。毕竟，能进侍从室工作，对他后来的人生历程是一个重大的转折。

5. 小小“侍二组”，只有几个人，承办的业务几乎囊括了庞大的国民党陆海空三军所有重大事项。段仲宇也被戏称为“比联勤总司令还大的上校”

国民政府主席侍从室或曰国民政府军事委员会委员长侍从室，其第一处所辖之第二组，简称“侍二组”，又叫参谋组。段仲宇到侍从室报到后，被分配在这个组里工作，职务是参谋，军衔是上校，办公地点就在上清寺德安里。

段仲宇进入侍二组后，了解到该组承办的业务包括了庞大的国民党陆海空三军的所有重大事项，诸如：作战指挥，部队训练，编制（组建），装备，军事设施（机场、港湾、仓库等）的建设，后勤补给与后勤储备，财务，交通运输，永久性通讯线路，国外运来的武器、装备及其他军事物资的接收储存，人事经理（包括任免、来往电文、接待），如此等等。总之，属于军队方面的事几乎无所不包。

蒋介石是个嗜权如命的人，不仅大权不肯旁落，小权也抓住不放。因此，他的参谋总长这碗饭可不大好吃。于是，凡是参谋总长不能决定或不敢决定的问题，都写了请示报告，通过侍从室转报蒋介石。侍二组的参谋人员对这类报告岂敢随便表示意见，往往照转不误。不料有一次蒋介石竟大发脾气，说什么“你们不要把我这个‘委员长’当做一个字纸篓，什么东西都往里边扔，什么事都拿给我看，你们一点责任都不肯负担，那不是对待长官和对待自己的办法!”此话一出，侍二组参谋人员遂对呈送蒋介石的报告，事先都进行研究审核，签注意见后，才送蒋介石作最后的裁定。

来自全国各地军政大员的文电，凡属于军事方面的，包括人员的任命、免职、调动、奖励、处分等等，也都由侍二组承办。蒋介石批示后，侍二组还要催促下面“限期具报”。

侍二组还要负责审阅和处理来自各方面的建议，处理一些事务性工作。例如代蒋介石通知召见外地来重庆的文武官员，负责某些人员的接待，用电报向各战区高级指挥官传达蒋的命令等等。这些工作很具体，也较琐碎，但就其重要性来说却是头等的，绝不能有丝毫马虎，更不能出一丁点儿差错。

正因为侍二组综绾军事，所以蒋介石对这个组特别重视，调到这个组工作的人他都要亲自召见，当面考核，“确信万无一失者方可任用”。

对于侍二组组长一级人选，蒋介石当然抓得更紧，选择更严格。

第一任组长叫刘祖舜，浙江黄岩人，陆大特一期毕业生。原任“委员长武昌行营”参谋长，由钱大钧保荐。后来官至第三十八集团军中将副总司令。

第二任组长由钱大钧兼任。因刘祖舜擢升后，一时找不到合适的人选。

第三任组长叫邵存诚，是代理组长。

第四任组长叫酆悌。此人毕业于黄埔军校第一期。北伐时就是师政治部主任，率部进入上海后积极参与四一二反革命政变。后来发起成立特务组织复兴社，曾任干事、书记等要职。他于1937年6月由驻德国大使馆陆军武官调任侍二组组长。此人脾气暴躁，盛气凌人，目空一切，对顶头上司钱大钧也不大买账，对同级更不放在眼里，对下级则颐指气使，常加斥责，上下级关系和同级关系都搞得很坏。情况反映到蒋介石那里，酆悌不得不卷起铺盖离开了侍二组。1938年9月，酆出任湖南省政府委员兼长沙警备司令。可惜命运多舛，他忠实执行蒋介石的“焦土政策”，在日军进攻长沙前放了一把大火。不料此事在国内外引起强烈反响，蒋介石不得不把酆悌当“替罪羊”，于11月20日由临时军事法庭判处死刑予以枪决。这位随侍过蒋介石的人遂成了屈死的冤魂。

第五任组长叫刘进，由蒋介石的侍从参谋调任。他是湖南攸县人，毕业于黄埔军校第一期。1937年10月晋升少将。在南京沦陷之前外调到戴民权的九十一军四十五师任副师长，后接任师长，以后又先后当过二十七军副军长和军长、二十四集团军副总司令、宝鸡警备司令、邵阳警备司令、第一兵团副司令。1949年8月第一兵团司令陈明仁在长沙光荣起义。刘进本来可以成为光荣的起义将领，可惜他被部下裹胁，又听了国民党的造谣破坏，带一个师逃往四川，后在成都被人民解放军俘虏。陈明仁对此事很恼火，大骂刘进是“叛徒”，主张严厉惩处。后来刘进被枪决。

第六任组长李崑岗（代理），中央军校第六期、陆军大学第十一期毕业。先在侍二组任中校参谋，当过几个月代理组长。离开侍从室后调到军令部任上校科长。后来又担任过第四战区副司令长官部少将副参谋长、第一战区司令长官部副参谋长、第一军第一六七师师长、西安绥靖公署办公厅主任等职。

第七任组长邹竟，松江人。毕业于保定军校第四期。在黄埔军校当过科长，北伐时任第一师副师长。他当侍二组组长时就官居少将，很快又被提升为侍从室一处副主任。

第八任组长叫于达，浙江黄岩人。毕业于保定军校第三期、陆军大学第九期。曾任第一师参谋长。因为他和林蔚是黄岩小同乡，两人私谊甚厚，林蔚调任侍从室第一处主任后，就保荐于达为侍二组组长。于达是组长当得最久的人，长达六年之久。外调后官至集团军副总司令、第一战区副司令长官。

第九任组长是聂松溪，是段仲宇的顶头上司。聂松溪是山东人。黄埔军校第一期毕业，陆军大学第九期毕业。当过旅长、师长、警备司令。当侍二组组长时军衔是少将。他只干了几个月，就外调升任第五十七军军长。抗战胜利后到山东省就任中将保安副司令。济南战役中被人民解放军俘虏。获释后1949年去了台湾。

第十任组长叫赵桂森，继聂松溪任段仲宇的顶头上司。他是江苏江都人。黄埔军校第六期、陆军大学第十一期毕业。曾任陆大教官、军令部第一厅处长、第二十师师长、第八十九军副军长、军政部交辎司司长。他由军政部交辎司司长这个岗位上调到侍二组任组长，按现在的标准来衡量，这个组长至少算得上是“军级”。

晨钟暮鼓，沧海桑田。段仲宇回顾半个多世纪前侍二组十任组长及他们的人生历程时，深感宇宙之无穷，人生之须臾。是啊，当年这些侍从室成员、国民党将军，如今大都已成故人，成了历史人物。他们的功过是非，只有让后人去评说了。

历史上太监掌权、宦官专政以致扰乱宫廷、影响皇帝威信的种种弊端，蒋介石当然很清楚，因此，他对侍从室的掌握还是很严的。除了用人必须亲自挑选外，还规定侍从人员的官阶不要太高、年龄也不宜太大，还要降一级任用，以免引起外间的非议。

当然，蒋也深知对身边工作人员要给点甜头，以示“恩宠”。因此，侍从室的待遇要比一般官兵优厚得多，比如薪俸加发半个月，食宿免费供给，晚上加班有夜餐，还发给呢子和哔叽中山装，过年过节还有额外赏赐，还经常有政治奖励，发给勋章奖章等等。

笔者问段仲宇当时一个月拿多少工资？段仲宇扳着指头算了算说，上校薪饷每月240元，加发半个月120元，共为360元。但抗战开始后政府规定发"国难薪"，打八折，他每月实发288元法币。兑换成银元时打点折。当时一元钱可买四斤猪肉，他的生活水平应该说是相当不错的了。

和段仲宇同时任侍二组参谋的，开始时有六人。其中管作战的三人是少将柯远芬、刘本厚、吕文贞；管空军的是施××；管海军的是魏济民；段仲宇分工管后勤。后来又调进了陈廷缜、周菊邨、朱××等人。另有书记一人，分工管理公文的收发、保管和档案等工作；录事五六人，负责公文的誊抄。他们都写得一手好字。参谋人员先作处理，尔后都由他们誊抄得工工整整，再行上报。

有人说段仲宇是"比联勤总司令还大的上校"，这话并不过分。因为凡联合勤务总司令部（以下简称"联勤总部"）的大事，均要报蒋介石批准。公文要先送到段仲宇手里，他签注意见后再呈报。蒋介石批示后也是先发到段手里，段再用代电、电报、信函等通知联勤总部。所以每天打给段仲宇的电话络绎不绝，一个接一个，总是问他："段参谋，××文电报了没有？""委座批了没有？"呈送蒋介石的报告每天不能太多，于是有了先后次序的排列。下属部门有时某一件事情急于要办，就多次打电话给段仲宇，催问办理情况，并请他多多"关照"，尽早办理，表示"感谢"云云。

段仲宇的父亲段云峰崇尚孔孟，为人清正，对子女要求极严。他办的学校培德中学，校训是"学所用，用所学，负责任，尚廉洁"。段云峰视富贵如浮云，以天下为己任，从不逢迎权贵。段仲宇在良好的家庭教育和家风熏陶下，从小养成了勤劳、朴素、正直、廉洁的优良品德，因而他在侍二组也从来不捞油水，不搞外快，不借机自肥，不坐收渔利。

侍二组公文处理的时间一般不得超过6小时，限时限刻，必须按时出手，不得稍有延误，节假日也常加班加点，应该说办事效率是很高的。凡段仲宇经手办理的公文，大都是以"快邮代电"的形式行文，末尾注明月、日、时的韵母，还要注明承办人的代字，如"仲"，以示负责。段老说：如果将来台湾回归，蒋介石侍从室的档案全部开放，那么一定能查阅到他当年承办的许多文电。

侍从室第一处主任钱大钧，是段仲宇的直属上级。加上“保荐人”这一层关系，以及段在印度时辅导过他的两个儿子，因此钱大钧常邀请段仲宇到家做客。段去的次数多了，也就不那么受拘束了，顺便时就留在他家吃顿饭。对钱大钧这个人，当时社会上褒贬都有。不少人说他爱财好色，给他送了个绰号叫“钩大钱”，还说他有多处别墅，曾在武汉金屋藏娇，与小姨子欧阳生丽勾搭成奸如此等等。其实，在国民党军政大员中，用各种手段聚敛钱财的比比皆是，捞钱大大超过钱大钧的大有人在，至于拥有三妻四妾，甚至讨上几十房姨太太的如杨森、范绍曾等等也不乏其人。钱大钧的妻子叫欧阳丽藻，江西吉安人。北伐胜利后他们结的婚。欧阳丽藻的三妹叫欧阳生丽，常在姊姊家居住。时间长了，她与大姊夫也就有了感情，后来成了钱大钧的第二夫人。段仲宇在钱家吃饭时，每次都和钱的两位夫人一起就餐。大夫人丽藻生性比较沉默，话不多，给人一种沉稳厚道的感觉。二夫人生丽性格开朗，比较活跃，打扮得也年轻入时，平时陪钱大钧参与社交活动也较多。但姊妹俩亲情融融，和睦相处，互相尊重体谅。段仲宇一次也没有看到姊妹俩有什么龃龉，或者闹什么争风吃醋。

总统府走廊

有人评论钱大钧“圆滑成性”，善于在各派各系之间施展手法，折中调和，以求八面玲珑，四方讨好。但段仲宇对此有自己的看法。他说：国民党军队里派系多，有嫡系，有杂牌，有中央军，有地方部队。钱大钧处在他这个特定的地位上，一方面对蒋介石忠心耿耿，一方面对各路“诸侯”、各派各系也不得不有所照顾。人家总要打日本、总要吃饭嘛!应该说钱大钧这个人还是比较厚道的，不善于迎风使舵，观察气候。因此，他常常招致蒋介石的不满。

说起抗日，钱大钧一直十分坚决。1938年2月，他任航空委员会主任，参与组织了保卫武汉的空战，还组织空军远航日本本土夜投宣传弹，他通宵守在电话机旁等候消息，并通过电台掌握情况。投弹成功，飞机凯旋回到武汉，钱大钧与中共在武汉的领导人董必武等一起到机场欢迎。

段仲宇进入侍二组后，尽管是陌生的环境，全新的工作，但他不是靠“后台”“背景”，而是靠自己军校、陆大两块牌子，靠熟练的参谋业务，靠敬业精神和勤奋的工作态度，很快就赢得了组里头头和同事的信任，从而牢牢地在侍从室站稳了脚跟。

这为他后来秘密地为共产党工作，打下了一个良好的基础。

那么，“标准军人”段仲宇又是怎样靠近中国共产党、逐步走上革命道路的呢?

这得从他的大哥、共产党员段伯宇说起。

6. 中共地下党员段伯宇从抗日前线来到重庆，周恩来秘书和他单线联系，领导他周旋于国民党上层人物之间

1939年春节前的一天，中共地下党员段伯宇风尘仆仆地从抗日前线南昌来到了重庆。

段伯宇穿一身国民党军装，佩戴着上校的军衔，公开身份是国民党三十二军的军医。这时候国共合作抗日，建立了统一战线。八路军在重庆公开设立了办事处，就连中共中央副主席周恩来也屈尊担任了国民政府军政部副部长，挂上了国民党军的中将军衔。

八路军办事处设在重庆闹市区的机房街70号，正规的称呼是国民革命军第十八集团军驻重庆办事处。它是对外的、公开的。这里又是中共中央南方局的本部，领导着所有国民党统治区和日伪侵占的沦陷区的党的工作。它是中国共产党在大半个中国的秘密指挥中枢。1939年5月，日军飞机对重庆狂轰滥炸，八路军办事处的房屋也被炸毁，就搬到了郊外化龙桥红岩嘴。另外在城内曾家岩50号还有一幢三层楼房，对外称“周公馆”。有时周恩来就住在那里，实际上是南方局军事组的办公室和宿舍。

在延安的中共中央和毛泽东对国统区和沦陷区的工作非常重视。1940年8月，毛泽东在中央政治局会议上强调说：中央今后的注意力，第一是国民党统治区域，第二是敌后城市，第三是我们战区。他还说，国民党区域的党，均由恩来全责管理，以统一党的领导。

毛泽东的这个意见，是抗日战争以来，中国共产党第一次把国民党统治区域的工作放到了如此重要的战略地位上。

段伯宇到重庆后，连家门也没有进，就急匆匆地前往八路军办事处报到。作为一名地下党员，他深深体会到在虎穴狼窝里工作，是须臾也离不开党组织的领导和指导的。

这一年段伯宇35足岁还不到。但从他18岁考入河北大学医科并结识共产党人戴培元开始，他整整经历了长达14年之久的苦苦求索，才跨进党的大

段伯宇民国三十年（1941）摄于重庆

门，成了一名光荣的中国共产党党员。

1997年八九月间，笔者曾赴北京登门拜访段伯宇老人，采访解放前他在国民党军队中和国统区开展隐蔽斗争的传奇经历。伯宇老虽已94岁高龄，但精神尚健，思维也很清晰，案头还摆放着一条座右铭，上写着“已届暮年，珍惜寸阴——自珍，九七年元旦”。他满怀自信地告诉笔者，争取在1998年以前把他的这段历史再补充得更详尽些。他说他于80年代初曾写过一篇回忆录，题目是《蒋军心脏中的一条秘密战线》，是全国政协文史资料委员会的同志请他写的。写好后李正文、贾亦斌、段仲宇等同志对稿子作了修改补充，又经解放前领导他的中共上海局负责人之一的张执一同志审阅和修改，后来公开发表在《革命史资料》第6辑上。段老还说，他写的《我的回忆》一稿，刊登在《保定文史资料选辑》第9辑上，1992年8月出版并公开发行。他说他还要在此两文的基础上进行补充，但毕竟年代较久，往事如烟，许多事情已经记得不那么清楚了。

笔者请他重点谈谈他在重庆和后来打入国民政府军务局（其前身是蒋介石侍从室）的斗争情况。伯宇老说先要介绍一下他入党的经过，然后介绍他和周恩来见面情况，俾笔者了解事情的来龙去脉。

段伯宇1904年7月9日出生于河北省蠡县孟尝村。村中有个坟墓叫齐王坟，相传是孟尝君的坟墓。北邻的高阳是明末抗清名臣孙承宗的故乡。南邻的博野是四存学派创始人颜元的故乡。因此段伯宇童年时代就受到了爱国主义的熏陶。

段伯宇的父亲段云峰，生有四子五女。四子按“伯仲叔季”的顺序，分别取名为伯宇、仲宇、叔宇、季宇。伯宇开始时叫段宇，字豁如。他9岁时，段云峰考入陆军大学，遂将他接到北京，同住在陆大宿舍里。段伯宇10岁那年到天津觉民小学读书，后升入觉民中学，直到16岁被学校开除。所谓“开除”，是因为段伯宇多次参加反帝爱国运动。例如，1920年1月29日，他和2000余名学生一起，在周恩来领导下进行街头演讲，散发革命传单，并公推周恩来、于方舟、郭隆真等四位同学为代表，和省长曹锐谈判。后来28位同学被监禁。段伯宇在觉民中学是带头分子，也被学校“斥退”（开除）。

段伯宇老人说，他对十几岁时在天津的这段历史，印象特别深，终生难忘。特别对周恩来、邓颖超、郭隆真等天津学联会和“觉悟社”的领导人，他非常敬仰，佩服。

从天津回到保定（这时，他父亲段云峰已在保定军校当战术教官），段伯宇满以为一定要受到父亲的严厉训斥，不料一向严厉的父亲并未苛责，只询问了他参加学生运动的经过和今后打算。翌年，生性耿介的段云峰脱离了军界，也不愿参加国民党，决心以教育救国，开办了培德中学，任董事长兼校长。他希望段伯宇不要从政从军，而要像孙中山先生那样学医，治病救人，利人利己，日后转向革命。段伯宇听从父命，遂报名投考设在保定的河北大学医科，时在1922年。

说起大学生活，最使段伯宇难忘的是，他有幸结识了中共地下党员戴培元，开始接触马克思主义，阅读了恩格斯的《社会主义从空想到科学》《反杜林论》和日本学者河上肇的《政治经济学大纲》等，对马克思主义有了初步的理解。但使他抱憾终生的是，戴培元因受学校迫害不得不于1924年离校，段伯宇争取入党的愿望也因此而未能实现。

在大学里，段伯宇仍一如既往地积极参加反对帝国主义和反对封建军阀的爱国学生运动。他带头请愿、罢课，驱逐了压制进步教师和学生的医科主任赵公瑾，请回了有名望的教授，使医科办得大有起色。

使段伯宇更值得回味的是，他在1928年5月间曾机智地掩护晋军名将傅作义逃离保定，使傅未遭奉系军阀张作霖的毒手。

这是段伯宇青年时代一个很有传奇色彩的故事。

1927年北洋军阀最后一个代表人物张作霖集结重兵与北伐军相对抗。阎锡山派傅作义率第四师挺进涿州，奇兵出没于门头沟、长辛店一带，威胁北京，成了奉系的肘腋之患。张作霖遂令张学良率奉军精锐，以10万之众包围了涿州。傅作义率部坚守三个月，涿州岿然不动。但城中粮食吃完，老百姓无以为生。在这种情况下傅作义接受了停战“谈判”。达成协议后，张作霖派张学良迎接傅作义到北京，盛宴款待。但后来“张大帅”翻脸不认人，将傅送到保定，名为保护，实为软禁。

1928年5月的一天，段云峰在陆军大学的老同学崔笑如突然到河北大学找到了段伯宇，悄悄嘱咐他买三辆自行车，将一位“好朋友”送往外地。并叫段伯宇第二天按指定时间、地点去接他们。还叮嘱他务必严守秘密，就连父亲段云峰也不要告知。

第二天是星期天，段伯宇按约定于下午来到西街“德润浴室”的旁门。打了暗号后，崔笑如陪着一位身穿长袍、体态魁梧的“商人”从后门出来，三个人骑上自行车，两人在前，段在后，从西街绕过奉军警卫岗哨，出了保定西城门。为了掩护，段伯宇骑车跟在后面百米左右。下午四五点钟，距城已约十里，突然从后方追来的十余名骑兵，鸣枪叫段站住，问段有没有看到什么人过去？段说没有看见，并说明自己是河北大学学生，利用星期天下乡探亲访友。骑兵听后即呼哨而去。

天近黄昏，段伯宇骑车赶上了崔笑如等二人。讵料天公不作美，下起雨来，三个人推着车子，好不容易到了黑龙潭，在一个大车店里吃晚饭。

点上菜油灯，在炕桌上摆好饭菜后，那位“商人”轻轻地问段伯宇：“段同学，不认得我吧？”

段摇摇头，说没见过面，不认得。

“商人”说：“我姓傅。”

段伯宇听他山西口音很重，心想：崔老伯是军人，他的朋友做生意的不多，看来这位“商人”很可能也是军人。联想到报纸上说北伐军已于4月下旬下令对张作霖的奉军和直鲁联军发动总攻，进军平津，而被软禁在保定的傅作义，属于北伐军中的晋绥联军。这样想来，眼前的这位“商人”莫非就是傅作义？

但想归想，段伯宇嘴上没有说出来，而是说了他遭遇奉军骑兵盘诘的经过。崔笑如听了连声说：“好!好!”这时“商人”端起酒杯，提高了嗓门，对段伯宇说："段同学，你很有胆识。来，我们一同喝一杯！"

在昏黄的灯光下，段伯宇仔细打量，见"商人"眉宇间有一股英气，心中断定此人一定是傅作义将军。但又不便多问，遂举杯一饮而尽。

三人计议，从黑龙潭赶往明天的目的地白沟河，还有五六十里路。天下雨，自行车不能骑，怎么办？段伯宇走出屋外，找到了两位赶大车的车夫，说他们有急事要赶路，请车夫劳驾送一程，车资从优。车夫见段伯宇年纪轻轻，怕他说话不算数，要求面见"掌柜"。段伯宇随即将两个车夫领进屋。傅作义和蔼地招呼他们坐下，问长问短，就是不谈搭车的事。段伯宇心里着急，而崔笑如却示意他不要插话。最后车把式问："掌柜的是山西人吧？"

傅作义点点头，说："是山西人，到贵地来做生意，请把式多关照。"

车把式满口答应，傅作义又加了一句："天雨路滑，脚费加倍奉送，一言为定。"

第二天一大早，段伯宇陪同傅作义、崔笑如一起乘大车冒雨赶往白沟河。一路上要通过宋朝时代就有名的三道关口，加之傅作义逃出保定已一天一夜，途中所经之处均由奉军把守，可谓险阻重重。好在雨越下越大。经过容城时段伯宇站在大车车辕上，和车把式一人一边，扬着鞭子，哼着梆子腔，策马驾车穿城而过。一路无阻，正午时分到达了白沟河镇。这是个大镇。白沟河上

1997年8月，段伯宇（坐者）接受本书作者采访

有一座大桥。车到桥头，已有一辆长途汽车停在桥头。傅、崔与段伯宇告别。傅作义握着段伯宇的手，低沉地说了句："我们后会有期。"

过了二三个月，段伯宇从报上看到傅作义就任天津警备司令。不久后又收到傅的来信，约他暑假去天津。此后段伯宇在大学的费用，直到1930年夏毕业，均由傅作义供给。

段伯宇冒险救援傅作义将军的义举，在学校和社会上不胫而走，传为美谈。段后来还因此意外地获得了他万万没有想到的回报。

事情的经过是这样的：段伯宇大学毕业后到太原谋生，和同学刘静波一起想开办一个诊所，但苦于无药品和器械。他回保定找河北大学医院药房主任兼某大药房经理求助。经理姓刘，爽快地答应为他们配备一个诊所所需要的药品和器械，一年之后再付钱，并设宴款待了他。席间，刘经理对段伯宇说："以静波同学的医道和你的开创能力，开办诊所济世救人，前途有望。"并说你入校后功课好，对推动学校医科改进很大。当时傅作义与奉军交战，交通阻绝，你冒险去北京请来第一流教授，后来又援助傅将军脱险，此举有关时局，非同一般。语毕向段伯宇敬了三杯酒，并说倘有困难，药品器械就不必付钱了。

这件事对段伯宇教育很深，感到人心是秤，是非、曲直、公道自在人心。一个人应该不计安危，为社会多作贡献。

在太原办了近三年诊所，段伯宇接触了不少进步人士，利用时间看了大量马列主义著作。他还在离诊所不远处开办了一个小书店，公开出售进步书籍。

那时，山西处于阎锡山的统治之下。尽管1930年阎锡山和冯玉祥联合反对过蒋介石，但后来他又和蒋介石言归于好。而对共产党，阎锡山则大肆镇压。段伯宇在他鼻子底下宣传马列主义，出售进步书籍，岂能不招来祸殃？1934年秋末冬初的一天，刘静波应邀去给太原宪兵司令部参谋长看病，无意之中看到办公桌上一张逮捕人的名单，段伯宇赫然名列榜首。刘静波不动声色，以取药为名回诊所通知段伯宇急速离开太原。

保定当时也属阎锡山管辖。段伯宇有家归不得，只得南下邢台找老同学张步封另谋生路。张步封的父亲是三十二军参议，和段伯宇父亲又同为老同盟会员。他冒险相助，介绍段伯宇到三十二军当军医。这不仅使段伯宇开始了军旅生涯，而且有幸结识了许多地下共产党员，为他后来的辉煌人生开辟了道路。

早在1928年以前，中国共产党在三十二军就有了地下党员和秘密组织。追本溯源，北伐胜利后商震就任河北省主席，将他任绥远都统时开办的绥远军事政治学校迁到北京，改名为河北军事政治学校，学生中就有了不少秘密共产党员。该校地下党组织属北方局军委领导。曾在军长商震身边当过少校、中校副官及人事科长的王兴纲，就是三十二军地下党组织的负责人。解放战争时期，王兴纲曾任华东军区联络部副部长和山东兵团联络部部长；中华人民共和国成立后，曾任解放军总政治部联络部副部长、中央军委办公厅副主任等重要职务。

曾任中国人民解放军炮兵副司令员的陈锐霆将军，早年也是三十二军的秘密共产党员。他的入党介绍人就是王兴纲。

曾任云南省政协副主席的王启明，也是三十二军的地下党员，还担任过三十二军参谋长。他起义后受到邓小平的高度评价，任命他为陈赓纵队的副参谋长。

为什么三十二军中共产党地下组织会这样活跃？这和该军军长商震将军“睁一只眼闭一只眼”式的呵护有很大关系。

商震，字启予，1886年（清光绪十四年）生于保定。早年丧父，家境贫寒。在保定陆军速成中学（保定军校前身）期间加入了同盟会，从事反清革命活动，曾与冯玉祥结拜为兄弟。辛亥革命后，因暗中进行革命活动几乎被袁世凯处死。1916年投入阎锡山麾下，历任晋军团长、旅长、师长、绥远都统、河北省主席、山西省主席等职。阎锡山既用商震之才，又对他很不放心，处处掣肘，使商震深受寄人篱下之苦。商震富有正义感，看不惯“阎老西”那套翻手为云覆手为雨、政客加军阀的手腕。1930年中原大战，阎锡山和冯玉祥联合反蒋失败。蒋介石责成商震整编山西部队，将晋军改编为四个军，商震、徐永昌、杨爱源、傅作义分任第三十二、三十三、三十四、三十五军的军长。从此，商震有了自己可以独立控制的“嫡系”部队。

商震对日军的侵略行径深恶痛绝，对参加察哈尔长城抗战的共产党人吉鸿昌、方振武、宣侠父等十分同情。吉鸿昌、方振武失败后到北京投奔商震。

1992年9月，陈锐霆（左三）与王兴纲（右二）及夫人李路（左一）、王启明（右一）及夫人徐庆森（左二）合影

商震极力进行掩护，悄悄将吉鸿昌放走。后来，蒋介石要商震部队进山西“围剿”红军，西安事变后叫他“讨伐”张学良、杨虎城，商震虽难以公开拒不从命，但想方设法叫部下“保存实力”。该军在山西未与红军有大的接触，还有二三百人携枪械投奔了红军。

对隐伏在三十二军中的共产党员，商震不仅未予“清洗”“镇压”，反而予以任用。他身边就有不少地下党员。他的私人信函及不少私事也交给地下党员王兴纲处理。王兴纲名为商震的副官，实际上成了商震的左右手和私人秘书。商震任第六战区副司令长官兼第二十集团军总司令后，又将王兴纲调升为第二十集团军人事处长。

有了这样的客观环境，段伯宇在三十二军的三年中，不断地向共产党靠拢，为他后来从组织上入党奠定了坚实的基础。

为了追求真理，段伯宇1938年6月到达延安，进抗大第四期学习。一天，领导上找他谈话，说明我党与国民党有协定，抗大不能吸收国民党现职军人，以免引起对方“抗议”。你是三十二军军医，现职军人，希望你提前返回原部队。你入党的问题可以到原部队找党的地下组织解决。

8月初，段伯宇赶到长沙找到了三十二军。王兴纲听说段从延安回来，主动约段谈话，并到一个叫“李合胜”的饭店设宴接风。饭后，王兴纲对段伯宇说：“你在延安的学习情况我大体了解。你要求入党是好的，我们研究后告诉你。”

不久后，王兴纲郑重地通知段伯宇：组织已同意你入党。介绍人是我。后天一大早你到岳麓山腰小土地庙前等候，由湖南省委聂洪钧同志领你宣誓。

“路漫漫其修远兮，吾将上下而求索”。屈原这句诗，道出了一个追求真理的苦行僧的心曲。段伯宇从大学时代接触马克思主义开始，在追求真理的道路上苦苦求索，历尽艰辛，如今终于夙愿得偿，迈进了党的大门，他是多么的欣喜呀！

在喜滋滋的等待中过了一天。第三天一大早段伯宇赶到约定的地点。俄顷，一位身材矮小，沉稳老练，年近40的人来到小土地庙前。他问了段的姓名后，热情地和段握手，向段致贺。随即举行了入党宣誓仪式。没有领袖像，没有缀有镰刀斧头的党旗，段伯宇跟着聂洪钧举起右手，面对蓝天白云，面对祖国大地，宣誓终生要为共产主义奋斗到底！

宣誓完毕，段伯宇抑制不住激动的心情，竟抱头痛哭起来……

聂洪钧颇感奇怪，问段：“入党应该高兴，你为什么反而痛哭呢？”

段伯宇向聂洪钧汇报了14年来为寻找党组织而历经的种种艰难，汇报了他从一个军人家庭出身的普通青年学生，苦苦追求马克思主义的漫长思想历程，最后说：“苦尽甘来。我是高兴到极点而流泪的呀！”

聂洪钧不住地点头，表示理解。他嘱咐段伯宇说：“在白区搞地下工作，环境很险恶。处在敌人的包围之中，要特别提高警惕，要牢记三点：第一要有组织观念，时时牢记自己是共产党员；第二要严格遵守党的纪律，加强请示汇报，不能自行其是；第三要严守秘密，除了你单线联系的人，不能向任何人暴露你的党员身份。”

宣誓后，段伯宇向王兴纲汇报。王兴纲说：“你今后就与我单线联系，不与任何人发生横向的组织关系（个人关系除外）。你到军部干训团去工作，公开身份仍然是军医。干训团党的工作就由你负责。那里已经有几名党员，你要团结他们共同搞好工作。我很快要随军部到南昌去。你要独立地开展工作。”

当时干训团已有地下党员李汝琛、李玉振、张树义等几位同志。段伯宇又发展了区队长刘冠雄入党。

长沙大火后，三十二军干训团调至江西吉安。日军进窥南昌，但蒋介石和陈诚却趁机把三十二军肢解，使这支“杂牌”部队的三个师分属于不同战区。商震被架空，只得被迫辞职，彻底交出了三十二军的兵权。在此情况下，段伯宇也不得不忍痛离开了三十二军。

地下党员王启明时任三十二军七二三团团长。该团在德安战斗中顽强抗击日军数倍于己的强大兵力的进攻，激战五昼夜，三次逐出攻入城内的日本侵略军，1600多名官兵壮烈牺牲。冯玉祥将军曾赋诗称赞说：“王启明，好团长，守德安，打胜仗，无数敌人被杀伤……”

临分手时，两位地下党员依依惜别。王启明对段伯宇说：“老段呀，你不仅是个军医，还是个真正的爱国军人！现在我们三十二军被陈诚搞得支离破碎，干训团也解散了，你想办法离开是对的。”

可是作为一名共产党员，到哪里去发挥作用呢？段伯宇首先想到回河北老家去投奔八路军，在幽燕大地打游击。“愿将血泪寄山河，去洒东山一抔土”。用自己的血肉之躯去拯救沦陷于日军的故乡，参加敌后抗战。他想找王兴纲请示，可是王已随商震去了湖南省桃源县青山湾第二十集团军总部。

思前想后，特别是听说父母妻儿已从保定辗转到了重庆，段伯宇决定先到重庆看看后再定行止。1939年初，他离开南昌，经浙赣线转道黔贵线到了山城重庆。

八路军办事处负责接待段伯宇的是周怡同志。他是周恩来副主席的秘书。听了段伯宇汇报的情况后，周怡说：快过年了，你先回家看看父母和家属，过了年再谈工作。

1937年9月24日保定城沦于敌手。段云峰一手创办的培德中学被侵略者的铁蹄夷为平地。段云峰不得不举家搬到大后方重庆。本来，以他的资历和在军界的声望，谋个高官厚禄是易如反掌的事。但段云峰生性耿介，不愿俯首低眉阿谀权贵。当时，国民党军事委员会办公厅主任姚琮和军政部次长林蔚，都是段云峰陆军大学的同学，实权人物陈诚、张治中，也都是段云峰在保定军校时的学生。姚、林曾劝段云峰到军委会工作，段云峰都婉言谢辞了。他对儿子段伯宇说：“蒋介石独裁专制的态度未变，所以我不能出来工作。”但为了全家20多人的生计，段云峰只应允担任了中将高参兼学生军总监的虚职，领一份干薪度日。

经历了战乱的劫难后，段伯宇和妻子郭小乔及三个子女喜获重逢。大家都沉浸在劫后余生、阖家团聚的喜悦之中。

段伯宇看到父母康泰，三弟四弟和几个妹妹也都安好，便放了心。他家住在南岸胡家花园。这里原先是地主胡家的庄园。两幢楼房外加平房，院子很大，环境幽静，虽算不上是世外桃源，但在日机不时对重庆进行空袭的情况下，也勉强是个栖身之所。

这一年春节比较晚，过完年已是2月下旬。段伯宇再次到八路军办事处，找周怡领受任务。

这时重庆的政治气候复杂而微妙。国共两党合作抗日的民族统一战线表面上仍然维持着，但蒋介石竭力鼓吹“一个领袖、一个主义、一个党”的反动主张，想把共产党吸收到国民党里去，加以溶化，叫什么“溶共”。国民党刚刚召开了五中全会，通过了“限制异党活动办法”，即所谓“限共”。与此同时，各地不断发生逮捕和杀害共产党人、查封进步报刊、攻击边区、挑起对八路军、新四军的武装磨擦等各种事件。斗争相当尖锐而又错综复杂。

2月18日那天正是农历戊寅年除夕，周恩来副主席在此前两天离开重庆飞抵桂林，尔后即去东南视察，于5月1日回到重庆。

周恩来离渝期间，中共中央南方局的机构在副书记董必武主持下卓有成效地运转着。根据中共中央书记处1939年1月5日的决定，南方局常委有周恩来、董必武、博古、凯丰、吴克坚、叶剑英等六人。委员除上述六人外，还有张文彬、徐特立、吴玉章、廖承志、邓颖超、刘晓、高文华等人。

周怡向段伯宇简单介绍了当时的形势，明确告诉段伯宇不必去华北，就留在重庆和他一起工作，但要段伯宇找个公开职业作掩护。

找个一般性的职业并不难，但要找一个能开展工作，特别是能够充分发挥段伯宇作用的单位和职业，却并非易事。

正好，一个偶然的机遇使段伯宇和周怡都喜出望外。

春节刚过，蒋介石决定成立一个新机构，叫做“国民党战地党政委员会”。蒋介石自兼主任，让李济深当副主任。蒋对李说：“任潮，我请你来，我把中国分两半，我管一半，你管一半。所有沦陷区的党政工作统统归你管。二分天下有你李任潮一份!”

其实这是蒋介石耍的一个花招。他怕李济深住在桂林和李宗仁、白崇禧搞在一块暗中反对他，所以和李济深的儿女亲家吴稚晖联名电邀李济深到重庆就任此职。所谓“二分天下有其一”云云，三岁孩子也不会相信，因为“战地”即沦陷区，由日军、伪军统治着，国民党的军队、政权对其又能有何作为呢?

李济深向蒋介石当面提出：“我可以负责，但有条件，一是凡主张抗日的，不分党派，都要用；二是凡闹小宗派的，党派成见很深的人，就不能用。”蒋介石为了笼络李济深，也为了装装门面，留点面子，答应了李的要求，并要李“自己招兵买马”。于是李济深聘请周恩来、张友渔、高崇民、梅龚彬、刘一峰等共产党人和其他一些进步民主人士担任委员之职。

李济深和段云峰是早年陆军大学的同学。李比段高一班。1929年3月，李济深被蒋介石扣押于南京汤山期间，段云峰联系了几位陆大同学曾设法营救李济深。李济深对此铭感在心。一天，李济深看望了段云峰，邀他也去战地党政委员会任职。段云峰婉言谢辞，但提出：“我给你送一个小不点儿去，给你当当参谋。”

李济深笑笑，说：“是令郎吧？”

于是段伯宇就进了这个机构。李济深正式任命他为视察员。任务是调解战地(沦陷区)国共纠纷，以利于团结抗战。

段伯宇向周怡汇报后，周怡很高兴，认为这个机构很重要。段能打进去，既有了公开职业作掩护，又可以了解到不少情况。他向段伯宇详尽地交代了工作任务，规定了联系办法。

战地党政委员会是个空头衙门，有职无权，李济深很少来上班，秘书长邵力子也不大来，工作人员也只是签个到，泡杯茶，聊聊天。但是，世界上的事常常是“非不能也，是不为也”。地下党员段伯宇就通过国民党的这个“衙门”，做了大量工作，为党组织收集了不少情况。例如各战地上报的材料中，有许多诬陷共产党和八路军、新四军“不服从政令、军令”的事例。段伯宇加以收集整理，每十天写一份报告，分送主任和秘书长，内容却变成了国民党闹磨擦、搞反共，使李济深和邵力子能仗义执言，向国民党当局提出批评。

段伯宇的出色工作，受到了周恰的肯定。

一天，周恩来出席了战地党政委员会会议。开完会，周恩来把段伯宇叫到身旁，低声交代段伯宇按约定时间到红岩村去一趟，说他要亲自和段伯宇谈一次话。

7. 周恩来高瞻远瞩，向段伯宇提出：你要想办法打入到蒋介石那里去

周恩来于1939年2月16日离开重庆，到浙、皖、赣、湘、桂视察了两个半月后，于5月1日飞返重庆。

这时，重庆的政治气氛已经逆转，反共声浪甚嚣尘上。其原因是，1月间召开的国民党五届五中全会，确定了“溶共、防共、限共、反共”的反动方针，会后散发了《异党问题处置办法》《限制异党活动办法》等一系列秘密文件，加紧了反共活动。这次会议还决定设立作为党、政、军最高权力机构的国防最高委员会，蒋介石任委员长，并规定“国防最高委员会委员长，对于党政军一切事务，得不依平时程序，以命令为便宜之措施”。这等于昭告天下：蒋介石要进一步强化他的独裁统治了。

无论是前方传来的消息，或是段伯宇从战地党政委员会获得的情报，都表明国内政治局势日益恶化，国民党顽固派制造的反共事件不断加剧。例如山东的秦启荣部一手挑起了博山事件，袭击八路军山东纵队第三支队，惨杀指战员400余人；河北的国民党军一部突然袭击博野县八路军分区司令部，在安国活埋共产党员多名，在束鹿包围八路军一二九师一个连，杀害指战员21人。

共产党人和抗日军民的血在流淌，反共的黑暗逆流在增长。周恩来面对这样的形势，忧心如焚。

但是，蒋介石出于争取苏联、美国援助的需要，还不愿和共产党彻底决裂。他还要在表面上维持着和共产党合作抗日的统战关系。因此，如何影响蒋介石左右的进步分子，反对那些落后分子，特别是怎样经过抗战将领及有正义感的元老，造成进步的集团来影响蒋介石，就成为周恩来处理和蒋介石关系的一个侧重点。

一天，周恩来让周怡通知段伯宇前来见面。

段伯宇老人向笔者详细介绍了当年周恩来副主席接见他的情景。

周恩来首先询问了段伯宇父亲段云峰的情况以及他和蒋介石、李济深的

关系。

段伯宇简要汇报了父亲的历史情况，说他老人家和蒋介石是保定军校同学，同期不同班，但老人家和蒋介石合不大来，所以到重庆后也不愿出来做事。他老人家和李济深是陆军大学同学，李济深比他高一班。李济深汤山蒙难时，他曾联络了一些陆大同学设法营救过李济深。

说到这里，段伯宇还熟练地背诵了李济深在汤山被囚时写的一首诗：“丢了将军印，问渠何所之？汤山容憩影，独坐静敲棋。”又背了李济深写的七律《国难抒怀》给周恩来听。李济深的诗是这样写的：“国难方殷寇正强，存亡续绝费商量。可怜责任成虚负，到处游观没主张。风景纵佳游兴减，江山依旧主无常。应知巢覆无完卵，几度登临几断肠。”

周恩来听后，夸奖段伯宇的记忆力真好，还夸奖他作为战地党政委员会的“巡视员”对自己的顶头上司了解之深。

段伯宇又向周恩来汇报说：“军令部长徐永昌（字次宸）是我父亲陆军大学第四期的同窗好友，比我父亲大一岁。那时我才9岁多，住在陆军大学宿舍里。他常到我家玩，有时晚上就住在我家。他很喜欢我。我还和他在一个被窝里睡过觉呢！我从南昌来到重庆，先去拜见他。他问我见到了父母妻儿没有？我说还没有。他说你快去看看吧，你父母可叨念你呢！你妻子病得不轻，带三个孩子，不容易呀。你快回家去看看吧。”

周恩来全神贯注地听着，听完后说，令尊陆大毕业，后在保定军校执教，还当过段祺瑞的参谋次长，故旧门生不少，桃李满天下。你的社会关系不少呀！今后你要和他们多接触，主动和他们联系，做好国民党上层的统战工作，动员和推动他们共同抗日。还要通过他们去影响和推动蒋介石抗日。这对于克服目前的投降危险，制止国民党的反共降日阴谋，具有重要的意义。

周恩来问段伯宇读过哪些马克思主义的著作，段伯宇一一作了回答。

周恩来又问，你看过三民主义的哪些书？有没有看过国民党第一次代表大会宣言？

段伯宇回答说没有，并说自己对国民党不感兴趣。

周恩来摇摇头，不以为然。他对段伯宇指示说：“你在白区工作，天天和国民党打交道，你不了解三民主义是什么，那行吗？为了做好工作，你今后一定要学习三民主义，要懂得三民主义是孙中山提出的中国资产阶级革命的指导思想。处在封建主义、异族统治和外国侵略下的中国，他提出革命应当以民族主义、民权主义、民生主义为宗旨。在1924年1月召开的国民党第一次代表大会发表的宣言中，孙中山重新解释了三民主义。孙中山提出的新三民主义，强调联俄、联共和扶助农工，强调民族的解放和各民族一律平等，民权为一般平民所共有，民生主义则主张平均地权和节制资本。应该说，新三民主义具有明确的反帝反封建的内容。国民党第一次代表大会宣言是国共两党的宣言，是第一次国共合作、建立革命统一战线的政治基础。现在我们搞国共第二次合作，共同抗日，革命的三民主义是两党的共同语言嘛!但是蒋介石背叛了新三民主义。我们不可能要求蒋介石搞社会主义共产主义，只能要求他实现孙中山先生倡导的新三民主义。所以在白区搞地下工作，不但要学习三民主义，还要运用。只有这样才能搞好工作。”

段伯宇听了这一席话，有茅塞顿开之感。

周恩来问段伯宇对下一步工作有什么想法?段伯宇回答说想到前方去打小日本。他说，我的老家在河北。八路军在河北敌后英勇抗击日本侵略者，创造了可歌可泣的抗战业绩。作为一个燕赵子弟，他有责任到老家去拯救父老乡亲于水深火热之中。段伯宇还说，自己在国民党三十二军干过，又学过医，即使不能手拿武器上第一线与鬼子拼杀，也可凭借医术为八路军伤病员救死扶伤。

周恩来专注地听完了段伯宇的想法，点点头表示理解。但他却不同意段伯宇到前方去。周恩来说，到前线去杀敌固然很光荣，但抗日救国要做的工作很多很多，譬如在大后方重庆，可做的工作就不计其数。就其工作的重要性和必要性来说，大后方的工作并不亚于前线。这里同样也可说是前线，是抗日救国必不可少的战线。你不是学过马克思主义的辩证法吗，前方与后方的辩证关系难道你不懂得?我们在大后方，也是第一线嘛!

段伯宇望着周恩来睿智的面容，看到他那双浓黑的剑眉时舒时张，那双深邃的眼睛中透出思考的光芒，心想周副主席一定有重要的事要向自己交代。

周恩来略为沉吟后郑重地说：“段伯宇同志，你父亲和你本人在国民党军队，特别是国民党上层有不少社会关系，这是很好的工作条件嘛!你就不要到前方去了，就留在重庆，这里的工作很需要你，你就留在重庆吧，这里也是前线嘛!”

段伯宇立即表态说：“那好，今后一定在组织的领导下，在周怡同志的直接指导下好好干。”

周恩来满意地笑了笑，说：“好!好!”但他继而又摇摇头说，“不行，你光跟周怡，工作展不开。你应该自己想办法找一条路子，到蒋介石那里去工作。我们从正面联系，你打进去后在地下联系。所以你要到蒋介石那里去工作。”

段伯宇对此事先毫无思想准备，听了后不禁连连摇头，说：“不可能，我初到重庆，哪有什么路子呀？”

周恩来笑了起来，边笑边说了一句俏皮话。段伯宇对笔者说，他现在已经记不得原话了，周恩来副主席的意思是：你想叫我替你找路子打入到蒋介石那里去呀!你自己找个路子不行吗?

段伯宇对周恩来说：“这路子很难找呀!”

周恩来又笑了笑，很和蔼地说：“你是共产党员嘛，共产党员怎么怕困难呀？”

段伯宇说：“我要想个办法，叫他（蒋介石）把我调到他身边去。”

周恩来说：“那好呀，你是不是想利用你父亲和他（蒋）的老同学关系？”

段伯宇说：“我父亲和蒋介石搞不到一块，他连国民党也没有参加，到重庆后也没有和蒋介石有过联系。即使利用这个关系，我还得要有自己的本事。我要转一个大弯子，自己找路子。”

周恩来问段，你想转什么弯子，找什么路子?

段伯宇说：“我想先报考陆军大学，再想办法打入到蒋介石那里去。没有这块牌子，根本不可能挨得上边。”

周恩来点点头，说：“那你就先在李任潮那里干吧!”接着，周恩来谆谆叮嘱段伯宇，在白区工作遇到的困难会很多，工作方针就是在最不利的情况下，要尽力争取有利的可能，并尽最大努力转变为现实。还要及时向组织上汇报、请示，这是做好白区工作的关键。

周恩来的亲切教诲，段伯宇一直牢记在心。特别是他平易近人、和蔼可亲的态度，诲人不倦的精神，使段伯宇深受感动，半个多世纪过去了，他仍记忆犹新，和笔者谈起来如数家珍。

在周恩来这次接见段伯宇前后，重庆的反共、降日逆流有增无减。国民党顽固派不断制造和挑起反共事件，镇压共产党人和民主进步人士，大有“黑云压城城欲摧”的汹汹之势。为此，中共中央书记处于5月28日专门指示南方局，要求国统区的党组织要更加紧密地加强与一切主战爱国的进步分子及国民党群众的联系，与他们一起，共同进行反对投降派和反共分子的斗争，以达到巩固和扩大抗日民族统一战线的目的。

鉴于政治局势不断恶化，国民党顽固派大肆破坏各地共产党组织，周恩来主持召开南方局会议，要求各地党组织迅速从半公开的形式转到基本上是秘密的形式，要求党员和党组织都不得违反秘密工作的原则。在此情况下，段伯宇与周怡的联系亦更为隐蔽，以免暴露。

7月7日那天是卢沟桥事变两周年，周怡通知段伯宇一起去朝天门参加纪念抗战两周年大会。会上宣读了中国共产党中央委员会发布的《为抗战两周年纪念对时局的宣言》。宣言提出坚持抗战、反对投降，坚持团结、反对分裂，坚持进步、反对倒退这三大政治口号，号召所有共产党员和全国人民反对顽固派对日本妥协投降，反对国内反共分裂。

散会后，周怡和段伯宇找了个隐蔽的地方，深入交换了对时局的看法和今后工作打算。

段伯宇汇报了最近从战地党政委员会了解到的沦陷区内国民党挑起的种种反共磨擦事件。他说国民党顽固派非常疯狂，对八路军、新四军大肆进攻，杀害了我军不少指战员。看来，顽固派是想通过反共来达到投降日本的罪恶目的。

周怡认为段伯宇现在的公开职务很能起到掩护作用，通过战地党政委员会还能搞到不少情报，对党是有利的。要段伯宇务必守住这个阵地，不要暴露，同时要更好地发挥作用。周怡还提议段伯宇要争取到前方去看看，实地考察国民党顽固派搞反共磨擦的情况，多搜集些证据，以利于对顽固派开展更有力的斗争。

段伯宇领会周怡这个指示很重要，表示一定要多搜集一些实例，以揭破国民党顽固派的造谣诬蔑，使大后方人们了解事实真相。因为事实是最有说服力的。

李济深和蒋介石多年来分分合合，他看不惯蒋介石搞独裁的那套手腕。早在1938年底，他就写信给蒋介石，痛陈团结抗战的重要性，规劝蒋“必须坚持抗战和实行民主”，甚至毫不讳忌地提出：“必须请毛泽东、周恩来、白崇禧、冯玉祥诸位，凡是主张抗战的，组织最高国防委员会，商量国家大计。”他到重庆主持战地党政委员会后，尽管一开始蒋介石就当面许诺他“二分天下有其一”，但他越来越感到有一种受骗的感觉。再加上他亲眼目睹蒋介石处处限制和反对共产党、反对和消灭一切同情共产党的进步分子乃至中间分子的种种倒行逆施，他感到非常气愤。于是，他甘冒风险，抽调战地党政委员会人员赴山东、河北等地，现场调查国共磨擦的情况，并指派以王葆真为首组成一个视察团，赴豫北、冀南进行视察和调查，多搜集些材料，以便对蒋劝谏。

按照周怡的嘱咐，段伯宇经过争取参加了这个视察团。

王葆真是国民党元老，早年留学日本时，参加了孙中山先生创办的同盟会，1913年就当上了众议院议员，后来又当过国民政府立法委员。他为人富有正义感，不满蒋介石的独裁政策，积极参加反蒋活动，是大后方著名的爱国民主人士。他祖籍河北，和段伯宇是同乡。

段伯宇奉命率领一个先遣小组打前站。

临行前，段伯宇到红岩嘴八路军办事处找周怡请示汇报。在此以前不久，周怡告诉他说要去西北出差，在此期间叫他暂时不要联系，要他坚守岗位，照常工作。到了八路军办事处一问，周怡尚未返回，段伯宇内心怅然。八路军办事处接待他的同志叫他就根据周怡同志的交代，根据党的政策相机行事。

段伯宇约了原三十二军干训团的张桂芳同志带五个人先行。他们一路历尽艰险，先到了第一战区司令部，又从孟津渡过黄河，经沁阳穿过壁立千仞、两马不能并行的天井关，又经晋城、陵川、合涧出太行山，辗转到了林县冀察战区司令部，会见了河北省政府主席兼冀察战区总司令鹿钟麟。

鹿钟麟是以冯玉祥为首的西北军的风云人物，屡任要职。1924年冯玉祥发动“北京政变”，鹿钟麟首先率部入城，任京畿警卫司令兼第一师师长，驱逐清帝溥仪出宫。尔后他又奉命迎接孙中山先生北上。孙先生去世后他又负责安排国葬中的警卫工作，受到了广泛的称赞。

冯玉祥和奉系拥戴段祺瑞执政。段祺瑞任命刘汝贤（竹波）为参谋本部次长。刘汝贤和段伯宇的父亲段云峰私交甚笃，邀请段云峰出任参谋本部科长。段云峰临离开保定前，父子俩有一段亲切的对话。

那是1924年。一天，段云峰叫在河北大学读书的段伯宇请假回家。进门后，父亲对儿子说：“我要到北京去。”

儿子说：“爸，你到北京去干什么？现在时局这么乱，你在保定军校教书不是很好吗？”

父亲说：“刘竹波当了参谋次长。他年纪大了，叫我去帮帮他。不去不好呀，得罪人。”

段伯宇对刘汝贤的印象不错。他在天津觉民中学读书时，刘汝贤是学校董事会的兼职董事长。刘是老同盟会员，主张富国强兵，反抗强权，洗雪国耻。他每学期都要亲自给学生讲课，讲甲午战争，讲日本侵占旅顺大连的屈辱史，慷慨激昂，义愤填膺，极大地激起了学生的爱国激情。因此，段伯宇听说是刘竹波叫父亲去工作，也就不再拦阻，只是问：“爸，你愿意去吗？”

段云峰说：“冯玉祥这个人不错，脑子里有国家，有民众，有士兵。他手里有部队。他拥戴段祺瑞出来干，我也干。还有国民三军的总司令孙岳，他也是保定武备学堂和陆军大学的，还是高阳人，是同乡嘛，这个人也不错。希望你在学校里好好念书，别的不要管。”

段云峰到北京后，按照自己“帮助刘竹波整顿整顿”的想法，协助刘竹波主管本部事务。后来刘竹波升任参谋总长，段云峰也升任为总务厅厅长，并代理参谋次长，直至1926年离职。

鹿钟麟其时也在北京，还被段祺瑞任命为兼职的京师警察总监，兼管北京的市政警卫事宜。

鹿钟麟见了段伯宇后，问了他的身世、经历，很高兴，显出一种亲近感，并和段伯宇拉起家常，兴致勃勃地告诉段伯宇，这个地方与日军作战牺牲的人很多，现在给牺牲的人盖了一座很大的庙，还盖了一些房子，吸收烈士的子弟来读书。像你们那时的党民中学一样，吸收了一些同盟会先烈的子弟。

段伯宇从鹿钟麟的谈话中，知道他本人没有什么力量。鹿钟麟感叹地说，他的号令出不了门口，管不了事。言谈中似有不少苦衷。

鹿钟麟于1938年6月走马上任之前，通过冯玉祥的接洽，在武汉曾会见了周恩来。周恩来向他介绍了河北共产党八路军的抗战形势，希望他到任后能推动合作抗日。但鹿钟麟到任后，却侈谈什么“不允许第二政权存在”，到处收编民军，将他西北军的老同仁石友三任命为冀察战区副总司令。其时石友三已和日军暗中勾结。鹿钟麟还借国民党九十七军军长朱怀冰，不断掀起反共磨擦事件。1939年11月下旬，朱怀冰率部向八路军挑衅。12月6日侵占八路军根据地邢台、内丘以西地区，残杀抗日军民，激起人民的极大义愤。1940年元月中旬，八路军从太行山东出，横扫国民党顽军，一举歼灭朱怀冰九十七军大部。鹿钟麟和朱怀冰、石友三不得不灰溜溜地退出武安、涉县、磁县地区。

段伯宇在前方亲眼目睹了国民党顽固派进攻八路军，一手挑起反共磨擦事件，搜集了不少确凿的证据，于4月回到了重庆。他一路上都准备着把看到的真实情况当面向李济深汇报，谁知到重庆后才得知，蒋介石害怕李济深反对他，已将李“放逐”到桂林，叫李当军事委员会桂林办公厅主任，还规定他在作战上没有指挥权。无奈，段伯宇只得向战地党政委员会中将高参王志刚作了汇报。

但是，国民党顽固派绝对不会承认自己挑起了磨擦事件。他们惯于“猪八戒耍把式——倒打一耙”，惯于血口喷人，诬蔑共产党和八路军新四军搞磨擦。因此，段伯宇实事求是的报告材料遭到了顽固分子的忌恨。战地党政委员会新任秘书长晏勋甫恶狠狠地斥责段伯宇：“吃国民党的饭，为共产党说话。”下令将他关了禁闭。

笔者告诉段伯宇老人，就是这位晏勋甫，1949年初任武汉市代理市长期间，秘密接受了中国共产党的策动，在解放军渡江时光荣起义。中华人民共和国成立后，他荣任武汉市人民政府参事室主任，为新中国的建设事业作出了贡献，直至1964年去世。他的本家晏道刚也于1949年起义，任过湖北省人民政府参事。

人，是会变的呀!反动的可以变为进步，反共的可以变为拥护共产党。因为真理在共产党一边，而大多数人最终是服膺真理的。

回过头来再说段伯宇。他被关了禁闭。特别是李济深调走了，他在战地党政委员会是很难存身下去。不久这个机构也被撤销。没有了公开职业作掩护，下一步怎么办？段伯宇犯了难。

这时重庆的政治环境十分险恶。皖南事变刚刚过去，国民党在大后方到处搜捕共产党员，力图将国统区内的地下共产党组织全部摧垮。特务遍地，狼犬满街，白色恐怖弥漫，正像郭沫若在一首诗中所说：“仿佛在空气里四处都闪耀着狼犬那样的眼睛，眼睛，眼睛……”

在这样险恶的形势下，中共中央于1941年5月接连发出《关于大后方党组织工作的指示》和《关于隐蔽和撤退国民党统治区党的力量的指示》，强调指出：“国民党统治地方的党部坚决采取长期埋伏、蓄积力量、等待时机的工作方针”“把党和群众工作的中心放在利用所有可利用的社会习惯、政府法令与合法组织（如保甲、联保等）的方面，去进行与群众联系的长期埋伏工作”。

富有地下工作经验、善于对付白色恐怖的周恩来，早在1940年8月从延安返回重庆后，就在南方局8月31日召开的会议上提出：党的工作要打入社会，只有打入社会才能巩固党。过去有的做法过于暴露，国民党就是要我们暴露。千万不要因为建立了统一战线，就忘记了国民党的反动性。要把党的工作转到地下去，尽量避免组织被破坏。后来周恩来还特别要求，通过各种社会关系进入国民党军政机关的共产党员，要做到“三勤”：勤业、勤学、勤交友，要同流不合污。

周恩来还特别强调党的各级组织之间、党员与组织之间，必须实行单线联系。例如郭沫若等都是以高级民主人士的身份进行活动，他们的党的关系只有周恩来等极少数领导人知道。

段伯宇到八路军办事处（以下简称“八办”）接上党的组织关系后，一直和周怡单线联系。可是周怡出差至今未回。段伯宇对今后工作有过种种设想，他是多么想听听党组织的指示呀！

这时，“八办”已搬至重庆郊外化龙桥红岩嘴。这里原先是个果园农场，有一片不小的山地，距市中心约5公里。周恩来副主席平时也住在这里。各地党组织的人员通常都是到这里来和南方局及八路军办事处联系工作。

皖南事变发生前后，国民党特务对我党南方局和“八办”的监视和封锁变本加厉，越来越严密。特务机关在高处修筑了工事，机枪的射口对准了院子，望远镜把院子里的一切活动看得清清楚楚。化龙桥镇不大，才几十户商店和住家，而特务机关设立的秘密监视点竟有十几处，伪装的小吃店、杂货铺、修自行车摊等，五花八门。有一个照相店，楼上的窗口就是秘密拍摄“八办”院内活动的摄像点。

段伯宇曾经悄悄地多次去过化龙桥，可是面对特务的严密监视和封锁，难以安全进入“八办”。有一次他好不容易进去了，问周怡在否，答复是不在。别的接待人员不知他的地下党员身份，谈话也就深入不下去。出于秘密工作的纪律，段伯宇也不便多问。

段伯宇也曾多次去重庆城内曾家岩50号“周公馆”附近徘徊打听，还想直接找周恩来副主席，可是，那里离国民党首脑机构侍从室所在的上清寺不远，周围环境相当复杂，军统头子戴笠的公馆也在附近。特务的秘密据点鳞次栉比，随便进去不仅个人安全无保障，还会给党的工作带来损失。

段云峰（坐者）、段伯宇（右立者）、段仲宇（左立者）合影。

段伯宇还暗中派人去三十二军老部队找自己的入党介绍人王兴纲，可是如泥牛入海，杳无音信。

在忧心如焚的等待中，段伯宇度日如年，始终得不到党组织的指示。他想，作为一个共产党员，斗争不能停。他脑海中多次出现周恩来接见他时的亲切面容，耳畔时常回响着周恩来的嘱咐：在白区工作困难会很多，工作方针就是在最不利的情况下，争取有利的可能，并尽力转变为现实。段伯宇还特别记住了周恩来的“你要想办法打到蒋介石那里去”的指示。

段伯宇早就知道蒋介石身边有个侍从室，那个将他关了禁闭的战地党政委员会秘书长晏勋甫，就是蒋介石南昌行营第二厅中将厅长。他的本家晏道刚1934年就是蒋介石侍从室主任。后来当过侍从室主任的张治中，还是他父亲段云峰的学生。可是侍从室这样的极端机密的单位，能打得进去吗?

段伯宇左思右想，感到难度太大，可能性几乎等于零。

谁知天无绝人之路。突然一个新的机遇摆到了段伯宇的面前：陆军大学特别班第七期公开招生。据说趋之者若鹜，报名人数达几万人之多，挤破了门庭。

段伯宇动了心。他想：陆军大学是国民党军的最高学府，特别是他听说蒋介石的用人标准是“黄、陆、浙”。自己年近不惑，官居上校，进中央军校已无可能；天生的河北人，挨不上浙江的边，和老蒋攀不上老乡；唯一的只有进陆军大学深造，将来凭陆大这块牌子闯天下。他还听说，在侍从室工作，陆大毕业生特别吃得开，有的组还是“清一色”的陆大生。段伯宇还曾向周恩来表示过要考陆军大学的决心，现在机会终于来了。

可是，当段伯宇向父亲禀告了自己的打算后，父亲却向他兜头浇了一盆冷水：“你是学医出身的，搞军事是外行，怎么能考得上？”

生性倔强的段伯宇岂肯服输？他对父亲说：“爸，你不是陆大毕业的高材生吗？还有二弟仲宇，他眼下不正在陆大十七期学习吗？你们都是我的好老师呀!有了你们帮助辅导，我就不信我这个医科毕业生跨不进陆大的门!”

“少小虽非投笔吏，论功还欲请长缨。”段伯宇决心弃文就武，从一个军队医生变成一个能指挥千军万马的军事指挥官，为党为人民成就一番事业。他要迎难而上，冒着名落孙山的风险报名投考陆军大学。

不料第一关就卡了壳。

按陆大招生规定，首先要有军事学校的毕业文凭。段伯宇从未进过军校，哪来的毕业文凭？好在国民党时代“假冒伪劣”多如牛毛，段伯宇请三十二军地下党员王启明想办法，搞到了一份“河北军事政治学校”的毕业证件。没有档案，就请张尊光等人写证明。又请原战地党政委员会中将高参王志刚（段云峰的老同学）出具保送函件。手续具备，经军令部进行资格审查后，报名关顺利通过。

接着是准备功课。陆军大学毕竟是正规大学，规定的考试课程有：政治考《三民主义》，语文写一篇作文，外语考英语，军事考“六大教程”（战术、兵器、筑城、军制、交通通讯、后勤运输），还要考操典、野战条令、射击教范以及实兵指挥。此外还要考中国历史地理、世界历史地理。应该说它包括了对一个正规军官的各方面素养的要求。好在段伯宇是正规大学毕业生，政治、语文、外语、中外历史地理等等课程不在话下，又在三十二军干了那么多年，耳闻目睹，许多军事知识也不是纯外行，再加上有父亲和弟弟尽力帮助辅导，因此他顺利地通过了初试。

1943年，三四百名经过筛选出来的上校以上军官云集重庆，参加陆大特七期的复试。段伯宇发愤忘食，勤学苦思，把军事书籍翻了一遍又一遍。他曾笑着告诉父亲：“爸，陆大的功课我都会背了。”父亲开玩笑说：“我也是陆大毕业的，我还不会背呢！你还未进陆大，怎么反会背了？！”

有志者事竟成。段伯宇在陆大复试中力挫群雄，脱颖而出，以第七名的优异成绩，被光荣录取。

1944年8月，段伯宇怀着陆大毕业后打进国民党“心脏”里去、打到蒋介石那里去做地下工作的壮志雄心，走进了重庆山洞陆军大学的校门。

又一名中共党员打进了国民党最高军事学府，等待着大展身手时机的到来……

8. 远在天边，近在咫尺——段仲宇在国民党部队和院校东跑西颠苦苦求索，想不到通向共产党的引路人就在自己家门里

段仲宇进入蒋介石侍从室时，并不是共产党员。

说起来也许有点近于“天方夜谭”：一个国民党的“标准军人”，在国民党统治的最高核心单位，在蒋介石法西斯思想熏陶最严重的地方，在升官发财的诱惑力最强而且这一切唾手可得的“君王”之侧，他不是越来越走向反动，却反其道而行之——越来越靠近共产党，并且逐步完成了从相信三民主义到相信马克思主义的思想转变。段仲宇就是这样的一个典型。这件事说明，反动派总是不断地制造着自己的掘墓人。

段仲宇出身于军人世家。1914年他呱呱坠地来到人世间时，父亲段云峰才27岁，风华正茂，从陆军将校讲习所考入陆军大学第四期深造。1916年父亲陆大毕业，到保定军官学校任战术教官，举家从北京迁至保定，住在城内大椿树胡同3号。段仲宇在这里度过了难忘的童年。

保定军校战术学是主课，授课次数223次。教官薪俸也较高，按规定每月为160至200元大洋，而助教薪俸为6至10元，学员每月津贴才2元。当时物价水平较低，段仲宇父亲的薪俸足以维持家用，并比较富裕。

1924年，段云峰到北京就任参谋本部科长、厅长、总参谋次长，位高权重，显赫一时。但他看到军阀连年混战，祸国殃民，深为厌恶，遂毅然离职，脱离军阀政府，回到保定创办了培德中学，任董事长兼校长。

段仲宇自幼受到父亲很深的影响，在上小学时就在课外阅读了《史鉴节要》和《养正诗歌》等许多书籍。中华民族崇高、淳朴的道德传统和丰厚的优秀文化积淀，使他懂得了如何做人的道理，从小养成了勤劳、朴素、正直的性格和作风。他没有纨绔子弟的放纵娇惯，总是剃光头，穿一身布衣布鞋。

他家住北京期间，段仲宇在四存小学读书。从家里到学校要走50分钟，上高小后他来回都是步行。回保定后，他进培德中学读书。尽管父亲是一校之长，他丝毫也不特殊，住学校，穿布衣制服，每月交伙食费2元，平时也不随

意花钱。学习内容上，设有《文学史》《国学概论》，还穿插学习《楚辞》《离骚》《先秦诸子》、汉魏六朝的《文心雕龙》《说文解字》《资治通鉴》。学校还提倡学生读新书，如五四新文化先驱者胡适、沈雁冰（茅盾）、冰心、郭沫若等人的著作。学生们还在各种研究会上开展研究和讨论。

段云峰的书法艺术造诣很深。学校过半学生乐于学书法，校长义务指导。学生们每天定时书写，段仲宇也从小打下了坚实的基础。至今他的书法已达到了相当水平，多次参加省、市的书法展览。

培德中学从初建时起就有共产党在校内活动，成立了一个读书会，传播新文化，学习和钻研俄国十月革命的理论与实践。一天，保定市警备司令周思诚暗中透露信息给段云峰校长（他俩是同盟会老朋友），说官方要抓人。段校长连夜找读书会的活跃分子郭登弟、杜瑞图、耿魁伦（实际上已是共产党员）等人谈话，设法给予解救，对上则以"那几个学生并非不法分子"作了搪塞。

这个读书会给全校师生的思想造成很大影响，爱国、救国、反帝、反封建的思想深深植根于学生的心田。

每逢国耻纪念日，师生们都要举行纪念活动，讲国耻原委，激发爱国热情，还不时检查是否以自己的实际行动实践所喊出的口号。

段仲宇就是在这样的氛围中，读完了中学，在青年时代就打下了爱国家爱民族的思想基础。

清王朝的腐败，连年的军阀混战，使得中国积贫积弱，饱受帝国主义列强的欺凌。段仲宇中学毕业后，决心投笔从戎，像父亲那样做一个军人，走强兵御侮之路，以报效国家。他如愿以偿，于1930年11月到南京进入中央军官学校第八期第一总队学习。谁知德国顾问认为这期学员体质普遍较差，于是专门搞了半年体育训练。结束后与第八期第一总队分开，为第九期生。

当时中央军校的所在地，就是现在的南京市黄埔路南京军区大院。但沧海桑田，半个多世纪以来大院的面貌已大为改观了。

段仲宇过起了严格的军校生活。班长是上尉，连长叫戴文，黄埔一期生，是中校；营长是上校；总队长是少将。校长由蒋介石兼任。他多次到军校讲过课。段仲宇告诉笔者，蒋介石满口浙江官话，他这个河北人听不大懂。蒋讲《大学》《中庸》、王阳明的哲学，但说不出多少道道，给人的印象是读书不多。例如他讲《大学》之道在明民德，然后就“这个……这个”，讲不出所以然来。汪精卫也到军校演讲过。此人口才不错，说起来头头是道，给人满腹经纶的印象。段仲宇还读过《三民主义理论体系》，这本书是周佛海写的。那时北伐结束不久，一般老百姓对孙中山先生和他创立的三民主义，还是挺崇拜、挺信奉的。段仲宇说他当时也如此。

军校基础课程大都由中国教官讲授，应用课程大都由延聘来的德国教官讲授。中国教官军衔普遍较高：中校、上校、少将。而德国教官一般是上尉、少校，但他们从理论到操作都呱呱叫，样样精通，甚至教操作课时复述理论，也比中国教官高明。相比之下，中国教官要逊色得多。

有一个故事在段仲宇脑子中印象极深。故事说，一个英国人和一个德国人同时出操，在指挥官的口令下他俩都往前走。前面是个深坑，可是指挥官就是不下达“停止前进”的口令，结果英国人胆怯地停了下来，而德国人仍一往无前地继续走，最终掉进了深坑……

段仲宇那时真佩服德国人。他勉励自己做一个德国式的“标准军人”，坚定，豪迈，勇敢，不怕死，为了达到目的而义无反顾。

军校有个德国教官叫达姆·劳，少校，教操练。他对段仲宇很满意，让段仲宇在连、营、团举行会操时做榜样。三个月后，达姆·劳又把段仲宇找来，让段仲宇表演各种规定的队列动作，并一一拍摄下来。后来他上课用的《操典》第一本，选用的大都是以段仲宇为标准拍的照片。

“我要掌握世界最先进的军事思想和军事技术”。这是段仲宇当时的雄心壮志，颇像唐朝大诗人李贺所写的那样：“少年心事当拏云，谁念幽寒坐鸣呃。”这时第二次世界大战远未发生，最近的战争经验就是第一次世界大战的经验。从1914年到1918年，欧洲两大军事集团——同盟国和协约国发生战争，30多个国家卷入，战火遍及欧、亚、非三大洲，死伤达3000余万人。结果以德、奥、意三国组成的同盟国失败而告终。战后日本编写了一部《大战丛编》，共有64本，售价50元大洋。段仲宇每个月的津贴只有6元，实在买不起。他就到图书馆借阅，星期天在图书馆一坐就是一整天，终于把64本厚厚的《大战丛编》一字不漏地看完了，重要的地方还作了摘录。谈到此事，段老笑着告诉笔者，那时自己太年轻，不懂马克思主义。其实《大战丛编》宣扬的是资产阶级军事思想，思想体系上完全是唯心主义那一套，根深蒂固，害人不浅。

段仲宇说，他决心走强兵富国之路报效国家，那就首先必须成为一个像样的、标准的军官。他提出六条作为自己的奋斗目标：

一、要有大学文化水平；

二、既要懂得射击学理，又要掌握各种武器的射击技能；

三、学会骑马；

四、掌握劈刺和徒手格斗本领；

五、会驾驶汽车；

六、学会游泳。这一点对北方的“旱鸭子”来说既有难度又特别重要。

除了上面六条奋斗目标外，段仲宇要求自己对所有必修的课程都达到优良水平。因此，无论是第一年学步兵，还是后来学炮兵，他都勤奋学习，刻苦操练，成绩突出。有个教官叫王又宸，教刺杀。段仲宇入校时只有16岁（虚报为18岁才勉强被批准入校），但他暗中下定决心：我一年后一定要刺你王教官三枪!果然后来他达到了目的。但也挨了王教官很多枪。王教官多次称赞段意志坚强，毅力顽强，是个顶呱呱的好学生。

段仲宇有个很好的同学，叫李锦峰，绰号“草帽”，陕西人，年纪比段仲宇大十一二岁。两人无话不谈，很是投机。1932年下半年的一天早上，军校忽然集合，说宪兵要来抓抗日分子，而队里的李锦峰前一天却跑了。“李锦峰抗日也犯法吗？他到底是什么人？”段仲宇心里一直嘀咕着。

其实段仲宇有所不知（也不可能知道），李锦峰早已是中共地下党员。他1925年毕业于西安省立第三中学，后来秘密参加了中国共产党，并于1927年就担任了陕西渭南县赤水区区委书记，公开职业是渭南赤水职工学校教师。他的上级是县委书记肖明。1928年5月1日发生了著名的渭华暴动。中共陕东特委组织了渭南、华县1万余群众英勇起义，潜伏在国民党军中的共产党员刘志丹率1000多人也在渭华地区参加了起义。14日成立了西北军事委员会，刘志丹任主席。李锦峰在渭南县委书记肖明的直接领导下，在起义过程中发动、组织和领导本区农民积极分子参加了斗争。这次起义规模大，影响深。反动派大为惊恐，急调三个师围攻起义军民。激战至6月中旬，起义不幸失败。李锦峰被迫离开陕西到了北京。这时肖明也到了北京，李的组织关系仍在肖明手下。1930年中央军校招生，李锦峰为了实现党组织关于开展秘密兵运工作的指示，考入了中央军官学校第八期第一总队，恰好与段仲宇在同一个总队。

军校八期还有个学生叫宋文梅，原先是陕西三原县渭北师范学生，也参加了渭华起义。失败后手无分文跑到南京，在同乡资助下他以第一名考入了中央军校。八期第一总队步兵队同学中还有一个名叫张焕文的，陕西泾阳县人，早在1927年、1928年就是中国共产党泾阳地区著名的活动分子。1932年1月28日发生了淞沪抗战，日本侵略者的罪恶行径激起了全国人民的极大义愤。宋文梅和张焕文忧国家民族之前途，相继离开中央军校，投身于反抗日本帝国主义的斗争。宋文梅到北京后，找到了肖明。肖明派宋文梅到南京中央军校找到了李锦峰。后来李锦峰也去北京，同行的还有中央军校学生孔僧宜（学炮兵专业）、岳高峻（学步兵专业）。他们离开后，国民党宪兵才到中央军校“抓共产党”，可是晚了一步。

李锦峰、宋文梅、孔僧宜1933年都参加了察哈尔抗日同盟军。后来又转到杨虎城部队做地下工作。

新中国成立后不久，在北京一次军事演习上，段仲宇和李锦峰意外地见了面，此时两人均已是中国人民解放军的高级干部了。

段仲宇感慨地说，国民党控制如此严密的中央军官学校，共产党的地下党员照样潜伏其中，并在暗中进行反对国民党专制独裁统治的斗争，这件事的意义是多方面的，一方面说明国民党反动统治不得人心，即使是蒋介石最信得过的单位里也不时有人叛他而去，证明了蒋的虚弱本质；一方面说明共产党地下斗争的巧妙，能够钻到牛魔王的肚皮里去开展斗争，并在国民党内部，尤其是军队内部悄悄地撒播下许多革命的种子，这些种子一旦气候、土壤适宜，就会开出绚丽的革命之花。

十几年后，段仲宇终于也成了共产党员。追根溯源，他早在培德中学读书时期、中央军校学习时期，就开始了追求真理的过程，并在潜移默化中一步一步接受了党的启蒙。

中央军校毕业后，段仲宇被分配到当时国民党军惟一的一个重炮团当副连长、连长。这段基层生活的经历使他亲身体验到旧军队的黑暗与腐败。

段仲宇开始时当见习排长。这个团住在江苏的江阴地区，共两个营，每个营两个连。每个连有日式150厘米榴弹炮4门，有4辆拉炮的牵引车，4辆拉炮弹的车，都是两吨半日式福特车，全连222人，220匹马。可谓装备精良，齐装满员。那时日本帝国主义的军舰在长江口外耀武扬威，江阴地区处于防守长江和“首都”南京的重要地位上。一旦战争爆发，日舰溯江而上，江阴地区的大炮就可能成为扎入敌舰心脏的一把刀子。

段仲宇是中央军校炮兵专业“科班出身”。扎实的基础理论根底，熟练的操作技术，使他很受赏识和重用，六个月见习期一满就被破格任命为中尉副连长，一个月后又被任命为代理连长。他清楚地记得那是1935年，一天，军政部长何应钦到八团来检查工作。团里的号兵吹调动的号谱。他听到后就把一个连集合完毕，按时到达现场，马、炮都拉了出来，还自己出情况搞演习。何应钦看了很满意，下令赏给段仲宇50块大洋。这是段仲宇第一次见到何应钦。

段仲宇当连长，每个月工资按标准是80块大洋，九一八后国民党部队发“国难薪”，打八折，实发64元。当兵的每月津贴6块大洋，交伙食费后只能剩两三块大洋了。可是有的老兵还要将这点钱寄回去养家糊口。那时物价比较便宜，一块大洋可买111个鸡蛋，两块大洋可买一袋面粉。连长的工资应该说不低了。

但是，国民党部队相当腐败，揩士兵油、喝士兵血、吃马干的现象比比皆是。一个连长一个月下来，通常可贪污三四百块大洋。贪污的手法也多种多样。炮兵连有220匹马，每匹马一个月的供应标准是9元7角5分，用以购买马饲料和刷马用具等，从中克扣的“油水”大得很，因为马不会讲话!每门炮发的擦炮油、擦炮布、保养费也很可观，“油水”也大得很。段仲宇从擦炮布中节约出一小部分，给全连每个士兵做了一件背心、一条短裤，士兵们雀跃欢呼，高兴得不得了。而“黑心肠”的军官们却肆意克扣，中饱私囊。

旧军队里虽不能说“洪洞县里无好人”，但为人正派、洁身自好、不喝兵血、不揩油贪污的段仲宇，却被人嫉妒，遭到孤立和排斥。再加上他实在看不惯虐待逃兵的种种残酷刑罚，而上峰却认为非这样不足以维持军纪。道不同不相为谋。段仲宇终于与炮兵团“拜拜”了。

回河北老家探亲途中，段仲宇路过济南，顺路探望了中央军校的老同学樊壮图。其时济南驻军是第三路军韩复榘的部队。韩复榘部是冯玉祥创建的老西北军。段仲宇对冯玉祥的印象不错，小时候就读过冯玉祥写的书。他清楚地记得冯玉祥写的一首诗："三军个个仔细听，行军先要爱百姓，砍柴莫砍坟上树，挑水不挑有鱼塘……"樊壮图邀请段仲宇留在炮兵团和自己一起干，并领他看了部队。段仲宇看到部队官兵关系不错，逃兵极少；士兵的津贴统一保管，除了留下必要的开销，多余的寄回老家；一个连有一个菜园种菜，还养猪，用来改善伙食。士兵家属来了不许进营房。军官家属同住，但不揩士兵油。韩复榘本人每个星期给军官讲课，内容是《大学》《中庸》《论语》《孟子》等。段仲宇听了认为比蒋介石讲得好。于是他留了下来，在韩复榘部干了九个多月。

时间长了，段仲宇对韩复榘部的种种弊端看得也越来越清楚。韩复榘搞的仍然是封建军阀那一套，维系部队的也不是什么正确的思想路线和方针政策，基本上仍然是旧军队的一套制度和作风，尤其是封建小团体观念极重。军官们阳奉阴违，在部队里说的是爱民爱兵，到了外面就寻花问柳，吃喝嫖赌样样来。段仲宇强兵报国的夙愿，在这里同样是水中捞月——一场空。他强烈地感到韩复榘部也非久留之处。"此处不留爷，自有留爷处；到处不留爷，爷就回家住。"他于1936年秋离开韩复榘部回到了保定老家。

其时宋哲元的二十九军驻于河北地区。军部有个军官教导团，驻南苑。团长是徐廷帆，写信邀请段仲宇去该团工作。段仲宇抱着试试看的想法到了北平。不料该团聘请教官还挺严格、挺正规的，尽管段仲宇有中央军校毕业的正规学历，教务处长仍坚持要考试后才能录用。好吧，考就考。段仲宇关在门里考了一天（不许与外人接触，中午吃的饭也是送进门来的），把原定考三天的内容全部答完。教育长一看试卷，非常满意，当即与段仲宇面谈，请他当少校教官，允许他回保定看看父母后即来北平就职。

这时华北地区战云密布，日本侵略者步步进逼，而蒋介石却仍然推行"攘外必先安内"的反动政策，不作积极抵抗的部署。恰在这时，段仲宇在中央军校时的一个老队长在广州分校任炮兵科长，该校十分需要教官，邀段仲宇前往。段仲宇衡量再三，感到还是中央军校正规，遂舍弃少校教官的职位，于1937年春天南下广州，在四分校当了个上尉助教。但他毫不后悔，感到能像父亲那样在中央军校当教官，可以实现“教育报国”的愿望。

四分校主任陈芝馨，是粤系老人，早在北伐时就是粤系第四军第二十六师代理师长，此时挂着堂堂的中将军衔。广东人的地域观念极浓，对外来人瞧不起。段仲宇深感语言不通，学校里宗派势力很强，关系难以相处。正好陆军大学第十七期招生，他遂和中央军校的老同学、当时的同事崔汝梅一起报了名。

按《陆军大学系列》规定，该校选拔国民党部队“品学优越的青年军官，修习高等用兵学术，并增进其军事上必要之学识”，“且系研究关于高等用兵学术之机关”，“直属于参谋本部”。当时仅广州报考陆大的就有1200多人，经过资格审查尚有500多人过了关。而广州地区录取名额只有一人。这么多的人“抢”一个饭碗，其竞争的激烈程度可以想像。段仲宇不愧是人中英杰，他硬是以第一名的考试成绩摘取了桂冠。当然，他至今忘不了好朋友崔汝梅。崔汝梅在临考前一天悄悄离开了广州，把唯一的录取机会友好地“让”给了段仲宇。直到现在，每谈及崔汝梅，段仲宇始终有一种“高山安可仰，徒此揖清芬”的难忘情怀。是啊，少年乐新知，衰暮思故友。人到了老年，总是要常常怀念起青年时代的那些好朋友。

段仲宇夫妇

1939年冬，段仲宇到重庆参加了陆军大学复试，又顺利过关。于是他成了国民党最高军事学府的一名学员。

这时，段仲宇的父母和大哥段伯宇均已先后到了重庆，全家团聚，天伦之乐融融。但更为重要的是，他在大哥段伯宇的启示和帮助下，找到了另一种更有意义的人生道路……

陆军大学校长由蒋介石兼任。后来，陈仪在行政院秘书长任内和副院长孔祥熙拍了桌子，待不下去了，调到陆军大学任代理校长。陈是陆军二级上将，老同盟会员，日本士官学校毕业，又是日本陆军大学第一期毕业生，北伐时就身居师长要职，在军界政界都有很高声望。他为人耿介，蔑视权贵，就连“国舅”孔祥熙也不放在眼里，对孔的横行霸道敢于抗争。他与孔祥熙在行政院一次会议上当面争吵互相拍桌子的事，在外面广为传播，就连特务头子唐纵也在日记中以赞佩的口气写道：“陈（仪）敢与孔（祥熙）拍桌，尚不失为军人本色。”段仲宇与陈仪有过几次接触，对陈深为折服。

陆军大学教育长万耀煌也是老同盟会员，保定陆军速成学堂毕业、陆军大学第五期毕业，比段云峰晚一期。段仲宇对万耀煌的印象也很好，认为他是个真正的军人，值得仿效。

陆军大学的课程很多，理论方面有德国的《军队指挥纲要》、苏联的《红军野战条令》、法国的《大军统帅》、日本的《战斗指挥纲要》等。但使段仲宇大惑不解的是，中国古代军事家名著如《孙子兵法》却不列入学习内容，只在讲古代史时偶尔涉及。怎么能连自己的老祖宗都不要了呢？

陆军大学有个苏联教官叫华西列夫斯基，三星将军，回国后被擢升至元帅。他讲课认真，旁征博引，内容非常丰富，段仲宇很喜欢听他的课。他对段仲宇这个学生似乎也情有独钟，辅导特别认真。参谋演习，导师是华西列夫斯基，段仲宇被挑选出来担任“军参谋长”。毕业前举行军一级对抗演习，段仲宇又担任了红军司令官。演习对方由陆军大学特别班第五期的学员充当。演习中，副参谋总长白崇禧特地到场视察监督。段仲宇指挥若定，井井有条，学校领导也十分赞赏。

段仲宇心中的偶像除了苏联将军华西列夫斯基外，还有德国大军事家克劳塞维茨。在九一八之后，国民党与德国军事合作期间，他曾受教于德国的史培曼将军（二战中任隆美尔参谋长）。在史培曼的影响下，段仲宇更崇拜德国大军事家克劳塞维茨。这位参加过滑铁卢战役、反对拿破仑一世等战役的将军，1818年起就任柏林军事学校校长，1830年就起任普鲁士军队参谋长。他著述颇丰，最著名的是《战争论》一书，影响深远，曾被段仲宇奉为经典。一天，段仲宇和大哥段伯宇谈话中有这样一段对话：

伯宇问："你上陆大的目的是什么？"

仲宇答："做个真正的军人，报效国家。"

"你认为真正的军人的标准是什么？"

"文武兼备，理论学术和实际操作样样精通。"

"你口口声声要学习克劳塞维茨，他写的《战争论》第一句话是什么？"

仲宇不假思索地回答说："战争无非是政治通过另一种手段的继续……"

"战争的目的是什么？"伯宇问。

"最根本的目的是为了打败敌人，取得胜利。"仲宇答。

伯宇又问："战争的本质是什么？"

仲宇一时语塞，陷入了沉思。

伯宇告诉他说，克劳塞维茨的《战争论》，是一本资产阶级军事著作。尽管它的某些论点，如"战争是政治的继续"，"战争在任何时期都不是独立事物，而为政治的手段；由此观察方能正确理解各种战果"等等，受到马克思、列宁的重视，但它对战争一系列基本问题的论述却始终离不开资产阶级的窠臼，有它的局限性。例如前些年的军阀混战，国军对红军的"围剿"，就其本质来说，都是不利于广大人民的。因此，做一个真正的军人，如果不能正确理解战争与政治的关系，缺乏正确的政治立场，这样的军人是虚弱的、苍白的，就像无源之水，无本之木……

严密的逻辑，无懈可击的论证，使段仲宇对大哥更加佩服得五体投地。

望着弟弟憨厚的面孔，伯宇说："这样吧，我向你推荐一些书，你有空可以看看。不过最好别带到陆大去，在家里翻翻就是了，也不要告诉别人。"

后来，伯宇先后送给仲宇一些书，有艾思奇著的《大众哲学》，沈志远译的《政治经济学》等。这些都是马克思主义的入门书。段仲宇看得津津有味，仿佛进入了一个全新的天地……

9. 在歌乐山脚下一家路边小店里，段仲宇冒昧向大名鼎鼎的郭沫若请教："为什么很多青年冒着生命危险往延安跑？"

1941年，一天，段仲宇去重庆歌乐山高级助产学校看望女朋友薛纪常。学校坐落在山上。段仲宇记得那是个星期天，陆军大学按例放假。他一大早就从山洞出发，赶到歌乐山脚下，进入路边的一家小吃店里，边喝茶，边吃包子，边等薛纪常从山上下来相会。

突然，段仲宇感到眼前一亮，小店里来了一位多次在报纸刊物的照片中见到的人物——大名鼎鼎的大作家郭沫若！

段仲宇在照片上、在公共场所多次见过郭沫若。再仔细打量，那高高突出的前额，那富有个性的面庞，那副熟悉的眼镜，一切都似曾相识。对，没错！眼前的这个人一定是郭沫若。

真是太突然、太偶然了！段仲宇立即肃然起立，欠身迎接。当郭沫若走进小店，从段仲宇近旁挨身走过时，他毕恭毕敬地向郭行了个军礼，并问候道："郭厅长好！"

段仲宇为什么称呼郭沫若为"郭厅长"，这里有一段历史需要向读者作点简单的介绍。

郭沫若早年参加过北伐，曾任国民革命军总政治部副主任兼宣传科长、总司令行营秘书长等职。蒋介石背叛革命前夕，为了拉拢郭沫若，曾让心腹张群把委任郭沫若为"总司令行营政治部主任"的委任状秘密交给郭沫若。郭沫若看透了蒋介石的阴险用心，不久后毅然脱离了蒋介石的羁绊。1927年8月1日，南昌起义打响了武装反对蒋介石的第一枪。郭沫若虽身在九江，仍被任命为起义军政治部主任。8月4日他赶抵南昌城内，与周恩来、贺龙等见了面。起义军南下途中，经周恩来、李一氓介绍，郭沫若参加了中国共产党。10月6日白天，在广东普宁县流沙天后庙和周恩来、叶挺、贺龙一起开会。是夜行军途中起义部队被敌人打散，郭沫若等人与大部队脱离而掉队。后来他辗转到达香港、上海。1928年2月24日郭沫若去日本。据1980年出版的《新文学史料》

第2辑记载："郭老去日本隐居，专心从事学术研究和著作，那是经过当年党中央决定，保留党籍，以完成党给予他的一项重大任务的。"

1937年七七卢沟桥事变爆发后，郭沫若于7月25日化装离开日本，抛妻别子回到上海，投身于风起云涌的抗战激流。党组织为他安排了住所，并恢复了他的关系。国民党在社会舆论的压力下，不得不撤销了对他的"通缉令"。1938年1月，国民党政府军事委员会打算恢复政治部，由陈诚任部长，周恩来和黄琪翔任副部长。下边分设四个厅。总务厅之外设第一、二、三厅：第一厅管军中党务，第二厅管民众组织，第三厅管宣传。鉴于郭沫若的巨大声望，陈诚邀请郭出任第三厅厅长。对此郭开始很不愿意，商之于同在武汉的周恩来。周婉言劝他就任此职，并说："……老实说，有你做第三厅厅长，我才可以考虑接受他们的副部长，不然那是毫无意义的。"同年4月1日，政治部第三厅正式成立，郭沫若出任厅长，军衔是中将。

这就是段仲宇尊称郭沫若为"郭厅长"的由来。

还有一层更为重要的缘由，那就是段仲宇在大哥段伯宇的启发和帮助下，思想上不断追求进步，探索真理。而郭沫若在重庆，是人所共知的进步作家。他写了大量激励民众抗战热忱，抨击国民党消极抗战、积极反共错误政策的文章。他的火一样的爱国精神，受到广大人民特别是青年人的推崇。段仲宇也是崇拜者之一。

郭沫若坐定后，向段仲宇招招手，连声说："过来坐，过来坐！"看得出他对这位佩戴陆军大学学员符号的青年军官颇有好感。

段仲宇在这位著名人士面前显得有点腼腆，但他还是鼓起勇气坐了过来。桌子不大，只有他们俩对面而坐。这一年，郭沫若刚好50岁，段仲宇只有27岁，从年龄上来说，一个是长者，一个是后辈。但郭沫若一点架子也没有，面带笑容，和蔼可亲，和段仲宇像是多日不见的一对忘年之交。

段仲宇鼓起勇气先开了口，说了些如何敬仰郭沫若的话。他说，郭厅长的道德文章自己一向非常仰慕。自己虽然是个军人，但平时注意阅读报章杂志，关心时局的发展，对文学艺术也颇为喜爱，读了郭厅长写的许多文章后深受教益。

郭沫若听了后问道："你们在陆大有没有看书的自由？"

段仲宇答道："有半自由。"

郭沫若不解，问："什么叫半自由？"

段仲宇解释说："半自由是我说的。在我们陆大，有些书公开看不行，偷偷看没有人管，所以我说是半自由。"

郭沫若笑了起来，说："你讲得不错。那么你再具体说说，哪些书公开看不行。"

段仲宇说："譬如《新华日报》就不能公开看，还有艾思奇的《大众哲学》，沈志远翻译的《政治经济学》，都不能公开看，只能偷偷看。"

郭沫若脸上现出惊讶的神色。他压根儿没有想到眼前的这个国民党陆军大学的学员，在通常情况下深受反动思想熏染的正规军人，竟然会如此"左倾"，竟然会对宣传共产党主张的进步书籍报纸如此钟情。

郭沫若问道："你看《新华日报》吗？"

段仲宇答："我经常买《新华日报》来看。"

郭沫若关切地问："允许吗？"

段仲宇狡黠地一笑，说："当然不允许。不过我买了《新华日报》后，装在口袋里，四下无人时就偷偷地看，不能让别人知道。"

郭沫若喟然说："国民党表面上允许共产党办的《新华日报》在重庆公开出版发行，暗中又不让人看，甚至迫害阅读《新华日报》的进步青年，太让人气愤！"

段仲宇说："军队里讲究令行禁止，可是有些东西它禁也禁不住。譬如《新华日报》，据我所知在陆大就不止我一个人看。对有的很相知的熟人，我就偷偷地给他看。他们和我一样，也偷偷地看，上峰怎么禁也禁不住。"

郭沫若听了点点头，脸上现出高兴的神情，说："真理是禁不住的呀！你看过我去年年初为《新华日报》创刊二周年写的题词吗？我说'防民之口，胜于防川。连话都不让老百姓说，那是很危险的。反之能代表老百姓说话的，那力量也就比长江黄河还要浩大'。你见过世界上有谁能阻挡浩浩荡荡滚滚东流的长江和黄河吗？同样，当局禁止《新华日报》政治影响的扩大，能行吗？你们陆军大学是禁锢最严密的地方，可是仍然有人偷偷地看《新华日报》，这证明革命的真理无往而不胜。"

……

段仲宇将自己和郭沫若邂逅及谈话的情况告知了大哥段伯宇。伯宇很高兴，说："你很幸运！郭先生是大作家、大学者。你要争取和他多见面。只要有可能，你就和他多接触。这是向先哲学习的好机会。下次见到他，一定要好好向他请教。"

说来也巧，不久后段仲宇在歌乐山下的那家路边小店里，第二次见到了郭沫若。

当时在重庆的许多人，包括段伯宇和段仲宇，只知道郭沫若是著名的民主进步人士，却并不知道他是中共秘密党员，因为这是极其保密的，只有周恩来等极少数领导人知道。

段氏兄弟当时也不大清楚郭沫若的政治部第三厅厅长职务已经卸去，眼下的公开职务是国民党军委会政治部下属的文化工作委员会的主任委员。

说起郭沫若这次职务的变动，还有一场鲜为人知的幕后斗争。

郭沫若任厅长的政治部第三厅，下辖三个处：第五处处长是胡愈之，掌管民众动员工作；第六处处长是田汉，掌管艺术宣传工作；第七处处长是范寿康，掌管对敌伪的宣传工作；厅的主任秘书是阳翰笙。其中，阳翰笙是1925年入党的老共产党员，田汉是1932年入党，胡愈之1933年入党，都长期从事党的地下工作。范寿康虽不是共产党员，但早年曾任广州中山大学教授兼秘书长、武汉大学文学院教授，主编过《学艺》《文哲》等刊物，是一位著名的进步人士。再加上第三厅中云集的众多进步人士，如冯乃超（1928年秘密加入中国共产党）、杜国庠（1928年秘密加入中国共产党）、洪深、冼星海等等，使得国民党当局深感不快，遂借故于1940年9月将第三厅撤销，郭沫若的厅长职务也就自然卸去了。

党失去了一块重要的阵地。周恩来经过深思熟虑后，找到了新由蒋介石侍从室主任接替陈诚出任军委会政治部部长的张治中，对张说："第三厅这批人都是无党无派的文化人，都是在社会上很有名望的。他们是为抗战而来的，而现在你们搞到他们头上来了。好！你们不要，我们要！现在我们准备请他们到延安去。请你借几辆汽车给我，我把他们送走。"

张治中立即将此情况报告了蒋介石。

蒋介石一听急了，他表面上还要维持全民族抗战的局面，他不愿被人骂为不能容人的独裁者，他还必须将民主这面旗帜抓在手里，他更不知道这是周恩来之计。于是，几天后他就亲自出马，接见了郭沫若、阳翰笙、冯乃超、杜国庠、田汉等原第三厅主要负责人，表态说："现在正是国家用人之际，你们不能离开。我们想另外成立一个部门，还是由第三厅的人参加，仍然请郭先生主持。"

紧接着，侍从室也插了上来，由第二处第五组组长李惟果出马，找到原第三厅的主要负责人，说蒋委员长的意思是政治部成立一个文化工作委员会，宗旨是对文化工作进行研究。仍请郭先生主持，请诸公参加。

阳翰笙等人向周恩来汇报后，周恩来当即拍板作了决定，说："就答应他吧!他划圈圈，我们可以跳出圈圈来干嘛!挂个招牌有好处，我们可以同他们进行有理、有利、有节的斗争，展开我们的工作。"

在这样的背景下，郭沫若出任了国民党军委会政治部文化工作委员会主任委员。不过许多人，特别是军界人士，仍尊称他为"郭厅长"。

郭沫若和第一次见面时一样，招呼段仲宇到自己的餐桌上就座，一边请段仲宇吃包子，一边问他近来看些什么书。

段仲宇说正在看艾思奇的《大众哲学》。

郭沫若面露喜色，看得出他对这位年轻的国民党军官特别有好感。他问段仲宇："你对这本书有什么看法？"

段仲宇想了想，说："对我认识世界、认识社会、认识人生很有帮助。它使我认识到世界是唯物的，我们认识事物应从客观存在开始。世界上的一切事物都处在运动之中，都是发展变化的。我们的认识不应停止，应该随着客观事物的变化而变化。这本书还告诉我们，不同的阶级有不同的立场和观点，认识是有阶级性的。"

郭沫若频频颔首，十分欣赏段仲宇的这些话。他还告诉段仲宇一段往事，说第三厅刚成立不久，政治部部长陈诚下了一道"训令"，批评第三厅印发的各种宣传材料中，每有"人民""祖国"等字样，斥责说"此等文字殊不妥帖"。要求今后文件中"人民"一律改用"国民"，"祖国"一律改用"国家"。并规定"以后凡有对外文件须呈部核准之后，再行印发"。郭沫若说，他对陈诚此举毫不客气地顶了回去。举出的理由是：孙中山先生生前写的文字中已屡见“人民”“祖国”等字样，现在是否也要一律改为“国民”和“国家”？噎得陈诚面红脖子粗，半晌说不出一句话来。

郭沫若说，区区小事，也足能说明不同的人有不同的阶级立场。你从艾思奇的《大众哲学》中体会到认识有阶级性，很深刻，很有见地。

段仲宇受到鼓励，很高兴，更愿将自己的所思所想向这位长者一吐为快。他说：“我是学军事的，《大众哲学》中说任何事物都有规律性，我想军事也不例外。”

郭沫若带点考考的口吻问道：“你知道什么叫规律吗？”

段仲宇一时语塞，他想不起艾思奇书中对“规律”一词的最简明最科学的概括是什么。他脸上现出茫然的神色，带着求助的眼光望着郭沫若。

郭沫若毕竟是个通晓古今、涉猎多方的大学者，他告诉段仲宇说，早在西周后期和东周初期，《诗经·小雅》中就有“规者，正圆之器也”的说法，后来引申为规矩。《孟子》中说，“不以规矩，不能成方圆”。后来又引申为规则、礼法。在马克思主义哲学中，规律或法则的意思是，任何事物都有自己的发展规律。规律是客观存在的，看不见，摸不着，但它是事物本身所固有的。人们不能创造它，但经过认真研究，能够认识它，能够利用它来改造自然、改造社会、改造人类。

段仲宇听了这席说古道今、见解独到的话，感到大开眼界。他对郭沫若更加敬佩，深有感受地说：“听郭厅长一席言，真是胜读十年书呀！”

几天后他将这次见面的情况告诉了大哥段伯宇。伯宇听了有点不悦，批评仲宇说：“你在郭厅长面前太不礼貌，太狂妄了。今后再遇见他，要更加谦虚谨慎，多多向他讨教。”

那期间，段仲宇和女朋友薛纪常正在热恋之中。他几乎每个星期天总要到高级助产学校去看她，并常常在歌乐山脚的那家小店里喝茶、吃点心，因而他和郭沫若第三次见了面。时间大概是1942年春。

这时郭沫若刚过50大寿。1941年10月16日是他的50寿辰。这一天，周恩来写了一篇《我要说的话》，作为《新华日报》的“代论”发表在头版头条。周恩来满怀深情地指出：“鲁迅是新文化运动的导师，郭沫若便是新文化运动的主将。”并从丰富的革命热情、深邃的研究精神和勇敢的战斗生活这三个方面概括了郭沫若的特点。同一天的《新华日报》上还刊载了《纪念郭沫若先生创作生活二十五周年特刊》，登载了董必武、邓颖超、潘梓年、田汉等人写的祝贺诗文。在此之后，郭沫若编剧的《棠棣之花》在重庆隆重上演，引起巨大轰动。

段仲宇从报纸上看到了所有这些文章和消息，见面后段仲宇首先向郭沫若祝寿。郭沫若对此表示感谢。

这时，太平洋战争刚刚爆发，日本侵略者偷袭珍珠港成功，美国遭受了巨大损失。尔后，日军又在马来半岛、新加坡、菲律宾、荷属东印度群岛和缅甸等地连连得手，气焰十分嚣张。在谈到时局时，段仲宇向郭沫若请教。郭沫若告诉段仲宇，说他写了一篇《世界大战的归趋》的文章，曾经在电台广播过。文章分析了太平洋战争爆发后的国内外形势，指出必须用持久战、消耗战、资源保卫战来对付德、日、意轴心国速战速决的阴谋。日军发动的战争是不义的。不义的战争最后必然归于失败。我们要坚定抗战必胜的信心，使全中国四万万五千万同胞皆成为反侵略的战士，使反侵略的精神遍植于每一个中国同胞的心坎。这样，日军必然失败，最后胜利必然属于中国人民。

郭沫若对抗日战争长期性、复杂性的分析，使段仲宇大受教益。他还清楚地记得《新华日报》上刊登的郭沫若在日本反战同盟集会上一次热情洋溢的讲话。郭沫若说：“自己到50岁了。自己还得向那荆棘的路走去。郭沫若的名字和过去50年的历史、成绩都不要，只是一个人，为革命干下去。不管我活着的时候是否成功，我要一直干到死为止。”这些话像响亮的号角，使仲宇的心灵受到极大震撼，既增添了对郭沫若的敬仰，也更坚定了他战胜日军的信心。

临分手时，段仲宇和前几次一样，提出要送郭沫若上山，而郭沫若总是婉言辞谢，说：“不要送，不要送，山不是很高，我能走。”郭沫若还邀请段仲宇到自己家里去坐坐。但段仲宇感到不好意思去打扰，一直未敢登门拜访。

段仲宇至今清楚地记得，他和郭沫若先后见了四次面，每次见面和谈话，都使他如坐春风，如沐化雨。其中最使他铭记不忘的是，他向郭沫若提出的一个问题：“郭厅长，我有个问题向您请教：为什么许多青年冒着生命危险向延安跑？”

郭沫若微微一怔。他过去和段仲宇谈的都是一般性的道理，还未接触实质性的政治问题。他没有想到段仲宇会如此直率、如此单刀直入地提出这个在当时来说是非常敏感的政治问题。

要回答这个问题，可以上一堂政治课，从国民党的阶级性，说到国民党统治的黑暗、腐败、反动；从共产党的阶级基础和党为共产主义而奋斗的伟大目标，说到陕甘宁边区的政治开明、人民当家做主……但是，郭沫若没有给段仲宇上大课，他只是非常含蓄地用诗人的语言回答说：“你看所有的植物都是向着太阳的，人不也是一样的吗？！”

段仲宇有很高的悟性，他已完全懂得了郭沫若话中的含意，懂得了其中的“潜台词”。半个多世纪过去了，段仲宇至今仍牢牢地记着50多年前郭沫若对自己说的这句话。

这是段仲宇认识史上的一次飞跃！在探求人生真谛的道路上，他又跨上了一个新的台阶。郭沫若就是他的又一位可敬的启蒙老师。

至今使段仲宇铭记不忘的是，每次吃点心喝茶，都是郭沫若付的钱。段仲宇执意不肯，并解释说自己有薪饷，付得起钱。但郭沫若非常客气，总是说：“你是学员，不必客气了。”

这就是一位大作家、大学者对一个27岁的青年人的关爱；也是一位中共秘密党员对一位国民党青年军官的谆谆教诲和循循善诱。

段伯宇还告诉弟弟仲宇：陆军大学特别班第五期有个王启明，你有机会可以和他接触接触。但出于秘密工作的纪律，哥哥没有点明王启明是中国共产党的秘密党员。而弟弟并不笨，也猜得出王启明是中共方面的人。

王启明原是国民党三十二军的地下共产党员。该军地下党的负责人王兴纲离开后，党组织决定三十二军地下党的工作由王启明负责，并由他和重庆八路军办事处联系。后来王启明也进入陆大学习，和段伯宇常有接触。

当时陆军大学设在重庆的山洞。房子盖在山坡上。用石板铺了些小路。段仲宇有时在路上碰到王启明，有时在游泳池里碰上他，时间久了彼此就熟悉了。但在陆大那样的环境中，深谈是不大可能的，彼此只能心照不宣而已。例如段仲宇偷偷买了《新华日报》，看完后有时就乘机会悄悄传给了王启明。

段伯宇（左一）、段仲宇（左二）

两人都是会心地笑笑，也不多说什么。

王启明常到段仲宇爱人薛纪常处坐一坐，好与段仲宇作些交谈。但王启明言谈很谨慎，谈形势，谈战局，谈陆大里发生的事，常常是点到即止。段仲宇也不便刨根究底多问什么。不过从王启明身上，他感受到了一个进步军人应有的那种气质，以及谨言慎行的作风。

接触次数多了，段仲宇发现王启明向他指明日期索借的《新华日报》，都是开了天窗的。段还清楚地记得，1941年1月11日的《新华日报》开了很大的天窗。一时间山城震动，人们奔走相告，猜测纷纭，不知发生了什么重大事件。段仲宇和王启明一样，也十分关心事态的发展。

原来，国民党顽固派悍然制造了震惊中外的皖南事变。新四军9000将士在奉命北移途中，突遭预有布置的国民党军的包围袭击，除少数人突围外，大部壮烈牺牲，一部分被俘关押，军长叶挺亦遭囚禁。蒋介石还下令撤销了新四军的番号，扬言要对叶挺进行“军法审判”。《新华日报》获悉这一情况后，根据周恩来和叶剑英的指示，立即撰写了一篇《新四军皖南部队惨遭围歼真象》的新闻报道，还写了一篇反对国民党取消新四军番号的评论文章。但这两篇文章都被国民党新闻检查机关勒令停登。这就造成了《新华日报》

开天窗的重大事件。

段仲宇从王启明处受到启示，亦开始关心报纸上开天窗的情况。这不仅是基于好奇心的驱使，也不单纯为了猎奇，为了增添一些谈话的资料，更主要的是为了从中了解时局，了解国民党当局压制民主、压制不同政见的独裁统治内幕。而每一次都使段仲宇的思想天平不断地向真理方面倾斜。

段仲宇在和王启明接触中，还发现了一个“秘密”，原来王还偷偷地在做生意。重庆地区阴雨天多，雾气重，人们常烤火取暖、去湿，王启明遂做起了木炭生意。开始段仲宇感到纳闷：一个堂堂陆大特别班学员、国民党的上校团长，怎么会屑于干这等营生？他将此情况告知大哥段伯宇。伯宇微微一笑，没有说什么。但从神情上看，他对王启明此举并非不屑一顾。几年后段仲宇秘密加入了共产党，才知道地下工作的活动经费基本上靠自筹。王启明做生意也是为地下工作筹集经费。例如王启明和段伯宇悄悄派人到前方找三十二军地下党组织联系，这路费到哪里去报销？难道会从天上掉下来吗？！

郭沫若，王启明，还有《新华日报》，这一个个启蒙老师，引导着国民党“标准军人”段仲宇，从旧营垒中一步一步地走向崭新的人生……

10. 侍从室里看“委座”：表面上道貌岸然，威凛凛不可侵犯；背地里居心叵测，阴森森使尽诡计

段仲宇知道蒋介石这个名字，还是在少年时代。那时北伐军底定北方，称霸一时的北洋军阀土崩瓦解，群雄割据的局面基本结束，中国归于一统。少年段仲宇把蒋介石看作是削平群雄、统一中国的英雄偶像，心中充满敬仰之情。

20世纪30年代初，段仲宇考入南京的中央军校。当他第一次看到蒋介石的时候，心情很激动。他全神贯注地聆听着“蒋校长”的“训示”，生怕听漏了一句话，把蒋的“训示”牢牢地记在心中。

后来，听“蒋校长”的讲课次数多了，段仲宇感到他讲的《大学》《中庸》《孟子》等等，在“嗯，嗯”的官腔之中缺乏深刻的思想，缺乏富有启迪的哲理，只是一般化的阐述。时间长了，原先罩在蒋介石头上的那层神圣的光环开始淡化。

再后来是抗日战争爆发前的那些日子，对日外交的步步退让，强盗进了门还打躬作揖，将大好河山拱手送人，这种“弱国无外交”的无比屈辱，与清王朝完全是伯仲之间。他蒋介石难道不是造成这种局面的魁首吗？富有爱国心的段仲宇，对蒋介石的崇敬感又大大削弱了几分。

而让段仲宇真正看透蒋介石本质，还是在进入侍从室以后。

孔子在《论语·为政》篇中说：观人知人要“视其所以，观其所由，察其所安。人焉廋哉！”“廋”指隐蔽。也就是说，对人要看他的所为，明察他安的是什么心，这样他也就隐蔽不了其本来面目了。宋朝大学问家苏轼也说过：“知人之法，在于责实。”也就是说，认识一个人要根据事实。出身名门世家的段仲宇自幼熟读经书，懂得知人要通过亲见、亲闻、亲历，才能作出正确的判断。

段仲宇进入侍从室不久，就亲手经办了一件事，那就是蒋介石下令枪决兵役署中将署长程泽润。开头是把程泽润的“罪状”转呈蒋介石；再是把蒋介石亲笔批示“枪决”的命令下达；最后是把程泽润被枪决后的尸体照片呈送蒋介石亲自过目。这一切均由段仲宇一手承办。

本书作者采访段仲宇（右）

段仲宇说，尽管50多年过去了，但程泽润被枪决后的那张照片他至今印象很深，眼睛一闭宛如在眼前。一个为蒋介石立下汗马功劳的老资格中将级高官，最后竟落得如此下场，使段仲宇惊骇不已！而蒋介石在此案中施用的阴险手法，更使段仲宇震惊万分！他没有想到蒋介石竟会是这样一个翻手为云覆手为雨的人。

程泽润是四川隆昌人，别号沛民，毕业于黄埔军校。他1927年5月就当上了国民政府军事部参谋第一局局长，1928年1月出任第八军第二师师长，1932年1月任军政部陆军署军务司司长，1937年7月6日晋升为中将，1944年任军政部兵役署署长，主管全国的兵役工作。

这样一位老资格的中将高级军官，为什么会成为蒋介石的刀下之鬼呢？

段仲宇后来逐渐了解到，程泽润之死是蒋介石“一石三鸟”所致。

程泽润的兵役署，主要工作是征兵。那时东北、华北、华中及华东等大片国土沦于敌手，征兵主要范围是以四川为中心的大后方，尤其是四川。蒋介石就说过：“四川地方之大，人口之多，不亚于欧洲的大国。”早在1937年12月，国民党政府从南京撤退到武汉后，蒋介石就看中了素称“天府之国”的四川，开始安排去四川的退路。他密令侍从室第一、第二两个处整理了一份有关四川军政情况的调查材料。

这份调查材料洋洋洒洒数千言，内容机密，分析详尽。第一部分是核心社上层潘文华、王缵绪、王陵基、唐式遵、邓汉祥、傅常等人的分裂与斗争；第二部分是四川省五个军政派系的情况及最新动向；第三部分是四川各军政首领对“中央”之态度与企图；第四部分是刘湘死后蒋介石任命邓锡侯为川康绥靖主任，刘系将领对邓锡侯的态度，以及邓锡侯飞抵成都就职后的活动情况。其基本观点是川军将领对“中央”无拥戴诚意，各具企图，然而，为对付“中央”又不能不在表面上作些姿态，有些则为要挟“中央”之举动云云。

蒋介石把国民党政府迁到“陪都”重庆后，为了安定川局，削弱四川地方实力派，采取了各种措施，例如釜底抽薪，调动20余万川军到抗日前线。后来，有的被敌伪消灭或击溃；有的被蒋介石收买分化，成为中央化的川军。但即使如此，四川地方实力派仍拥有相当数量的军队和地盘，与蒋介石排除异己的政策存在着深刻的矛盾。刘文辉手下有部队10余万人，他还和周恩来、董必武、林伯渠等暗中会晤。周恩来勉励刘文辉“对蒋介石政府的一切反动政策措施，都须给予坚决反对和有效抵制。西南地方力量在现阶段有条件这样做，大胆行动起来，共产党愿意在政治上给以支持”。蒋介石虽然没有侦悉到刘文辉和中共方面暗通款曲，但他始终感到四川的地方实力派三心二意，碍手碍脚，处处掣肘。程泽润是四川人，与川系将领有着千丝万缕的联系。将程泽润枪决，无疑对不顺从的四川地方实力派起一个“杀一儆百”的作用，让他们知道“中央”的厉害。

蒋介石玩的是“杀鸡给猴看”的政治把戏，而段仲宇从程泽润横陈的尸体和汩汩流淌的鲜血中，仿佛看到了蒋介石手中那把血淋淋的屠刀……

当时四川人口约5000万，占全国总人口的九分之一。蒋介石把四川作为“兵库、粮仓”，每年征兵数多达五六百万，几乎每个军都补充有四川兵，以致有“无川不成军”之说。征兵多，农村劳动力锐减，四川农业生产连年下降，大大影响了人民生活。

在征兵过程中，做法极不公允，富家子弟能以在校读书等种种借口，逃避服兵役的义务，兵役部门贪污舞弊盛行，买卖顶替随处可见。被征的富家子弟如不愿应征，只要向兵役部门或乡保长出一大笔钱，就可由他们代买壮丁来顶替。其实这些人把钱占为己有，另抓劳动人民来交差。解放后，有部电影叫《抓壮丁》，把国民党兵役工作的弊端揭露得淋漓尽致。

把壮丁运往前方的过程中，为了防止逃跑，行军时用绳索一个连一个地把壮丁捆着走，宿营时把衣裤脱光才准睡。打骂更是司空见惯。伙食上层层克扣，吃的是仅去粗壳的糙米，其中还掺了砂石，菜也没有，简直无法下咽。一旦拖病了，既无医又无药，以致被拖死的壮丁比比皆是。

兵役工作的种种弊端，引起了极大公愤，舆论纷纷谴责，社会团体不断抗议，群众甚至自发起来进行反抗。例如川东宜宾1943年就爆发过大刀会聚众抗丁的事件。

蒋介石为了平息民愤，就把兵役署长程泽润作为“替罪羊”抛了出来，把兵役工作中的所有罪责一股脑儿统统推到程的头上，企图借此转移视线，丢卒保“帅”。在这样的背景下，程泽润也只得“代蒋受过”了；而蒋介石却博得了“皇上圣明”，敢于秉公执法的美名。

蒋介石决定杀程泽润，还有一个因素是，程泽润系川东黑龙会的首领。四川这个地方，帮会盛行，渗透到政权、军队。其成员包罗万象，上到将军，下至士兵，三教九流各色人均有。流行在川东一带的帮会叫黑龙会。程泽润是川东隆昌人，经过苦心经营，成了黑龙会的首领。隆昌地区紧靠重庆。黑龙会的势力也通过各种渠道悄悄伸入重庆。

“卧榻之侧，岂容他人鼾睡!”蒋介石当然绝对不能容忍黑龙会的势力渗透到自己的眼皮底下。“擒贼先擒王”，于是下令将黑龙会首脑程泽润枪决，以去心腹之患。

段仲宇回到家中，将程泽润案件的情况向父亲和大哥详细说了。伯宇说：“蒋介石杀程泽润是‘一石三鸟’：杀鸡给猴看，既镇压了黑龙会，又以此减少了四川地方势力的威胁。可谓煞费苦心，手段阴险毒辣。”

段仲宇亲身经历的第二件大事，是蒋介石令他发电报汇给王耀武的一大笔近于天文数字的款项。

那是1945年初秋，抗日战争刚刚胜利。王耀武其时任第四方面军司令长官，奉命担任长（沙）衡（阳）地区日军的受降主官。9月初在长沙、衡阳、岳阳、常德举行了隆重的受降仪式。日军第二十军、第六十四师、第六十八师、第一一六师、第十七旅团、第八十一旅团、第八十二旅团等都向王耀武俯首称臣，乖乖地举手投降。特别令王耀武感到欣慰的是，昔日在湘西会战中的主要对手、日本侵略军第二十军指挥官坂西一良中将，今日作为战败国的降将，毕恭毕敬地把战刀高高举起，双手呈奉给王耀武。此时此刻，王耀武深深体会到了作为胜利者的骄傲和中国人的民族自豪。

但是，受降和接收的事态发展却大大出乎王耀武的意料。平心而论，王耀武本身还是比较廉洁的，不贪污，不腐化，生活俭朴，甚至连烟酒也不沾。然而，整个国民党政权在抗战胜利时的大接收中，犹如饿虎入市，张着血盆大口，横冲直撞，肆意吞噬、掠夺人民的胜利果实。第四方面军受降人员中，竟冒出了“八大金刚”。例如军需处长郑希冉，将接收来的日军大批汽车配件偷偷出卖，甚至将电动机和军用被服大批盗卖。在岳阳负责受降的十八师，将大批接收来的物资私自外运出卖，接收日军的近千辆汽车、发动机、轮胎等亦被大批盗卖。交通部长俞飞鹏和湖南省政府主席吴奇伟对此极为不满，纷纷向蒋介石控告。

王耀武是蒋介石的爱将，尤其是1941年的江西上高会战，王耀武率七十四军和装备精良的5万日军对阵，毙伤日军15000余人，击毙日军三十四师团少将指挥官岩永。蒋介石得报后大喜，授给王耀武以国军的最高勋章。1943年的常德之战，蒋介石亦深感满意，称赞王耀武善于带兵打仗，有指挥才能。战后擢升其为第二十四集团军总司令，不久后又擢升其为第四方面军司令长官，与老资格的卢汉、张发奎、汤恩伯并驾齐驱。1945年4月，日军纠集6个师团共约10万之众，由坂西一良中将指挥，沿湘黔公路芷江进击。芷江是驻有中国和美国空军的一个重要基地。日军妄图夺取这一基地并进而西犯四川。王耀武指挥30万部队与日军进行了湘西战役，大获全胜，毙伤日军28000余人，俘日军官兵247人。蒋介石大为满意，于5月间召开的国民党第六次全国代表大会上让王耀武当上了中央执行委员，使王耀武在黄埔三期毕业生中成为出类拔萃的人物。

正因为蒋介石对王耀武特别宠信，所以对别人告王的“御状”蒋介石不仅未予置理，相反，他令段仲宇发电报到衡阳，批给王一大笔巨款。段仲宇说，具体数字他记不起来了，但几近于天文数字，令一般人无法想象。钱不是拨发的该部经费，而是蒋直接批给王耀武本人的。

过了不久，王耀武通过侍从室给蒋介石一份回电，说这笔款项已代表委座发给了当地乡绅。

段仲宇接到电报后，即拟成公文呈送蒋介石。蒋看了不仅不责怪王耀武，反而“龙颜大喜”，批示说：“如数再电汇，赏给他。”

段仲宇回到家中，又将此事告诉了父亲和大哥。伯宇问弟弟：“你知道孟尝君的门下食客冯谖，在收地租时烧地契的故事吗？”

段仲宇熟读史书，对司马迁的《史记》熟稔于心。他清楚地知道，战国时代齐国有个贵族叫田文，袭其父田婴的封爵，封于薛（今山东滕县南），称薛公，号孟尝君，被齐湣王封为相国。门下有食客数千人，其中有个食客叫冯谖。冯谖常弹其剑而歌曰：“长铗归来乎，食无鱼。”孟尝君命人让冯谖食有鱼。过了五天，冯谖又弹其剑而歌曰：“长铗归来乎，出无舆。”孟尝君遂让冯谖出入乘车。又过了五天，冯谖复弹剑歌曰：“长铗归来乎，无以为家。”孟尝君得知后心中不悦，感到这个食客要求也太高了。

后来，孟尝君让冯谖到薛地去讨还债款。冯谖将讨得的钱酿酒、买肥牛，召集债户款待后又当众把地契焚烧了，从而博得了债户对孟尝君的极大好感，“坐者皆起，再拜”。回来后他向孟尝君作了汇报，说他这样做是为了“令薛民亲君而彰君之善声也!”孟尝君听了大喜，“拊手而谢之”。

段伯宇分析说：“冯谖烧地契是为了替孟尝君收买人心。王耀武把蒋批给他的钱分送给乡绅，也是为了替蒋介石收买民心。抗战刚胜利，蒋介石政府大发‘劫收财’，各地大小接收官员，都是要金条、要房子、要汽车、要美女、捞位子的贪官污吏。‘五子登科’比比皆是，弄得沦陷区里鸡犬不宁，民怨沸腾。不是有这样一首民谣吗：‘想中央，盼中央，中央来了一扫光。’它说明蒋介石政府在甫告光复的广大国土上越来越失去人心。蒋介石为了挽回局面，十分赞同王耀武的做法，重赏王耀武也就是必然的了。”

段仲宇在侍从室里，还多次看到或听到过下面状告接收大员的文电，还听说蒋介石也指责接收“太乱了”，多次调整部署，甚至把他信得过的侍从室第二处第五组组长李惟果（兼中央宣传部副部长）也派出去当“党政计划接收委员会”秘书长，足见蒋本人对收拾民心问题的重视。段仲宇说：“看来王耀武深谙蒋介石之心，获得重赏也就是题中应有之义了。”

段仲宇亲手经办的第三件事是：蒋介石直接批给傅作义一批枪械弹药，其目的是收买傅作义。枪弹是从美国支援国民党的军事物资中拨出的，是当时最为先进的武器装备。

段仲宇经手发了一个电报给傅作义。他回家谈及此事。段伯宇曾于1928年5月初的一天协助被张作霖软禁的傅作义逃出保定。事后段伯宇在河北大学读书的费用均由傅作义将军负担。因此，段氏兄弟都很关心这批武器弹药是否到了傅作义的手中。

此时大约是1945年初春。傅作义在抗日战争中屡建战功，他指挥的绥东百灵庙之役大挫敌锋，打击了日军的凶焰；尔后他又主动进行了“袭击包头”“河套驱敌”“五原大捷”等威武雄壮的三大战役，打得日伪军不敢再窜扰绥西，直至抗战结束。更为可贵的是傅作义和八路军建立了较为密切的统战关系，以致阎锡山惊呼：“傅宜生（傅作义的字）把部队带赤化了。”蒋介石方面人员也指责说：“三十五军（傅的嫡系）成了七路半了。”

抗战胜利前夕，傅作义正担任第十二战区司令长官。他过去的顶头上司阎锡山其时任军事委员会副委员长。傅作义一向对阎锡山不满，但又无可奈何。

一天，段仲宇得悉，蒋介石批给傅作义的那批武器弹药，被阎锡山“雁过拔毛”，扣去了一半。傅作义只到手一半。

过了几天，段仲宇又收到傅作义发给侍从室转报蒋介石的一份回电，却说武器弹药已“如数收到”。

段仲宇回家时又和大哥伯宇谈到了此事。

伯宇说：“我在太原待过三年多，因开办书店出售进步书籍曾受到阎锡山通缉。山西人民对阎锡山这位‘土皇帝’的残酷压榨恨之入骨。对他两面三刀，看风使舵，大搞封建割据，疯狂搜刮中饱私囊的恶劣行径，人人唾骂。山西有个叫刘师亮的，对阎锡山巧立名目收取苛捐杂税十分反感，曾写了一副对联进行讽刺，上联是‘自古未闻粪有税’，下联是‘而今只有屁无捐’。像阎锡山这样的军阀，岂能长久得了？！”

段仲宇认为大哥对蒋介石、阎锡山的看法入木三分，而自己过去对蒋介石是雾中看花，模模糊糊看不真切。进了侍从室，成了“委座”身边的工作人员，看得就比较真切了。他感到这个平日里威风凛凛道貌岸然不可侵犯的“最高领袖”，挂的是羊头，卖的是狗肉；说的是一套，做的是另一套；表面上是一套，背地里又是一套；嘴里高唱“三民主义吾党所宗”，实际上结党营私狼狈为奸；嘴里高唱“民主建国”，暗中诛锄异己不择手段。特别使段仲宇感到愤慨的是，蒋介石和宋美龄竟把大批私人的钱存入美国银行。蒋介石如此，整个国民党上层集团也就争相效尤，相互间尔虞我诈，明争暗斗。而使这群人结合在一起的，则是对权位的贪婪和对人民的巧取豪夺。

段仲宇越想越感到原先对蒋介石、对国民党信仰的幻灭，越想越感到前途的无望。与此同时，他从《新华日报》《大众哲学》等进步书籍报刊上，从大哥段伯宇和郭沫若、王启明等进步人士的言谈中，看到了一种新的希望，一种灿烂的前景。

11. 毛泽东身系天下安危飞抵重庆，蒋介石大出意外，侍从室一片忙乱

1945年8月28日，下午3点多钟。

这一天天气特别好。平日里雾气笼罩的山城重庆，今天阳光灿烂，晴空万里。群山环抱的九龙坡机场上，冠盖云集，站满了国民党军政要员和各方面著名人士以及中外记者。他们之中为首的是国民党政府主席蒋介石的特派代表、侍从室第一处主任周至柔，国民参政会秘书长邵力子、副秘书长雷震，民主同盟主席张澜，还有著名人士沈钧儒、左舜生、章伯钧、陈铭枢、谭平山、黄炎培、郭沫若等人。中共南方局和八路军驻重庆办事处的同志亦早早地来到机场。在场人员都不时翘首仰望湛蓝的天空，等待着一位重要人物的到来。

下午3点45分，一架专机徐徐降落。机舱门打开，机场上爆发出热烈的掌声。此时，一个高大魁伟的身影——毛泽东出现在舷舱门口。他头戴一顶盔式帽子，身着一身灰布做的中山装。在中共中央副主席周恩来陪同下，一边徐徐走下飞机，一边手拿盔式帽频频向欢迎人群招手致意。

毛泽东飞抵重庆的消息不胫而走，各种新闻媒介广为传播，党政军民学等各方面人士奔走相告，有力地揭穿了蒋介石假和平、真内战的阴谋，博得了国内外进步舆论的赞扬。“毛泽东一身系天下之安危”的话，传遍整个山城。

段伯宇、段仲宇兄弟和其父段云峰，那些日子每次闲谈中几乎都要谈到时局，特别要谈及毛泽东到重庆的活动情况及前因后果。

作为蒋介石侍从室的成员，段仲宇虽未直接参与接待毛泽东的工作，但身处要津，难免会从各种渠道中得知常人所不可能知道的一些内部机密。

蒋介石邀请毛泽东到重庆，是别有用心的。按照他的判断，毛泽东是不敢冒险来重庆的。这样他就可以给中共安上“拒绝谈判、蓄意打内战”的罪名。如果毛泽东真的来了，就在谈判中迫使中共交出军队和解放区。还可以利用谈判争取时间，把国军运到前方抢占地盘。

中国共产党和毛泽东通过各种渠道得知了蒋介石的真实意图，开始时故

意示弱，步步退让，有意给蒋介石造成错觉。蒋介石于是在8月20日发表了侍从室第二处主任陈布雷起草的第二封邀请毛泽东赴重庆的电报。这一天也称“哿”日。“哿电”称：“大战方告终结，内争不容再有。深望足下体念国家之艰危，悯怀人民之疾苦，共同勠力，从事建设。如何以建国之功收抗战之果，甚有赖于先生之惠然一行……”

陈布雷原名陈训恩，字彦及，号畏垒，浙江慈溪人。他的胞弟陈训悆，时任国民党《中央日报》总编辑。陈布雷的主要助手陶希圣，时任《中央日报》总主笔。陈、陶二人均住在上清寺侍从室第二处。陈布雷在蒋介石身边主管机要。蒋介石有什么重大意图，陈布雷就向胞弟训悆和陶希圣打招呼。“哿电”发出后，陶希圣说：“我们明知共产党不会来渝谈判，我们要制造空气。”蒋介石邀请毛泽东赴重庆的第三封电报发出后，陈训悆仍说“这是官样文章”。

毛泽东飞抵重庆后，陈训悆惊呼：“共产党这一着出乎我们意外!”侍从室二处主任陈布雷为此制定了《中央日报》的宣传方针：不发社论，不写本报专访，谈判报道要登得少、登得小，版面不要太突出，标题不要太大，尽量缩小此事的影响，不要替共产党制造声势。

侍从室第六组（情报组）组长唐纵，就此向蒋介石提出了五项对策：1.向美国大量接洽飞机船舶；2.于9、10两月之内将预定国军全部输送到京、沪、平、津、东北各要地；3.构成点线，再扩张面；4.在东北筑成两条长城线，一自津沽至平绥包头之线，一自青岛济南至石家庄太原之线，以抑制中共军事之发展；5.研究地方行政战斗体制以抑制其（中共）地下组织。其反动目的是向中共施加军事压力，迫使毛泽东在谈判中就范。

重庆谈判从某种意义上来说，也是国共两党情报系统的一次角逐。以李克农为首的中共情报部门在谈判开始前，就获得了重庆与其派驻延安的国民党特务之间的密电码，从而能够破译其来往的密电。在谈判过程中，中共情报系统又破译了参加谈判的国民党军事委员会政治部部长张治中致西安胡宗南的一份密电，内称：“领袖密示与奸党谈判，乃系窥测其要求与目的，以拖延时间，缓和国际视线，俾国军抓紧时机，迅速收复沦陷区中心城市。待国军控制所有战略地区交通线，将寇军完全受降后，再以有利优越军事形势与奸党作具体谈判。彼如不能在军令政令统一原则下屈服，即以土匪清剿之。”

蒋介石这一整套阴谋诡计，很多是经过侍从室策划并由其下达的。

除了段仲宇所在的侍二组外，还有一个侍三组，属侍一处领导。该组主管蒋介石的警卫工作，设组长一人，警卫人员若干人。组长通常还兼任副侍卫长。西安事变时，副侍卫长兼侍三组组长蒋孝先被兵谏士兵枪杀。1938年王世和接任副侍卫长兼侍三组组长。王世和是黄埔一期生，浙江奉化人，据说和蒋介石有亲戚关系。董必武曾派中共地下工作人员陈梅影打入王世和家做过家庭教师。后来王世和被调走。1944年春由俞济时接任侍卫长之职，侍三组组长为陈善周。

蒋介石的侍卫系统比较庞大又十分精干，由警卫股、特务股和警卫大队三部分组成。警卫股有权安排内外勤人员，调动包括部队、警察和宪兵担任警卫工作。特务股根据警卫计划，和驻军及特务机构一起采取一切侦察防护等措施。警卫大队有几个步兵连和骑兵连、机炮连等，还有一个精干的卫士队。总之，蒋介石的安全警卫工作十分严密，可说是滴水不漏。

段仲宇对这些情况长期耳濡目染，颇知其内情。正因为这样，他和大哥对毛泽东到重庆后的安全警卫工作更加关心。是啊，中国共产党的领袖来到了特务如麻的虎穴狼窝，安全有绝对保障吗?

大智大勇的毛泽东对自己赴重庆的安全问题有清醒的估计。临离开延安前，他对几位军事将领说：“同志们担心我去谈判的安全。蒋介石这个人我们是了解的。你们在前方打得好，我就安全一些；打得不好，我就危险一些……”他还说：“由于有我们的力量、全国的人心、蒋介石自己的困难、外国的干涉四个条件，这次去是可以解决一些问题的。”他设想了准备作出的让步，并说：“如果这样还不行，那么城下就不盟，准备坐班房。我们党的历史上除何鸣危险外，还没有随便缴枪的事，所以决不怕。”

周恩来对毛泽东的安全倾注了巨大的精力，作出了周到的安排。

但是，令许多人感到意外的是，蒋介石竟派深为信任的周天声去负责毛泽东的安全警卫工作。周天声毕业于黄埔军校，曾任蒋介石侍卫副官。他的叔父名叫周日宣，奉化城里人，比蒋介石年长6岁，两人结拜为兄弟。通过周日宣，蒋介石在日本结识了陈其美并加入了同盟会。蒋介石派周天声负责毛泽东的安全，表明了他对此问题的重视。

毛泽东一度住在张治中的官邸桂园。蒋介石指定宪兵司令张镇派出一个警卫班负责毛泽东的安全。但这个警卫班经过了精心伪装，所有官兵都由宪兵司令部情报处情报科直接领导。上士班长张宝明（后李介新）、上等兵罗伟都是特高组中尉组员，上等兵贺钰容是少尉组员，炊事兵张靖国是准尉组员，其他上等兵六人均为特高组军士。并规定：不管哪一派、哪一“统”（指“军统”“中统”）的特字号人物都不许接近毛泽东；每天的“情报日报”填写要力求准确，窃听应不着痕迹，尤其要使共产党看不出这个班是些什么样的人组成。显然，蒋介石这样做，一是借安全警卫之名，将毛泽东与广大民众和爱国进步人士隔离开来，使之不能接触；二是暗中监视并及时掌握毛泽东和中共方面的活动情况；三是保证毛泽东的安全。因为蒋介石当时为了在国内和国际上树立他个人的良好形象，确实也是不愿意毛泽东在重庆出事的。

段氏兄弟当时一直为毛泽东的安全而忧心忡忡。这种良好的心愿反映了广大共产党员和爱国的国民党军政人员对人民领袖的爱戴之情。这也表明段仲宇此时的感情天平已进一步倾向中国共产党了。

一天，段仲宇在作战参谋汪锡钧的桌子上看到了一份《剿匪手本》，64开小册子，薄薄的，封面上这四个字还是蒋介石亲笔所写。这是一个非常重要的政治信号，最清楚不过地表明蒋介石邀请毛泽东到重庆谈判完全是一种阴谋手腕。尽管他口头也承认中共是一个合法政党，实际上仍视之为“匪”，必欲“剿灭”而后快。段仲宇回到家中把这个情况告诉了段伯宇。伯宇立即敏锐地意识到这是一份重要的情报，必须尽快报告党组织。

可是，与段伯宇单线联系的周怡一直没有音信。出于地下工作纪律，他没有和其他人发生过联系。王启明此时已离开重庆去昆明陆军总部任少将高级参谋。段伯宇想通过他找到三十二军地下党负责人王兴纲亦无法如愿。段伯宇还悄悄到八路军办事处去过多次，均无法接近。重要情报送不出去，多令人心焦啊！

东方不亮西方亮。中共的情报系统终于搞到了蒋介石10月19日发给胡宗南的一份密电。电文不长，照录于下：

酉佳一元勇电计达。查抗战胜利，日寇投降，至应和平建设，以完成抗建之大业。乃奸匪竟乘机占领城市，破坏交通，企图破坏统一，以遂其割据之阴谋。若不速予剿灭，不仅八年抗战全功尽失，且必后患无穷，使中华民族永无复兴之望，我辈将何以对死难之同胞，更何以对阵亡之将士？贵长官所部自抗战以还，迭著勋劳，党国倚为干城，中正尤寄厚望。此次剿匪为人民祸福之所关，建国成败之所系，务本以往作战精神，遵照中正所订《剿匪手本》，鼓励所部努力进剿，迅速达成任务者必膺懋赏；其迟疑贻误者当执法处置。希转饬所属剿匪部队一体恪遵，为要。

蒋介石的来往密电，大都通过侍从室第一处、第二处，也有从侍从室机要组或军委会机要组直接送给蒋的。侍从室机要组组长叫毛庆祥，其时40岁左右，荐任级，浙江奉化人。机要组也住在上清寺德安里，但与段仲宇所在的侍二组隔了一道墙。在段仲宇的印象中，毛庆祥中等偏高的个子，不胖也不瘦，一副典型的“绍兴师爷”样子，城府很深，不苟言笑，见了面只是点点头，很少主动与人说话。段仲宇知道他的身份和工作性质，所以也不主动和他搭讪。

机要组里有个河北人，叫赵寿亭。他乡遇故知，段仲宇在重庆碰上河北人，彼此都感到很亲近。段仲宇和他一块玩，一块吃饭，很是投机。但一涉及电报机密，赵寿亭就避而不谈了。段仲宇后来听说赵寿亭到台湾后仍为近侍，官位简任。至于毛庆祥，去台湾后的情况，段就不清楚了。

毛泽东在重庆共待了43天，于10月11日飞返延安。段仲宇在侍从室里的所见所闻，使他进一步看清了蒋介石两面派的本质。你看他给毛泽东的三封电报，说得多么动听，什么“不胜迫切悬盼之至”呀，什么“有赖于先生之惠然一行，共定大计”呀，什么“吾人应本革命者精诚坦白之精神与态度”呀，等等，真是说的比唱的还好听。然而，在背地里，蒋介石亲笔题写书名的《剿匪手本》秘密下发，要各地积极准备对“奸党”“奸匪”实施“进剿”。相反，对背叛民族、出卖良心、为虎作伥的伪军，则下令广予收编，授予“国军”番号，命令其进攻浴血抗战的八路军、新四军……这一桩桩一件件极不公道、极不正派的事实，使段仲宇对蒋介石这尊偶像的最后一点好感，也灰飞烟灭了。

在那段时间里，段仲宇思想上很压抑，很苦闷，也很矛盾。生活在侍从室这样一个环境中，他的真实思想不能有任何流露，他必须“伪装”得很正统，对蒋介石和“党国”很忠诚，对共产党和毛泽东虽然做不到像多数人那样公开谩骂、公开反对，但也不能表露出任何同情支持的言行。这种处境使他这个一贯表里如一的正直人深感压抑和苦闷，只能回到家里后向父亲和大哥一吐为快。

这段时间，侍从室正在进行整编，人事上陆续有所调整。他熟悉的老长官钱大钧调走了，出任上海市市长。段仲宇一方面对蒋介石失去了信心，但尚未下定最后决裂的决心。迫于生计，他还一时离不开国民党这个营垒。

经过反复的考虑，并征得父亲和大哥的赞同，段仲宇决心离开侍从室另谋出路。于是，他以没有当过团长为由，向侍从室第一处副主任俞济时作了报告。按当时国民党惯例，上校要再提升，就必须当过团长，才有可能进入“将军”的高位。俞济时表现出一副很理解、很关心的模样，问段：“想到哪里去？”段说：“我学的是炮兵，当过炮兵连长，我想到炮兵团去。”

过了不久，段仲宇的要求被批准了。

当最后离开上清寺德安里之时，段仲宇凝望着侍从室的青砖粉墙，回忆在这里度过的一年多难忘岁月，心中充满着复杂的感情。他为自己能在当时中国最高、最机密、最难进入的“内廷”工作过而感到几分自豪；为能圆满地完成上峰赋予的各项任务并不时受到称赞而感到几分自慰；为能在这里结识许多富有个性的人物而感到几分欣然；而更重要的是，他从这里开始认识到蒋介石和国民党政权的真实面目，完成了从相信蒋介石到相信马克思和毛泽东的初步思想转变。

侍从室竟会成为段仲宇思想转变的“摇篮”，这件事具有深刻的涵义，它又一次表明：从敌人“心脏”里杀出来的勇士，最能致敌于死命……

12. 蒋介石在陆军大学毕业典礼上破例召见，段伯宇如愿以偿实现了周恩来的嘱咐

抗日战争胜利后，蒋介石对他的办事机构进行了重大调整和改组，于1945年9月30日正式下令撤销了侍从室，在国民政府设文官处和参军处。文官处之下设政务局，统一掌管原侍从室二处的业务；参军处之下设军务局，统一掌管原侍从室一处和侍卫长的业务。

蒋介石侍从室从此寿终正寝，成了一个历史名词。但是，名称没有了，原侍从室掌管的那一整套工作并没有中断，充其量不过换了块牌子，侍一处成了军务局，侍二处成了政务局，换汤不换药。

当然，人事上作了不少调整。侍一处主任钱大钧调往上海荣任市长之职，负责接收日军和汪伪政权留下的偌大家当。曾任第六战区司令长官、军委会办公厅主任的商震，调来担任国民政府参军长，军务局长则由原侍卫长兼侍一处副主任俞济时担任。原侍六组组长唐纵任少将衔中将待遇参军，执行军务局副局长的任务，仍负责军事情报工作。副局长毛锦彪负责大部分原来侍二组的业务。

原侍二处主任陈布雷，该处撤销后就自动去职，专任国防最高委员会副秘书长。但人们仍一直尊称他为“陈主任”，直到他1948年自杀身亡。至于侍二处的工作划归文官处后，名义上一直由文官长吴鼎昌领导。下辖之政务局，则由局长陈方一把抓。蒋介石常常越过吴鼎昌直接向陈方下达指示。陈方也不大把吴鼎昌放在眼里，只是把吴鼎昌作为对外的一块招牌，遇事常越过吴鼎昌而直接向蒋介石汇报请示。

侍从室的人员和业务调整，并不是一朝一夕就完成的，中间经历了相当一段过渡时期。

段仲宇是1946年初离开侍二组的。临离开前他向俞济时辞行。俞济时对他非常客气，说了许多勉励的话，还问他有什么要求和建议。段仲宇借此机会提出：“我大哥段伯宇在陆军大学特别班第七期学习，即将毕业。他很想到军务局来。依他的学历、学识，均在我之上，由他来接替我的工作是很合适的。

请局长多多关照。”

商震就任参军长后的第三天晚上，就打电话叫段仲宇去见面。钱大钧调上海后，商震就住进了钱大钧原先住过的楼房。段仲宇过去常来此处，熟门熟路。商震对仲宇很客气，说他认识仲宇的父亲和大哥，还讲了伯宇在三十二军工作的一些往事。言辞间颇为怀旧，很眷恋他过去和段家的这段历史情谊。这使仲宇很感动，虽然初次见到官居二级上将的商震，但感情上一下子靠近了，因此也就什么话都敢说。他告诉商震许多侍从室的秘事和办事“规矩”，说了蒋介石和俞济时的关系。商震连连颔首。后来，商震知道许多文件不经过他，都由俞济时直接呈送蒋介石，根本不让他插手，商震十分知趣，也就不多加过问了。

段伯宇从1944年10月考入陆大后，面壁两年半，卧薪尝胆，孜孜不倦地学习军事理论和业务技术，使自己从一个医生、文职人员，变成了一个够格的高级军官；而更主要的是，他为自己挣得了一个高档次的、正规的军事学历，从而为今后更深地长期埋伏在国民党军内部开展党的地下工作，奠定了更坚实的基础；再次，也可说是他梦寐以求的，是为了实现周恩来当面的嘱咐“你要打入到蒋介石那里去”创造了不可或缺的条件，因为，当时要进入侍从室工作，陆军大学毕业几乎是必须具备的条件。

当时的政治形势是，国共两党签订了“双十协定”和“停战协议”，一度十分激烈的内战已经宣告停止；由国民党、共产党、民主同盟、青年党和无党派民主人士共38人参加的政治协商会议已在重庆召开，会议通过了“和平建国纲领”，确定了和平、民主、团结的方针，并确定政治民主化、军队国家化和党派的平等合法是达到和平建国的必然途径。但是，国民党内的顽固分子极力破坏政协决议，在重庆制造了沧白堂事件和校场口惨案，五六百名特务公然打伤郭沫若、李公朴、施复亮、章乃器等60余人，捣毁新华日报社和民主同盟机关报《民主报》营业部……这一系列重大政治事件深深地震动了段氏兄弟，他们经常议论时局，议论中国的前途和命运。

处于陆军大学毕业前夕的段伯宇，还不断思考着自己毕业后的工作去向问题。这时，他和党组织失掉联系已很久了。自从周怡离开重庆后，他一直得不到其信息，也一直没有等到新的人员来与他接关系。按当时地下斗争的状况，他无法在茫茫人海中，在极其险恶的政治环境中，找到深深地隐蔽在地下的党组织，因而也就无法获得党对他工作去向的指示。

一天，段仲宇问大哥："陆大毕业后你准备干什么？"

伯宇说："我很想到侍从室去工作。如不行，我就回到老家河北一带去工作。那里人地两熟，我们党坚持敌后抗战取得了辉煌战果，创造了一个很好的局面。李宗仁已经到了北平，就任北平行营主任。我到那里去可能会有一席用武之地。"

仲宇摇摇头，说："依我之见，你应该想办法到侍从室去工作，那里有几个优越的条件：一是它乃国民党最高军事政治机关，凌驾于行政院、总参谋部之上，可谓一人之下、众人之上，接触面广；二是它的工作要求高，你可以发挥你的所长，开展各方面的工作。"仲宇并表示，如果你愿意去，他可以向俞济时推荐。俞是蒋介石的亲戚，又是侍卫长，说话是算数的。

段伯宇听从了弟弟的建议，感到正合自己打到蒋介石那里去工作的心愿。于是仲宇正式向俞济时作了推荐。

决定段伯宇后半生命运的这一天，终于到来了。

那是1946年3月10日的上午，在重庆山洞陆军大学内举行了隆重的陆大特别班第七期毕业典礼。蒋介石作为陆军大学校长，亲自出席并主持了毕业典礼。随同他出席的还有一大批高级文武官员，其中有军令部长徐永昌。段伯宇清楚地记得小时候徐永昌常到自己家里来玩。那时徐永昌仅是一个20多岁的陆大第四期学员，如今已是陆军二级上将的高官，威风凛凛地紧靠着蒋介石站在主席台上。

陆军大学没有像样的大礼堂，毕业典礼在大席棚举行。主席台是临时搭的。席棚里站满了人。段伯宇他们毕业班列队站在前排。

蒋介石穿一身特级上将（大元帅）的戎装。徐永昌念完讲话稿后，蒋介石从主席台上走了下来，走到特七期142名毕业学员的队列里，从第一排第一名学员开始，一个一个地往下看。

段伯宇站在第二排。他凝神敛息，规规矩矩地站立着。当蒋介石走到他前面时，他双脚咔嚓一声立正，向蒋敬了个礼。蒋上下打量着段伯宇，边看边点点头。段伯宇心里感到颇为突然和不解，估摸不透蒋点头意味着什么。

看完第二排，蒋介石没有再往下看，返回了主席台。

台上刚宣布毕业典礼结束，忽然段伯宇听到台上有人宣布："段伯宇同学，出列。到台上来!"

第一次宣布时段伯宇未听清。等到第二次宣布时，段伯宇听得真真切切，那是在叫自己的名字，叫自己上台去。慌乱中他连忙迈步出列，用正步走到了队列的前面。

这时众目睽睽，场上的成千双眼睛都注视着段伯宇。

段伯宇心里闪过一个念头：糟糕了!大概我不是军人出身，或者我的地下党员身份被人发现了……他有一种大祸临头的感觉。

主席台上有人向他招招手，仿佛是徐永昌，但他看得不真切。

段伯宇走上主席台后，有人将他领到了后台，并说："校长召见你。"

段伯宇一听，心里很紧张又很激动。他想起弟弟仲宇进侍从室之前，蒋介石曾亲自"召见"过；现在蒋介石"召见"自己，难道是弟弟的推荐就要实现了？

突然，一个亲切的声音在耳畔响起，那是周恩来的谆谆教导："遇事要沉着，冷静!"段伯宇几年来一直牢牢地记着他的指示，每当关键时刻总是以此作为自己处理问题的准则。

现在又到了关键时刻，到了决定段伯宇后半辈子人生道路的十字路口。

想到这里，段伯宇纷乱的思绪很快镇定下来了。他勉励自己必须冷静，沉着，走好这关键性的一步!作为一名中国共产党的地下党员，他必须在反共顽固派头子面前，"伪装"得更巧妙，不露出一丝破绽。这是斗争的需要!

正是为了这个目的，段伯宇在他的毕业论文中，故意大吹特吹，说如果有可能，他可以带领部队，凭他在陆军大学学到的本领，可以把共产党及其部队"驱逐"到蒙古去。

半个世纪后段伯宇和笔者谈到这些情况时，诙谐地笑了起来，说："那是花招，是为了迷惑顽固派，便于在国民党深层更隐蔽地长期埋伏，以待时机。"

让我们把镜头再拉回到1946年3月10日上午的陆军大学毕业典礼主席台。

段伯宇很快被领到蒋介石面前。此时蒋介石正坐在后台休息。他一眼就看到蒋介石面前的小桌子上放着一张纸条，上面写着"段伯宇"三个字，下面还有一些小字，但内容看不清了。

段伯宇两脚咔嚓一声，立正向蒋介石敬了个礼。

蒋介石双眼上下打量着段伯宇，嘴里说：“好!好!”

段伯宇又敬了一个礼。

蒋介石开了腔，问道：“你叫什么名字？”

“段伯宇。”

“你的籍贯是……”

“河北蠡县。”

“你是河北蠡县人？嗯，嗯，你的令尊是……”

“父亲叫段云峰，字巍霄……”

段伯宇还未说完，蒋介石就站了起来，一边嘴里“嗯，嗯”，一边用手指敲敲脑袋，似乎在思索，在脑际深处寻求逝去了的岁月……

俄顷，蒋介石眼睛一闪，脸上露出欣喜的神色，说：“喔，巍霄，段云峰。嗯，嗯，他就是令尊？”

“对。我父亲就是段云峰。”

“令尊早年有没有在保定上过军校？”蒋介石问。

“父亲早年在保定上过北洋速成武备学堂，听父亲说是第四期。”段伯宇回答。

“嗯，嗯……我也上过北洋速成武备学堂，也是第四期的……后来我从保定去了日本。”蒋介石陷入了对往事的回忆。

“令尊现在哪里？”

“保定沦陷后，父亲带我们全家到了重庆。”段伯宇回答。

“好，好!”蒋介石听了似乎感到很满意。又问：“令尊身体怎样？你们家生活可好？”

段伯宇回答说：“父亲身体不错。他在军委会办公厅任高级参谋。我们家住在胡家花园，生活还可以。二弟段仲宇原在侍从室二组工作。他也是陆大毕业，十七期的。”

蒋介石脸上露出赞叹的神情，高兴地说：“你们父子三人都是陆大毕业，难得，难得!好，好!”

蒋介石接着又问：“你在陆大学习怎么样？”

段伯宇心想：蒋介石这是在当面考核我，我必须让他满意，顺利通过这一关。于是把自己在陆大学习的简要情况，特别是毕业论文中“可以带部队和共产党较量较量”等诓骗国民党顽固派的话说了一遍。

蒋介石听了大感满意，连声说了三个“好!好!好!”

这时，军务局长俞济时一直站在蒋介石身旁。他在此以前已经从段仲宇处得知了段伯宇这个名字，知道他愿意到侍从室——军务局来工作。当段仲宇向他推荐时，他就没有表示拒绝。现在他又亲眼目睹了蒋介石对段伯宇的“召见”全过程。当然他早已作了调查，知道段氏兄弟的父亲段云峰早年是蒋介石在保定速成武备学堂第四期的同学，还当过北洋军阀段祺瑞政府的参谋次长，后来又长期在保定军校当教官，桃李遍及国军各部队。有了这多层关系，俞济时对段伯宇早就有了比较好、比较深刻的印象。

看到蒋介石连声说了三个“好”字，按惯例俞济时知道“召见”完毕了，于是对段伯宇说：“你可以回队了。”

段伯宇又以标准的军人姿态，恭恭敬敬地向蒋介石敬礼告辞。

毕业典礼结束后，同学们争相对段伯宇询问“校长召见”的经过。有人尊敬，有人羡慕，也有个别人表现出难以言传的嫉妒。因为在毕业典礼上“校长”指名“召见”一名学生，问了那么多话，这在陆军大学历史上是破例的、绝无仅有的事。

回到家里，段伯宇向父亲和弟弟仲宇讲了蒋介石“召见”的经过。当段云峰听了蒋介石一再询问自己的情况后，说：“那时蒋介石也在保定上北洋速成武备学堂，也是第四期。那时他的名字叫蒋志清。我和他是同期不同班。”

段仲宇很高兴，说：“既然蒋介石亲自召见你，‘相面’相过了，你进侍从室——军务局，就大有希望了。”

当时正处于由侍从室改为军务局的过渡时期。陆军大学属于军令部，毕业生由军令部统一分配。一天，段伯宇去拜访军令部长徐永昌。

徐永昌也算得上中国现代史上的一名风云人物，曾任国民党山西省政府主席、军事委员会办公厅主任、军令部长、国防部长等要职。到台湾后晋升为陆军一级上将。1959年7月12日在台北去世，终年72岁。

徐永昌在北京陆军大学第四期学习期间，和段云峰是同班同学，常到段家走走。段伯宇其时才10岁左右，随父住在陆大宿舍。徐永昌很喜欢这个聪明伶俐的男孩，常带他玩。有时夜深了，徐永昌留宿段家，特别喜欢和伯宇同榻而卧。岁月如流，一晃二三十年过去，如今徐永昌已身居高位，段伯宇也从陆军大学毕业了。徐永昌十分欣喜，他对伯宇说："你们段家从令尊到你，到仲宇，一家出了三个陆军大学毕业生，难得，难得!真是将门出虎子，可喜可贺呀!"

段伯宇谦逊地回答说："这得益于徐老伯的栽培，家父和小侄都十分感谢，永远铭记不忘。"

徐永昌摆摆手，说："不然，不然。这主要靠仲宇，靠你本人悬梁刺股，刻苦学习。功夫不负有志之人嘛!"

徐永昌问段伯宇对今后工作有何想法?段伯宇答："想到军务局去。那是最高的军事政治机关，一人之下，众人之上，接触面广，可以施展个人的抱负，对今后仕途也大有裨益。"

徐永昌颔首表示赞同。

段伯宇说："希望徐老伯能鼎力相助。"

徐永昌沉吟片刻，说了两句话："栽者培之，倾者覆之。"

段伯宇一再表示感谢，但他当时并不理解这两句话的含义，也不知它出自何典，只是从徐永昌慈祥的、满含期望之情的神色上，段伯宇理解了他的一片好意。后来，段伯宇才知道，倾者，有胜过、超越之意。《汉书·田蚡传》上有"欲以倾诸将相"的话。颜师古注曰："倾谓逾越而胜之也。"徐永昌对段云峰这位老同学的后代，既表示愿意培养和提携，又希望其能超越和胜过将相。这番心意着实令段家父子感动不已。

不久后，段伯宇正式接到了要他到军务局报到的通知。

4月初，段伯宇来到上清寺德安里报到。侍从室似乎一切依旧，接待他的是老同事张国疆。前些年在战地党政委员会，晏勋甫要关押审查段伯宇时，亏得同事张国疆从中转圜，使他逃过了那一关。张国疆又是弟弟仲宇陆大十七期的同班同学，两人关系不错，弟弟早已嘱托张国疆"关照"大哥。

张国疆告诉段伯宇，侍从室第六组即将改为军务局第四科，他本人将担任第四科少将高级参谋并兼任科长之职。段伯宇也分配在第四科工作，归他领导。

段伯宇问张国疆："好端端的一个侍从室，为什么要改为军务局和政务局？委座是不是心血来潮？何必来这么一个折腾呀！"

张国疆笑笑，说："段学长，这你就有所不知了。希特勒垮台了，小日本打败了，现在美国人坐了世界第一把交椅。人家山姆大叔手里有钱、有枪、有炮，武器先进，堪称一流。人家美国是民主国家，看不惯中国封建的一套。委座为了要美援，要人家援助，岂能不听人家美国人的？再说，委座为了装装民主的门面，也不得不学学山姆大叔那一套。把侍从室撤销，在国民政府里设置文官处、参军处，把侍一处、侍二处的主任改为文官长、参军长，下面搞什么军务局、政务局，这一套全是美国军事顾问团的建议。可以这么说，侍从室的撤销和改组，是在美国人的支配下进行的。委座也是不得已而为之呀！"

段伯宇听了恍然大悟。"美国军事顾问团也管得太宽了，岂不成了太上皇？"他心里有点愤然。

张国疆似乎不愿多谈，一笑置之，说："眼下国府正在紧张地还都南京，各机关的人员分期分批离开重庆去南京。你就不必上班了，回家安顿一下，等候通知，乘船或乘飞机临行前会告知你。家眷一起走。到了南京后你再正式上班。"

段伯宇满怀喜悦地离开侍从室，沿嘉陵江信步而行。望着滔滔江水，他的心潮也像这江水一样奔腾涌动。是的，弟弟仲宇刚刚离开蒋介石的"内廷"，自己很快又将打入这个核心机密单位；弟弟仅仅是一个追求真理、向往共产主义的进步分子，而自己却是个肩负特殊使命在国民党"心脏"里长期埋伏的共产党员。很快，一场新的战斗就要在"皇帝"身边展开了。

想到这里，段伯宇神色庄严，脚步也迈得更快、更坚定……

13. 漫卷诗书喜欲狂，举家搬到“首都”南京。新来乍到，段伯宇很快在军务局情报科站稳了脚跟

1946年5月5日，国民党政府正式由“陪都”重庆迁回“首都”南京。这是抗战胜利的一个重要标志。为此，蒋介石特意选择了这个“黄道吉日”，非常热闹地庆祝了一番。

军务局和政务局则在此以前，于4月间陆续迁回了南京。

在“还都”的日子里，段伯宇和全家也都沉浸在喜庆抗战胜利的欢乐气氛之中。是啊，八年来，日军疯狂的铁蹄践踏着神州大地，中华民族遭受了多大的牺牲呀!例如段云峰一手创办起来的培德中学，14年的心血，在保定沦陷时却毁于一旦!老人为此而捶胸顿足，悲痛万分。现在好了，小日本乖乖地向我们举手投降了，全中国人民都因此而扬眉吐气，兴奋万分。

整理行装之时，段伯宇常常念起杜甫那首《闻官军收河南河北》的名篇。这是大诗人一生中难得的、少有的一首欢情诗：“剑外忽传收蓟北，初闻涕泪满衣裳。却看妻子愁何在，漫卷诗书喜欲狂。白日放歌须纵酒，青春作伴好还乡。即从巴峡穿巫峡，便下襄阳向洛阳。”

四川剑阁县北有剑门山，“剑外”指的是四川；“蓟”即蓟州，“蓟北”指的是河北。段伯宇此时正在重庆，老家就在河北。杜甫诗中的意境更符合他现在的处境和心情。作为炎黄子孙，段伯宇全家人都为广大国土的光复而“喜欲狂”。他们“白日放歌须纵酒”，夜晚“漫卷诗书”整理行装，做好了前往南京的一切准备。

但是段伯宇也有一件伤心事：他钟爱的妻子郭小乔不久前病故了，留下了三个孩子。小乔是位农村妇女，没有文化，但她孝敬公婆，服侍丈夫，抚育子女，是一位典型的贤妻良母。作为正规大学毕业生和上校军官的段伯宇，并未因妻子没有文化而嫌弃她。夫妻举案齐眉，相敬如宾，被传为美谈。可是她因病而在异地他乡撒手人寰，撇下了丈夫孩子。段伯宇边整理行装边叹息自己形单影只。“却看妻子愁何在”变成了“唯将终夜常开眼，报答平生未展眉”。这使他常常潸然泪下。

段伯宇很快接到了去南京的通知。

当时在重庆有众多的国民党机构，党、政、军、经、财、文、警、宪、特等等，大员云集，名人荟萃。这么多的机构、人员、物资、档案要运往南京真是谈何容易，交通工具的拥挤不难想见。只有少数人能乘上飞机，绝大多数是乘轮船顺流而下。

段伯宇官职不高，区区上校参谋。这种等级的官员多得不可胜数，他认为要乘飞机几乎不可能，全家人做好了乘船的准备。谁知接到的通知是全家人，包括他的父母、三个孩子等均搭乘飞机去南京。这实在是个大福音！乘船要六七天，乘飞机只要几个小时，可以免除途中劳顿之苦，真是大出意外又大喜过望。

看来，还是侍从室这个非同一般的特殊单位，使段伯宇全家能够享受到如此特殊的待遇。

到南京后，段伯宇全家被安顿在军务局租的房子，地点在玄武门附近的马家街。这儿紧靠风景秀丽的玄武湖公园。4月下旬的南京，春光明媚，草长莺飞，桃红柳绿，好一派秀丽的江南景色。段伯宇有暇时也陪父母和孩子到玄武湖公园走走，饱赏湖光山色，沉浸在胜利的欢悦之中。

安顿完家小，段伯宇到军务局报到上班，并参加了庆祝“还都”的许多活动。

军务局的办公地点在南京长江路292号。这儿曾是太平天国的王府、清朝两江总督的总督府、孙中山临时大总统的办公室。北伐胜利后蒋介石的国民政府即设于此。院落很大，朱门朱户，房屋鳞次栉比，气势十分恢宏。“还都”后的国民政府仍设于此。1948年5月28日蒋介石当上了“总统”，这儿就改成了“总统府”。

段伯宇进了国民政府的大门后，顺着青石条砌成的长长通道前行，迎面是一座五开间的大厅。厅正中悬着一块大匾额，上面是孙中山先生亲笔书写的“天下为公”四个大字。再顺着穿堂往北走就到了二厅。东侧是参军长办公室，西侧是大礼堂，是蒋介石接受外国大使呈递国书和召开较大型会议的地方。每星期一上午的纪念周活动亦在此举行。大礼堂旁的一个大房间是参军办公室。这时正逢“还都”大庆，大厅和二厅上的房柱油漆一新，大红宫灯高

南京总统府

挂，古色古香，一派浓郁的欢庆色彩。

穿过二厅，有一幢西式五开间平房，东边是蒋介石的会客室，是他接待外宾之处。有时他也在此休息或批阅文电。平房前有石阶，蒋介石会见外宾或内宾后常在此摄影留念。

大院最后一幢五层楼房，叫“子超楼”，建于1936年。当时国民政府主席林森，字子超，此楼即以他的字命名。蒋介石的办公室，设在“子超楼”二楼东侧朝南的一个大房间里。

段伯宇所在的军务局，设在西花园内，房子很大，敞亮，整洁。局长办公室设于“桐音馆”，平时俞济时局长就在此处理公务。他还兼任蒋介石的侍卫长，负责制订和执行警卫计划，履行保卫“主席”的重要职责。

段伯宇上班后，首先晋见了“顶头上司”张国疆科长。

张国疆当时官阶是少将，辽宁黑山县人。具有中央军校和陆军大学毕业的“双学历”。当过团管区司令、九十七军副参谋长。他中等偏上的个子，高高的颧骨，给人一种东北大汉豪迈爽直的感觉。张国疆向段伯宇介绍了第四科的情况：

南京总统府办公室

第四科是以原侍从室第六组（情报组）为基础组成的，分管国际、国内的情报业务。还有个第五科，分管中共的情报业务和军法案件的审核；第六科分管军统局的情报业务。第四、第五、第六这三个科对外对内都是秘密的。

第四科的编制有高级参谋、参谋、专员、秘书、副官、科员等。张国疆是高级参谋兼科长，段伯宇是参谋，官阶上校。不到一年，段伯宇就晋升为少将高级参谋。张国疆调走后，他接任科长之职。

段伯宇后来还陆续了解到，原侍从室主管的军事部分，都划到了军务局。该局的第一、第二、第三科，就是以原侍从室第二组为基础组成的（仲宇原先就在侍二组工作）。第一科分管部队的编制、装备、人事、兵役、训练等业务的审核；第二科分管计划、作战及作战情报方面的审核；第三科分管国防、补给、后勤、交通、外事方面的研究和审核。

军务局下辖还有一个办公室，分管文书、人事、总务、供给等工作。各科整理的呈送蒋介石的文电，除个别情况外统由办公室汇集后，送侍从秘书周鸿涛转呈蒋介石本人。

军务局除局长俞济时外，还有副局长赵桂森。不久后赵桂森调走，由毛景彪继任副局长。赵、毛都分管第一、第二、第三科的工作。还有一个副局长叫贺楚强，分管第四、第五、第六科的工作。

段伯宇还了解到，俞济时和毛景彪都是浙江奉化人；俞还是蒋介石的亲戚。这使他强烈地感觉到蒋介石的用人路线是典型的任人唯亲，极不公道。

段伯宇上班后的第一件大事，就是由张国疆带着晋见了军务局长俞济时，地点就在大院内的桐音馆。

俞济时这一年42岁，佩戴着威风凛凛的中将军衔。他客气地接见了段伯宇，和段伯宇亲切地握手问好。

俞济时字良桢，1904年生于奉化。他19岁那年到族叔俞飞鹏任县长的福建省浦城县谋生，在县政府当庶务。1924年，俞飞鹏到了广东，任黄埔军校军需部副主任。俞济时也到广州进入黄埔军校第一期学习，同年底毕业，在军校教导团当排长，参加了第一次和第二次东征，1926年升任总司令部警卫团营长，次年又升为第一师四团团长、警卫团团长，1928年升任第九师二十五旅副旅长，1930年又升任国民政府警卫旅旅长兼任中央宪兵司令，翌年升任警卫师副师长、警卫军第二师师长，1932年1月任陆军八十八师师长，1932年初参加了著名的淞沪抗战，1933年2月任浙江省保安处处长兼浙赣皖边区"剿匪"司令，参加"围剿"工农红军，1934年任第五十八师师长，1936年晋升为中将，1937年就任第七十四军军长，率部参加了淞沪抗战和南京保卫战，1938年又率部参加了武汉会战，尔后历任第十集团军副总司令、第二十集团军总司令、第十九集团军副总司令、第五军军长、第八十六军军长等重要军职，参加了南昌会战和第一次长沙会战，1942年被调到蒋介石身边任侍卫长。后来又到陆军大学将官班学习过。段伯宇出于党的地下工作者的职业需要，对"顶头上司"俞济时的历史事先进行过了解和研究，以便见面时恰当应付，不打无准备之仗。

俞济时果然是带兵官作风，谈话简洁、质朴，不哼哼哈哈。他简单地问了段伯宇家眷安顿好没有，生活上还有什么困难，然后就进入正题，讲了军务局的任务，对工作的要求，希望段伯宇好好工作，出色完成各项任务。至于段伯宇过去的经历、陆军大学的学习情况以及各种社会关系等，俞济时压根儿只字未提。蒋介石在陆军大学毕业典礼上召见段伯宇时，俞济时就站在蒋的身边。看来他对段早已作过深入考察，了然于心了。

段伯宇打入军务局的关键性一仗，未露丝毫破绽，顺利过关。段伯宇认为俞济时对自己的印象还不错。他暗暗庆幸自己“乔装打扮”的成功。别看你俞济时带兵打仗20年，又专门负责蒋介石的贴身侍卫工作，可是对打入到你们核心机密单位来的中共地下党员，却让他如此顺当、如此轻易地“混”了进来。段伯宇从心底里嘲笑对手的愚笨和低能。

随后，段伯宇又到第二科拜会了少将高级参谋杨振兴，请他多多照顾。

杨振兴别名克强，是河北蠡县人，和段伯宇是河北籍同乡。他毕业于陆军大学十三期和兵学研究院，后任陆大教官及班主任，为人富有正义感和爱国心，对日寇不共戴天，对一切卖国投降行为切齿痛恨，在陆军大学是众所公认的爱国将领。他对段伯宇到军务局来工作表现得十分高兴，热情接待，说了许多勉励的话。

在“还都”前后的一段时间内，蒋介石秉承其美国主子的建议，对国民党庞大的军事机器进行了调整和改组，于1946年5月30日下令裁撤军事委员会和军政部、军令部、陆军总部，在行政院之下增设国防部，掌管军政、军令事项；在参谋总长下设陆军总司令部、海军总司令部、空军总司令部、联合后勤总司令部。6月1日白崇禧出任国防部长，陈诚出任参谋总长。蒋介石还任命了一批国防部次长、参谋次长和陆、海、空军及联勤总司令部的总司令和副总司令。众多亲信加官晋爵，沐猴而冠。

蒋介石对这个庞大的军事机器，常常运用他一以贯之的独裁统治作风和在侍从室时期的惯例，通过军务局对其进行调遣和指挥。段伯宇很快就体会到，军务局的规模虽然不大，但人员精干，业务集中，是凌驾于国民政府各部门之上的一个军事机要部门，名副其实是“一人之下，众人之上”，因而是开展党的地下工作的一个十分有利的机构。他更加深刻地体会到周恩来向自己面嘱的“打入到蒋介石那里去”的指示，真是高屋建瓴，深谋远虑，非一般人所能及。

紧挨着军务局办公室的，还有一个政务局，它是以原侍从室第二处、第三处为基础而组成的。政务局下辖三个科，其业务包括了原侍四组（政治）、侍五组（外交）和侍六组的一部分（“中统局”的情报业务）。政务局局长陈方，字芷町，江西石城人，1897年出生。20世纪30年代初期他就在南昌行营、武昌行营当过蒋介石的秘书，深受蒋的赏识和信用。政务局名义上属国民政府文官处，但实际上它常常凌驾于行政院之上，是蒋调遣和控制行政院的一个御用机构。

蒋介石改组其军事机器的一个主要目的，是为了发动全国性的内战。

本来，抗战胜利以后，全国人民最大的愿望是医治战争创伤，休养生息，重建家园。但是，蒋介石却一意孤行，甘冒天下之大不韪，执意要发动反共反人民的内战，以达到其一手独霸神州的目的。就在蒋政府“还都”南京之际，东北战场上烽火连天，国民党军大打出手，相继占领沈阳、锦州、抚顺、辽阳等地；在中原地区调集大批部队准备“围歼”李先念所部。据新华社5月7日公布的数字，自1月10日停战协定生效至5月初为止，国民党正规军35个军、99个师，共约100万人，进行了违背停战协定的非法调动。它表明蒋介石已经基本上完成了全国性内战的准备工作。“山雨欲来风满楼”。小打、中打天天在进行，大打已箭在弦上，一触即发。

段伯宇抓紧时间巧妙地完成了进入军务局的必不可少的繁文缛节，很快在蒋介石新组建的御用机构——军务局站稳了脚跟，并且被分配到一个最核心的单位——第四科从事军事情报工作。这个岗位为他开展新的斗争提供了一个广阔的活动舞台。

14. 军务局距梅园新村中共代表团仅百步之遥，段伯宇却不得其门而入，还差一点被特务抓住

段伯宇顺利打入军务局以后，摆在他面前的当务之急是必须尽快恢复与党组织的联系。

这时，周恩来、董必武等领导人已率中共代表团从重庆来到南京，就住在和军务局办公地点相距只有二三百米的梅园新村——如今这里已成为中国革命的“圣地”之一，每年都有几十万甚至上百万人到这里瞻仰；许多人同时也游览附近的“中华民国总统府”，想看看半个世纪前蒋介石作威作福之处。

段伯宇心想，要直接和周恩来副主席见面难度很大，容易暴露。唯一的办法还是找周恩来的秘书周怡，至少要打听到周怡的下落。

段伯宇从报纸上了解到，中共代表团住在梅园新村17号，周恩来住在30号。他从小在北方长大，生平第一次到南京，对这个城市的一切都感到很陌生，道路不熟，语言不通，于是找来一张南京地图。一查，不禁大喜过望，原来梅园新村就在长江路东端，距国民政府大院只有二三百米，走路几分钟就到了。

继而一想，段伯宇感到事情并不那么简单。从政治上来说，国共两党是势不两立的敌对双方，何况目前国共两军在东北、华北、中原、华东已兵戎相见，打得不可开交。在此情况下，敌人的特务机关必然加强了对中共代表的监视和控制，公开找上门去一下子就暴露了，必须设法秘密取得联系才行。

为此，段伯宇决定先进行一次实地侦察，然后见机行事。

一天，段伯宇穿上一套崭新的美式军装，佩戴上校军衔，装做散步的模样，出了国民政府大院后信步向东而行。柏油马路很宽敞，很整洁，浓密高大的法国梧桐整齐地排列在马路两旁，浓荫蔽日，很是凉爽。走不多远向北转弯，就是梅园街道了。其实这是一条很狭窄的小马路，两旁开着一家接一家的小店铺，间或有若干幢两层小楼，其中有几幢就是中共代表团的驻地。

当段伯宇正在留意观察中共代表团驻地的坐落方向、门口的特点、房子的形状，以及附近街坊的情况时，凭他多年地下工作的经验，感到苗头不对，

已经有人紧紧地“盯”住了他。

原来，国民党特务机关在中共代表团未搬入前，就在暗中做了大量手脚，在代表团周围有意布置了四所楼房，居高临下，从上下左右四面八方监视着来往进出的人员。在南口右侧摆了一个香烟摊，派一个职业特务假装卖香烟的，严密控制着路口。“中统”派出的刑警总队多达100余人，每天从早上6点到晚上11点轮流值班。“军统”派出的军用吉普，“中统”派出的大小汽车，宪兵司令部派出的红色吉普车，还有摩托车、自行车等，就停放在附近的街头巷尾，一有“情况”马上盯梢、抓人。特务还化装成小摊贩、擦皮鞋的、修自行车的、蹬三轮车的、算命卜卦的，在中共代表团驻地附近日夜巡逻，严密监视。谁要是和中共代表团接触，他们会立即对你下手，像老鹰抓小鸡似的将你抓走。

但是，段伯宇凭着他的一身“老虎皮”作掩护，装做若无其事的样子，这一次总算安然脱离了险境。

后来他又几经努力，但始终难越雷池，无法靠近中共代表团的驻地，当然更无法见到他日夜渴望再度见到的周恩来和周怡同志。

有一天，段伯宇下了最大的决心，一定要设法闯进中共代表团办事处。为此他作了精心准备，想好了应付特务盘诘的对策，故意选择了临近吃晚饭夜色渐暗特务疏于防范的时机。然而，当他走近中共代表团驻地时，几个彪形大汉凶神恶煞般地向他逼了上来……

正在千钧一发之际，段伯宇情急生智。他想到杨振兴将军的住宅就在梅园新村的东侧，连忙装做找错了门牌的模样，踅来踅去地找到了杨家，敲响了门。直到杨振兴打开了门热情招呼他进去，跟踪的特务大概看到开门的是一位国民党现役将军，才吹着口哨悻悻离去。

杨振兴招待段伯宇吃了晚饭。两人谈到时局时，杨振兴表示了坚决反对打内战的态度。他说，为了反对日军的侵略，哪怕打到只剩下了一个人也要打到底；但是，都为中国人，兄弟阋于墙，这个仗就不能再打了。段伯宇从这位军务局少将高参的身上，看到了国民党军上层的军心所向，看到了蒋介石的内战政策已不得军心、民心。

段伯宇则向杨振兴讲了河北这些年战乱频仍，民生凋敝，人民盼望抗战胜利如久旱之望云霓；如今抗战胜利了，老百姓都希望好好喘口气，把生产生活安排一下。自己进军务局的目的，也是希望将来有朝一日能回到河北去，为桑梓做一些兴利除弊、造福民众之事，以慰平生。

杨振兴频频颔首，表示赞许。

两人谈到深夜，段伯宇才告辞回家。原先他还想利用夜色沉沉时再进中共代表团之门，可是当他佯装过路人走近梅园新村17号、30号时，看到在昏黄的路灯下仍有一些形迹可疑之人在来回走动。他断定那就是夤夜监视中共代表团的特务，故而不得不放弃了自己的打算。

段伯宇虽然庆幸自己未落入特务虎口，但接不上党的组织关系，见不到党的领导人，使他忧心如焚，日夜难安。真是咫尺天涯，情意难通。望夫子之门墙而不可及！奈何，奈何？

段伯宇还多次想找原三十二军地下党负责人王兴纲。可是暗中到处打听，始终未能得到他的半点消息。原来王兴纲行踪飘忽，抗战后期在新四军，后又到了晋冀鲁豫边区，一直从事秘密兵运工作，段伯宇哪能与他取得联系呢。

段伯宇还想找三十二军后来的地下党负责人王启明。可是王启明离开重庆后去了昆明，在中国陆军总部任少将高参。"还都"后原听说要调他到改组后的陆军总司令部人事处任副处长，可是一直与他联系不上。后来听说他被调到河北，出任三十二军参谋长。

王启明是根据党的"抓兵权，待机暴动起义"的指示和形势的需要，有意识地向国防部打报告，要求调到三十二军去当参谋长的。这是他的老部队，仍然埋伏着一批中共地下党员，王启明认为他去了可以有用武之地。果然，他回三十二军后很快团结了一批力量，并与晋冀鲁豫军区取得了秘密联系，于1947年4月2日率特工大队光荣起义。邓小平对王启明在三十二军的地下工作比较满意，后来还任命他当了陈赓第四纵队的副参谋长。

哪里有共产党员，哪里就燃烧着斗争的火焰。即使只有一个人，他也要顽强地战斗。段伯宇就是这样的共产党员。风筝断了线，也要飞向蓝天。找不到党的组织关系，并不能因此而停止战斗。面对新的形势，段伯宇选定了一个新的战场……

15. 段仲宇第二次受到蒋介石单独召见。到武汉“镀金”后又调回国防部第五厅当上了副处长，主管军队院校工作

1946年初的一天，段仲宇接到通知，说“蒋主席”要召见他，地点仍在重庆上清寺德安里。

这是段仲宇第二次受到蒋介石的单独召见。一个普通的上校参谋，竟两度受此“殊荣”，是很不容易、很不简单的。

原来，蒋介石有个不成文的规定，凡是被提升为师长的或独立团团长的，上任前他都要亲自“召见”。其目的据说一是当面再考核一次，二是为了“示恩”，博取好感，使被召见者对他更加感恩戴德，忠心报答，为他效劳、卖命。

段仲宇第一次被召见是考核他能否进侍从室。他顺利过了关。这次是离开侍从室下去当独立团团长。实际上是去“镀金”，为下一步的擢升搭一个梯子，捞一个“当过团长”的名义。因为按照国民党军队的规定，凡晋升师长以上带兵官和晋升为将军的，通常都必须当过团长。

段仲宇进了蒋介石办公室的大门，迎面等着他的依然是侍从秘书周鸿涛。都是侍从室的人，何况段第一次被召见时也是周鸿涛接待的，彼此都是熟人了。周鸿涛很友好地向他点点头，引导他进入了蒋介石的办公室。

蒋介石穿一身军便服，没有佩戴军衔。段仲宇见了他，连忙立正、敬礼，动作标准，完全合乎队列教令的规范。

蒋介石点点头，口中说着“好，好，好！”从神情上看，段仲宇感到蒋介石对自己好像已经认识了，面带微笑，一副满意的表情。

见蒋介石没有要说话的样子，段仲宇牢牢地记着周鸿涛的嘱咐，“看到委座点头了，你就告辞”，于是他向蒋介石又敬了一个礼，表示告别。

蒋介石又点点头，嘴里“嗯，嗯”了两声。

这次召见，蒋介石虽然一句话没有说，但段仲宇至今仍一直没有忘记。毕竟是当时中国最高领导人对一位上校军官的单独接见。在偌大一个中国，能有这种经历的为数寥寥。

蒋介石在办公室办公

很快，段仲宇就前往华中重镇、九省通衢的武汉就职。一下飞机，炮兵指挥官刘以恒立即带着他驱车直奔武汉行营副主任兼参谋长郭忏的办公室。因为这时第六战区已撤销，司令长官陈诚已高升为参谋总长，郭忏在这里当家。

郭忏是浙江诸暨江东人，是笔者的老乡。他生于1894年，字悔吾，人家尊称他为悔公。毕业于保定军校第六期炮兵科，是段云峰的学生。他对段仲宇很热情很客气，说了其父的许多好话，看得出这位悔公为人谦和耿直，知恩图报。他操着浓重的诸暨口音说："你是炮兵科班出身，又是陆大高材生，区区一个炮兵团岂是你英雄用武之地，也非你久留之所。你先去，好好干，今后有什么事来找我。"

当时，抗战胜利，国民党军也搞"复员"，一下子裁并了许多部队，多出了许多编余军官。作为一个齐装满员炮兵团的团长，有职有权，"油水"也不小，眼红这个职位的大有人在，通过走门子送厚礼谋取这个职位的也不乏其人。段仲宇新来乍到，为了站住脚，他和炮兵指挥官刘以恒虽是陆大同学，也得按照当时国民党上下级相处的常规，对他更为尊重，并按照他的指点，向有关各方“打点打点”——这是国民党官场的流行语，即送礼之谓也。

段仲宇洁身自好，廉洁自律，不贪污，不喝兵血，不贪污“马干”——炮兵部队里骡马和车辆的给养。他尽力做到“出污泥而不染”。打点的钱从哪里来？个人腰包里掏不出，只能从团的经费里抠。毕竟是在“污泥”里滚，在那样龌龊的官场里混，不“打点打点”，是不行的。做官也难哪！

郭忏很快又擢升了，新职位是常务参谋次长。国防部长是白崇禧，是桂系第二把手。历来桂系和蒋介石分分合合，一忽儿反蒋，一忽儿拥蒋。骨子里蒋桂之间是同床异梦，貌合神离。蒋介石虽然让白崇禧出任国防部长，但并不想让他真正执掌兵权，而是任命心腹陈诚为参谋总长，郭忏为常务参谋次长。在白崇禧身边安上这两颗“钉子”，既是一种掣肘，更是为了架空白崇禧。

大概郭忏对段仲宇的学识、能力印象颇佳，更由于段仲宇在侍从室干过，政治上对“党国”绝对忠诚，因而郭忏走马上任后不久，就把段仲宇从炮兵四团调到国防部五厅第二处任副处长。于是段仲宇又从武汉回到了南京。

国防部五厅第二处办公地点在黄埔路国防部大院东边第三幢房子。五厅厅长先是方天。方天提升为国防部次长后，郭汝瑰继任厅长之职。五厅下辖

段仲宇和原国民党国防部作战厅厅长郭汝瑰（中共地下党员）合影

两个处一个社。第一处主管编制、装备；还有一个《军事杂志》社。

段仲宇当然不可能知道，郭汝瑰是1929年入党的地下党员，在重庆时，董必武当面向他交代任务，要他潜伏在国民党高层。因而郭汝瑰被称为“最大的共谍”。直到新中国成立后若干年，段仲宇才知道了这一切。

段仲宇所在的第二处，主管军队训练和军事院校工作。段仲宇负责院校工作。其职责，一是对从陆军大学到普通军校的驻地范围、组织编制、招生、分配等进行管理；二是对军校的训练方针、训练计划、训练大纲等进行审核。以上工作，下面呈报上来后，经二处审核同意，行文时均以国防部次长、副参谋总长的名义对下批复。

第二处处长名叫谢连品，少将。段仲宇是副处长，军衔仍为上校。但年资已深，已快挨到少将的边沿了，上上下下对此均心照不宣，大家对他都很尊重。

段氏兄弟，这时一个在军务局，一个在国防部，都在国民党政权的高级领导机关，接触面广，信息多，交往的上层人物也多。这种得天独厚的条件，无疑对开展党的地下工作是十分有利的。

在段仲宇调回南京后，玄武湖畔和八宝前街的两处住房显得不太方便了。不久后段家就搬到了离夫子庙不太远的大中桥，租了一处叫“橙园”的房子。段云峰夫妻、仲宇夫妻和大哥伯宇，以及子侄们都合住一处。全家十几口人，互敬互爱，充满着天伦之乐。

段伯宇自妻子郭小乔去世后，给他做媒的不少。他的一位知心好友有个妹妹，名叫严敏如，大学刚毕业。中等个子，身材丰满，圆脸庞，性格娴静，心地善良，典型的知识女性气质。段伯宇和她相识后，经过一段时间接触，双双坠入爱河，喜成伉俪。

但是，沉浸在新婚幸福中的段伯宇，一刻也没有忘记自己作为一个地下共产党员所肩负的神圣使命。是啊，“生命诚可贵，爱情价更高。若为自由故，两者皆可抛”。美满的婚姻，优厚的待遇，炙手可热的权力，这一切段伯宇眼下都有了，他还缺什么呢？如果他意志消沉了，不想革命了，他也可以不再寻找党组织，安于这种荣华富贵的生活。然而他不，段伯宇心中渴望的仍然是寻找到党组织，为人民的自由解放而战斗。

16. 断线风筝也要飞。军务局收集的中共绝密文件，成了段氏兄弟开展地下斗争的“航标”

1946年6月26日，蒋介石悍然撕毁政协决议和停战协定，调集30万大军围攻中原解放区，全国性的反共内战由此爆发。紧接着，又出动30个旅约27万人大举进攻华东解放区，还派8架飞机轰炸了中共中央所在地延安。

装出一副“中立”面孔、在“三人小组”中充当“中间人”的美国，实际上完全站在蒋介石一边。段伯宇从军务局内部了解到，美国动用大批飞机、军舰，日夜不停地将国民党军运送到内战前线，截至1946年6月累计达160万人之多；在军用物资方面，仅1945年11月至12月间，援蒋的军事装备就可武装39个美械师，总计约48亿美元。1946年2月，美国国会通过决议，“赠送”国民党军舰274艘，其中还有巡洋舰、驱逐舰和潜艇。6月，美国又决定为蒋介石建设一支1000架飞机的庞大空军。

数额巨大、源源不断的“美援”，就像给蒋介石注射了一针又一针的“强心剂”，使得本来就狂妄自大的蒋介石变得更加不可一世。他在1946年10月18日南京召开的秘密军事会议上，竟大言不惭地夸口：“五个月之内打垮中共”。他的心腹爱将陈诚在北平召开的记者招待会上也吹嘘说：从军事上对付中共，三个月至五个月内便能解决，任何一线（铁路）均可于两周内打通。

面对着在全国范围熊熊燃烧的内战烽火，段伯宇万分焦虑。党的组织关系接不上，使他在军务局内获得的重要情报送不出去，怎么办？

段伯宇用各种办法想与住在梅园新村的中共代表团取得联系。可是由于内战的爆发，国民党进一步加强了法西斯统治。特务对中共代表团的监视更严，后来竟派出军警宪特公然包围监视，还扬言“如发现共产党员，即作为匪徒间谍治罪”。

段伯宇还暗中设法多方寻找南京地下党组织。那时，党在南京建立了地下市委。市委书记是陈修良，一位年纪不到40岁的巾帼英雄。她是浙江宁波人，1926年3月就加入了共青团，翌年转为共产党员。被党组织派到莫斯科中山大学学习，回国后在上海从事党的地下工作。抗日战争期间撤到解放区，曾任华中局党校党委副书记、华中局机关报《新华日报》总编辑等职。抗战胜利后中共华中分局派她潜入南京。她到南京后，鉴于白色恐怖严重，严格执行隐蔽精干、长期埋伏的斗争方针，把200多名地下党员和党的组织深深地扎入地下。段伯宇要在人海茫茫的偌大一个南京城找到地下党，可谓大海捞针，比登天还难。

正当段伯宇急于寻找党组织而不得其门之时，一个星期天，他在办公室值班，突然发现了一个木匣，打开一看，里面装的竟全是中国共产党的机密文件。这使他大出意外，又惊又喜。

原来，军务局为了搞情报，为了及时研究和掌握我党我军的动向，十分注意从各方面搜集中共中央的文件和毛泽东及其他领导人的报告、讲话。第四科是情报科，收集和保管这些文件是第四科职责范围内的事，由科长张国疆亲自掌管。

段伯宇看到这些文件后，好似久旱逢甘霖。已经好几年没有听到党的声音、看到党的文件了，现在一下子看到了这么多党的机密文件，而且级别很高、密级很高，是他过去从来没有接触过的。真好似黑暗中见到了光明，茫茫大海中见到了闪亮的航标。好在是星期天，除了他值班，办公室里别无他人。他关起门来如饥似渴地一字一句阅读，努力把它的内容牢牢地嵌印在心坎里。

第二天上班后，段伯宇装做漫不经心的样子，向科长张国疆问道："我们办公室里怎么会有共产党的文件？"

张国疆一笑，说："你难道忘了《孙子兵法》上'知己知彼，百战不殆'那句名言了吗？现在和共产党打仗，不了解它，不研究它，怎么能战而胜之？"

段伯宇装做茅塞顿开的样子，连连点头说："是，是，是！"

张国疆拍拍段伯宇的肩膀，笑着说："大哥，你出身书香门第，底子深厚，听说你陆大毕业文凭写的就是怎么战胜中共，好吧，今后这些文件就由你保管吧。"

段伯宇一听，真是求之不得，不禁大喜过望。但他立即告诫自己不能有丝毫流露。于是表态说："请科长放心，我一定保管好。我还要好好研究研究，多想点对付共产党的办法哩！"

理论一经掌握群众，就变成物质力量。段伯宇一直牢记着马克思主义的这个基本原理。他冷静地以文件为指针分析了时局，认为蒋介石悍然撕毁“双十协定”和政协决议、挑起全国性内战后，已完全站到了人民的对立面，成了武装的反革命。眼下斗争的特点就是要以革命的武装来反对、摧毁武装的反革命。党领导的人民解放军正在与国民党军浴血奋战，从1946年6月至1947年2月，仅仅半年时间，就歼灭了国民党的反革命武装力量72万人。段伯宇心想：如果自己能在蒋军内部再开辟一条地下战线，把武装的反革命策反过来，使之变成反对蒋介石的革命武装力量，对党对人民不是大大有利吗！而且，从自己的身份和所处的地位来看，这样做不仅是可能的，而且有利条件还很多，因为自己就是钻到牛魔王肚皮里的孙悟空。

思谋已定，段伯宇开始进行具体筹划。

一个人孤掌难鸣，段伯宇首先想到二弟仲宇。经过多年的启发教育，仲宇的思想观念已经从一个国民党的“标准军人”转变成为积极追求真理、向往共产党的爱国进步军人。他把自己的想法和仲宇说了后，立即得到了仲宇的热烈响应。

段伯宇经过慎重选择，决定把陆大特七期的同学万建蕃、贾亦斌、刘农畯、宋光烈、宋健人、王海峤、董嘉瑞等人作为重点策反的对象，争取和团结他们共同反蒋、反内战。

万建蕃是个老中将，时任南京卫戍副司令。他是江西人，早年留学日本，毕业于陆军士官学校第二十二期。回国后在国民党军中历任南昌行营科长，第十三军参谋处长，第三十一集团军副参谋长、参谋长，第一战区司令部副参谋长等职，还当过军统局干训班副主任。别看他在军统特务系统中混迹过一段时间，但为人却比较正派，富有爱国心，对打内战持反对态度。他的这种思想倾向在国民党军队高级军官中还有一定代表性。例如当过军统第一任局长、蒋介石侍从室第一处主任的贺耀祖，毛泽东到重庆时，他任重庆市长，曾设宴招待过毛泽东。他端着酒杯向毛泽东敬酒致意，说：“抗日战争胜利了，万万不能打内战。如果蒋委员长硬要打共产党，我也要当共产党了。”万建蕃也和贺耀祖一样，反对内战的态度颇为坚定。

贾亦斌时任国防部预备干部局（简称预干局）少将副局长。他又名思齐，

1912年11月生于湖北武昌兴国州（今阳新县），历任连、营、团长，旅参谋主任，师参谋处长，湖北军管区编练处科长（代理处长工作），第七十七师参谋长等职。抗战胜利后不久，他刚从陆军大学特七期毕业。当时他抱定主意："抗日义不容辞，打内战坚决不干"，谢绝了老上司韩浚要他到七十三军当参谋长的邀请，准备留在陆大兵学研究院埋头从事研究工作。段伯宇和他在陆大期间就常常促膝谈心，交谊很深，对他这种反内战的坚定态度十分赞赏。后来贾亦斌考虑到自己正在热心研究"新国防论"和"预备干部制度"，遂应老上司彭位仁的邀请，到国防部青年军复员管理处任第一组组长，负责全国十几万青年军的复员工作及就学、就业工作。尔后这个机构改为国防部预干局，蒋经国任代理局长，保荐贾亦斌任副局长。当时蒋经国向贾亦斌交代说：青年军少校营长以上、政工人员上尉指导员以上的任命，必须得到他本人的同意并由他签署后向国防部上报；各省市及各大学的青年军复员联谊会由他本人直接掌握。除此以外，预干局的所有工作均委托给贾亦斌负责。从此贾亦斌成了"蒋太子"手下的红人。但是，段伯宇深知蒋经国的这位心腹并非见利忘义、追名逐利之徒，他关心国家民族的前途，反对内战的态度一直十分坚定。

刘农畯当时任伞兵三团上校团长。湖南人，不到40岁，血气方刚，爱国心浓烈，对内战持强烈的反对态度。

宋光烈是老西北军，少将，和第十七军官总队总队长王修身关系甚好。他在陆大特七期学习期间，段伯宇和他也很谈得来，对时局许多问题的看法两人颇为一致。

宋健人也是老西北军，少将。当时在南京卫戍总部任高参。

段伯宇去得最多的是万建蕃和贾亦斌的家，有时一两个人，有时三五个人，或联谊，或叙谈，或聚餐，天南海北，各述见闻。而谈得最多的还是时事，是战局，是从前线传来的各种消息，是各人熟悉的国军将领的人生命运。

1946年12月15日至19日，陈毅、粟裕指挥华东部队进行了宿北战役，在江苏宿迁地区一举歼灭国民党整编第六十九师，共2.1万余人，击毙中将师长戴之奇。仅仅半年多之前，戴之奇还和贾亦斌同在"青年军复员管理处"上班，陈诚兼处长，蒋经国、邓文仪、彭位仁是副处长，戴之奇是办公厅主任，贾亦斌是第一组组长。作为同僚天天见面，作为同级干部常在一起开会和研究处理问题。想不到十分精明干练的这位中将师长却已折戟沉沙，埋骨疆场。大家每谈到这里，既为戴之奇扼腕而叹，更增添对内战的反感；都认为正是这场不得人心的反共内战，将戴之奇送上了黄泉路。

1947年2月20日至23日，华东野战军在山东莱芜地区一举歼灭国民党第七十三军、第四十六军和新三十六师等7个师，共5万余人。战役进行过程中，南京的国民党统帅部几乎天天开会研究战局。贾亦斌其时奉蒋经国之命，可以代表蒋经国出席三种情况的绝密高级军事会议：一种是蒋介石亲自主持的“最高作战会议”；一种是国防部长白崇禧主持的“部务会议”；一种是参谋总长陈诚主持的“最高参谋会议”。因此贾亦斌常能获悉最新军事情况。莱芜战役期间，贾亦斌特别关心战局的发展，因为参战的七十三军中将军长韩浚是他的老上级，有提携之恩。不久前韩浚还邀请他到该军当参谋长呢。开始时，贾亦斌听到汇报说国民党军占有优势，可以“聚歼”华东共军于沂蒙山区；很快，前方又传来不利消息，说遭到共军包围夹击；四天后凶讯传来，说韩浚被俘，第四十六军中将军长韩练成下落不明，第七十七师少将师长田君健被击毙，就连前线总指挥、第二绥靖区中将副司令李仙洲也被共产党捉去当了俘虏。贾亦斌亲眼看到参加高级军事会议的国民党大员个个垂头丧气，神色沮丧，认为全副美械装备的五六万大军如此不堪一击，简直不可思议!而贾亦斌对老上级韩浚的个人命运更是牵肠挂肚，不知他被俘后会受到怎样对待?

段伯宇抓住这些事例，根据他看到的中央文件的精神，巧妙而反复地启发、引导大家思考这样一些问题：是谁发动了这场内战？谁是这场内战的罪魁祸首？作为一个有良心的中国人，我们应该怎么办?

形势的发展，迫使着国民党将军们不得不考虑这些问题。以今天的眼光来看，这些问题都是最简单不过的常识性问题，但在当时却是许多人弄不清的政治问题。特别对这些国民党将军来说，如此严峻的问题不仅涉及他们的根本政治立场，而且关系到他们的进退荣辱以至身家性命，要得出正确的答案，难哪!

17. 段伯宇深藏不露，终于坐上了军务局少将情报科长的宝座。中山陵密商起义大计，决心抓实力、抓兵权

斗转星移，时光荏苒，转眼又进入了1948年。这是国共双方军事力量此消彼长关键性的一年，也是段氏兄弟地下工作生涯中至关重要的一年。

段伯宇打入蒋介石的御用机构军务局以后，由于他斗争策略巧妙，加上他处事稳健持重，待人和蔼可亲，因而获得上上下下的好感，工作上受到重用，仕途上步步高升，1947年春被擢升为少将，职务上升任高级参谋兼第四科（情报科）科长。当国民党人事部门下达对段伯宇的任命时，绝不会想到这位新晋升的将军竟会是中共党员；而俞济时也绝对不会想到，他的军务局里最最要害的情报科科长，蒋介石御用军事情报机构的实际负责人，竟然会是中国共产党的地下党员。

这充分表明了段伯宇埋伏的成功。

但是，处在这样一个关键性的岗位上，段伯宇面对的是非常错综复杂的局面。

本来，蒋介石之所以采纳了美军顾问团的建议，撤销了侍从室以及军事委员会、军政部、军令部等机构，建立了国防部、参谋总部和军务局、政务局，其根本目的是为了更好地指挥和控制国民党庞大的军事机器，使它能更有效地运转，以便打赢反共内战。

然而，正如一位哲人所说，世上不如意事常八九。蒋介石改组了他的军事机构，不仅未取得他预想的效果，反而产生了更多的磨擦和矛盾，以致尾大不掉，呼应不灵。段伯宇在这方面的所见所闻和亲身感受就举不胜举了。

例如，蒋介石为了直接掌握和控制各个部队，根据军务局长俞济时的建议，先后派出不少人员，以国民政府或国防部“视察组”“视察官”的名义亲往各地，并规定他们直接向军务局密报，经军务局综合后经过俞济时直接报送蒋介石。但是，这样一来军务局却得罪了国防部和参谋总部。

再如政务局，它把行政院所属十几个单位的业务亲自包揽下来，直接签

报蒋介石审批，再交行政院承办。这使行政院主管及各级领导大为恼火，以致行政院长张群斗胆给蒋介石写了一份报告，要求蒋“请饬主管对于越级呈读之文电，均经交行政院核办，不予呈阅，以节辛劳”。事情闹到这一步，表明其内部矛盾已到了十分尖锐的地步。

在这种微妙复杂的关系面前，段伯宇如临深渊，如履薄冰。他告诫自己每一步都必须十分小心，每个环节都必须加倍谨慎，万一不注意陷了进去，个人损失是小事，影响党交代的长期埋伏、蓄积力量、以待时机任务的完成，就是天大的事情了。

这期间还发生了中国现代史上的一件大事：蒋介石违反全中国人民的意旨，一意孤行，于1948年3月29日悍然召开了所谓“国民大会”，他在会上被选为“总统”，李宗仁被选为“副总统”。于是，设于长江路292号的“国民政府”改称为“总统府”，段伯宇所在的军务局也改称为“总统府参军处军务局”。但一切照旧，只是换了一副招牌而已。

段伯宇每天的工作，是将各地区、各部门、各系统送来的国际国内军事情报进行综合分析后，从中选择最最重要的情报，按惯例每天报送若干件给蒋介石。当然，这不是固定不变的，有时也可以多呈送几件。但也不能太多，以免再被蒋介石斥责，怪下面把他那里当成“垃圾桶”，什么都向他送。

军务局从局长到参谋有几十人之多，政治倾向也不完全一致，但思想进步的毕竟极少，因此段伯宇的一举一动、一言一行都必须十分得体，“伪装”得十分巧妙，不能露出丝毫破绽。他经手的绝密情报数量众多，隐匿不报几乎不可能，那样做太露骨，因而他只能在报送时间上做点“手脚”，例如对我党我军不利的，就拖延一下，晚一点呈报。蒋介石批办的事，对我党我军不利的则借故拖延，晚一点催办。

蒋介石发动反革命内战的第一年，虽然也攻占了延安、张家口、淮阴等一些战略要地，使他狂喜过一阵子，但后来他渐渐明白了那是共产党毛泽东很厉害的一手。共产党“玩”的是“丢包袱”的战略。自己虽然占了不少城市，但等于背上不少“包袱”。而共产党却集中了兵力，使得自己在战争第一年就损失了112万人，97个正规旅被歼灭。仅莱芜一役就损失7个师，6万余人。国防部长白崇禧得到报告说他的外甥海竸强（少将旅长）被俘后，忧心如焚，像伍子胥过昭关，一夜之间，突然老了十岁!紧接着的孟良崮之役张灵甫被击毙，3.2万余人被歼，蒋介石痛心疾首，哀叹这是“党国最可痛心、最可惋惜的一件事”。

段伯宇每每看到这些消息，心中都暗暗欣喜，回到家中悄悄告诉仲宇，两人分享喜悦。

战争进入第二年以后，人民解放军由战略防御转入战略进攻。刘伯承、邓小平亲率10万精锐之师突破黄河天险直插大别山。一时间京师震动，“首都”南京感受到了极大的威胁。陈毅、粟裕的部队又在中原大地纵横驰骋，攻城略地，洛阳、开封先后落入其手。7月间的豫东一役，区寿年兵团灰飞烟灭，全军覆没，9万余人被歼灭……前线传来的一个个不利情报，报告给蒋介石以后，他急得如同热锅上的蚂蚁，一忽儿乘飞机到这里“督战”，一忽儿又乘飞机到那里“视察”，简直成了一个“救火队长”。而住在南京的许多国民党上层人士，“悲观的气氛甚浓，对战争的前途再没有乐观的论调了”。

段伯宇眼看着蒋家王朝走到了覆灭的前夜。

在这些日子里，段伯宇有意识地找陆大同学万建蕃、贾亦斌、刘农畯、宋光烈、宋健人、王海峤、董嘉瑞等人在一起聚餐，聊天。他每次故意讲一些“国军”在前方失利的情况，以此来促进大家的反战情绪。他非常巧妙地把中共中央1947年“双十节”宣言的内容广为传播，说明共产党和解放军的作战目的是“打倒蒋介石，解放全中国”，是为了中国人民和中华民族的解放；还以事实为依据，充分宣传我党我军的八项基本政策，强调我党对蒋介石政府的人员采取分别对待的方针，即：首恶者必办，胁从者不问，立功者受奖。在当时国民党严密控制舆论并对我党百般造谣诬蔑的情况下，能听到这样的声音，对这些国民党将校级军官来说，其心灵上受到的震撼和感召，是非常巨大的。

1948年7月的一天，素有“火炉”之称的南京暑热蒸腾，而前方传来的战况更使将军们感到形势的紧迫。住在南京郊外岔路口的伞兵三团上校团长刘农畯，给大家带来了被称为蒋介石“掌上明珠”的伞兵部队遭受重创的消息。刘农畯说，国民党伞兵司令部下属的伞兵第一团和第二团，配上坦克、炮兵和空军支援，组成第三快速纵队参加刚刚结束的“豫东会战”。结果遭到人民解放军的狠狠打击，基本上全军覆没，两个团长一死一伤，六个营长两个被俘一个负伤，司令部罗副参谋长突围中下落不明。蒋介石被迫将残余伞兵撤回南京补充整训。这些天岔路口伞兵司令部里像开了锅，每天都有第一团和第二团的家属哭哭啼啼来找伞兵司令张绪滋，向他要亲人，要抚恤，闹得不可开交。官兵们也都垂头丧气，厌战反战情绪高涨，就连少将司令张绪滋也说："无论是士气还是民心，这个仗是无论如何也打不下去了。"

段伯宇抓住机会引导大家思考：军心民心如此，我们该怎么办？他还指出：国民党政权的内部也分崩离析，出现了严重的危机。李济深、何香凝、蔡廷锴、蒋光鼐等已经成立了民主促进会；谭平山、柳亚子等组成了三民主义同志会。后来这两个组织又联合组成了国民党革命委员会，形成了人数众多、影响很大的反蒋力量。还有许多进步民主人士在香港召开会议，决定恢复被蒋介石取缔了的民主同盟领导机关，公开发表宣言，主张用革命的方法反对国民党的反动统治。面对这样的形势，就连手无缚鸡之力的文人们也都拍案而起投入了反蒋洪流，我们这些手执武器的军人难道能袖手旁观，毫无作为吗？那样岂不愧对国家民族？

段伯宇依据中共中央文件精神进行的这些宣传鼓动，像滋润的春雨，一点一滴地不断沁入他那些陆大同学的心田。不管是血气方刚、年方30多岁的贾亦斌、刘农畯、王海峤，或是年近半百的万建蕃、宋光烈、宋健人，大家对国事更加痛心疾首，对内战更加深恶痛绝，对蒋介石的不满和反感也与日俱增。

9月下旬，从遥远的东北战场传来信息：人民解放军实行远距离奔袭，置长春、沈阳于不顾，一下子把战略要地锦州团团围住，从而使"国军"陷入了被解放军"关起门来打狗"的窘境。紧接着又传来了济南已被人民解放军攻占的消息。更使这些陆大毕业的将军们震惊的是，他们在重庆陆军大学一起朝夕相处的特七期同学中，史若愚在济南被击毙，张尊光（少将旅长）被俘虏，周力行（少将师长）全师覆没后个人侥幸逃回了南京，孟昭进（少将旅长）则跟随吴化文高举义旗投向了共产党。

还有，他们熟悉的原侍从室第二组组长聂松溪中将，以及抗战中善打硬仗的第二绥靖区中将司令官王耀武，都俯首就擒，成了人民解放军的俘虏，成了蒋介石打内战的牺牲品。

上述人员不同的下场，像一颗颗重磅炸弹，引起了大家的强烈震撼和深思。他们在兔死狐悲、物伤其类的心境中，不得不郑重地考虑自己的前途和命运了。

10月下旬的一天，古城南京已开始进入深秋季节。满街法国梧桐的落叶，在萧瑟的秋风中遍地飞舞，使蒋家王朝的“首都”平添几分肃杀之气。

前方传来的不利消息，使古城人心浮动。加之物价飞涨，米珠薪桂，不仅使广大劳动人民和一般工薪阶层食不果腹，就是身居国民党将军高位的段氏兄弟和贾亦斌等不少陆大毕业生亦为生活所愁。贾亦斌时任国防部预备干部局代理局长，支少将薪。但他每个月的薪饷只够半个月之用，到了下半月就连小菜钱也没有了。没奈何，副官只得在月初发饷时将法币换成香烟等日用品。需用钱时就卖掉换成钱。因为将法币放在手里，半个月后就会一文不值。将军生活尚且如此窘迫，平民百姓生活的困境就不难想象了。

一天，正在军务局上班的段伯宇接到贾亦斌的一个电话，约他到中山陵“玩玩”。国事如斯，哪有什么心情去观赏中山陵的秋色？他知道贾亦斌有话要对自己说。

贾亦斌这一年36岁，是个少壮派，思维敏捷，精明干练，深受蒋经国赏识。但贾亦斌富有正义感和爱国心，不是那种攀龙附凤一心向上爬的政治投机家。蒋介石发动反共内战后，贾亦斌对老蒋已经失望，但对“小蒋”尚抱有希望。这倒不全是因为蒋经国对贾亦斌本人有知遇之恩，而是贾亦斌感到“小蒋”是一个有抱负、有能力的人，为人也比较廉洁。蒋经国曾不止一次对贾亦斌谈到国民党内官僚的贪污腐化、豪门的巧取豪夺，说他们恨不得攫取天下财富于一身。言谈之中蒋经国对这些人流露出深恶痛绝之意。蒋经国对中统、军统的鼠窃狗盗、横行不法也咬牙切齿，非常反感。他认为国民党内部派系林立，互相倾轧，贪污腐败之风愈演愈烈，以致丧失了民心，即使没有共产党，也会有别的什么政党起来反对，也会自我毁灭。这些看法深受贾亦斌的赞同。由此，贾亦斌一度把挽救国民党的希望寄托在蒋经国身上。当时，蒋经国对贾亦斌非常器重，把他和“戡建总队”总队长胡轨并称为自己的左右手。

贾亦斌开车将段伯宇接上后，两人离开军务局驱车直奔中山陵。

中山陵坐落在南京城东郊。巍巍钟山犹如一条巨龙，蜿蜒曲折，气势非凡。难怪三国时的诸葛亮到南京看了后，也发出了“钟山龙盘，石头虎踞，此帝王之宅”的赞叹。

被国民党尊崇为国父的孙中山先生的陵墓，坐落在钟山第二峰小茅峰的南坡，海拔165米。陵墓坐北朝南，依山而筑，前临平川，后拥青峰，布局严整，宏伟磅礴。从起点博爱坊至陵门、碑亭，直到祭道和墓室，平距700米，共有大小10个平台和392级石阶。1929年6月1日孙中山先生安葬于此。

秋风萧瑟，松涛隐隐，没有多少游人。段伯宇和贾亦斌顺着石阶一步一步向上攀登，两人边走边谈。

贾亦斌问段伯宇：“你知道我约你出来干什么？”

沉稳老练的段伯宇还是和以往一样，总是不先说出自己的观点，他笑了笑说：“也知道，也不知道。”

贾亦斌开门见山说：“我刚从上海回来，有很多话想对你说……”

原来，为了挽救国民党行将崩溃的财政经济，蒋介石破釜沉舟，特派“太子”到上海出任经济管制督导员。临行前蒋经国对贾亦斌说：“此次领袖派我去上海负责执行经济管制和推行币制改革、发行金圆券的工作，任务是艰巨的。但我一定要排除任何阻挠，只要是违犯国法者……我都将坚决依法惩办，不徇私情……”但是，后来查获的扬子公司董事长兼总经理孔令侃违法一案，却使蒋经国束手无策，最后“打虎”一事也不得不草草收场。孔令侃何许人也？他的父亲就是前行政院长孔祥熙，母亲是宋美龄的大姐宋霭龄。宋美龄没有生儿育女，把孔令侃视同己出。于是“第一夫人”出面干预。蒋介石“不爱江山爱美人”（傅作义语），要蒋经国就此住手。为此，贾亦斌曾当面责问蒋经国：“你对孔令侃一案究竟办不办？如果不办，那岂不是像报上所说‘只拍苍蝇，不打老虎’了吗？”蒋经国一听，不禁发了火，说：“孔令侃又没有犯法，你叫我怎么办？”贾亦斌也火了，拍案而起，一掌击在桌子上，说：“孔令侃没有犯法，谁犯法？你这个话骗不了上海人民，首先就骗不了我！”

说至此，贾亦斌激动地对段伯宇说：“蒋、宋、孔、陈四大家族掌握了国民党政权，国民党只有走向灭亡。过去我曾寄希望于‘小蒋’，期望他能有所作为，但事实证明他也不能摆脱其父亲和家族的影响，从根本上来说不能不维护他那个家族的利益。事实教育了我，使我对蒋经国的幻想彻底破灭了。”

段伯宇长期在国民党军队里做地下工作，深知许多国民党军官有一种根深蒂固的正统观念。从一般意义上来说有些人的人品并不坏，其中厚道正直、急公好义、爱国爱民的好人亦不乏其人，贾亦斌就是这样的一个正派人。半个世纪后的1997年8月30日，笔者采访段伯宇老人时，他对笔者说：“贾亦斌这个人不一般，出身很苦，又很有才干。他没有上过中学，但很努力，后来考上了陆军大学，真不简单。他很有抱负，我对他印象很好。至于他原先有正统思想，这不足为怪，可以理解。”

段伯宇说贾亦斌没有上过中学，这是记忆有误。贾先在县城中学的初中读了一个学期。由于社会动荡学校停办，他回到乡下。后来父亲又好不容易送他到武昌考入私立荆南中学继续读书。不幸父亲因贫病交迫而去世，家庭生活都难以为继，哪有钱供贾亦斌再上学？无奈之中，只得忍辱向亲戚借钱。但人情冷暖，世态炎凉，贾亦斌勉强支撑了一年，不但缴不出学费，连吃饭的米也没有了。在这样难熬的情况下，他初中没有毕业就考入了国民党第四十八师教导队，开始了军旅生涯。段伯宇是正规大学医学院毕业，而把这个初中文化的知心朋友说成没有上过中学，肯定是记错了。

让我们再回到半个世纪前的中山陵。段伯宇听完贾亦斌对蒋经国认识转变的一席话后心想，亦斌终于摒弃了对蒋经国“感恩图报”的封建忠君思想，从认识误区中勇敢地走了出来。他思想上的这一飞跃非常难能可贵。但转而一想，感到还须再添一把“火”，于是故意问道：“小蒋对你有提携之恩，现在他还是你的顶头上司，你不怕他说你忘恩负义？”

贾亦斌一听，激动地说：“忠于个人是小忠，忠于国家民族才是大忠。如因小忠而弃大忠，就是无原则的‘愚忠’。小忠和大忠不能两全，只能牺牲前者选择后者。国民党执政20余年，腐败已到极点，弄得天怒人怨，为民众所不齿，这都是不争的事实！民心所向就是个人选择的最好指南。我不怕人家说我忘恩负义，决不愿为腐朽的国民党政权去当殉葬品。我已下定决心与蒋经国分道扬镳！”

段伯宇听了贾亦斌这一番发自肺腑的话，心里很高兴。自己这几年的苦口婆心反复诱导，终于从国民党嫡系中争取过来了一名将军，这不仅是个人的工作成果，更是党的感召力的一个胜利。

段伯宇问道："你准备怎么办？"

贾亦斌说："乌龟变黄鳝。我想解甲归田，再也不在小蒋手下当这个副局长了。"

段伯宇摇摇头，说："解甲归田未免太消极了。再说，到处是内战的烽火，你那个老家湖北也不太平，康泽不是被解放军捉去了吗？陶渊明隐居的桃花源是找不到的。再说，为了个人打算，我们固然可以洁身自好，退出政治舞台，但是这样无补于国家民族，不是一个革命军人应走之路！"

贾亦斌点点头说："段学长言之有理。那么依你之见，应该怎么办？"

他们边走边谈，不知不觉已离开中山陵来到了明孝陵。环顾左右，四周静悄悄的一个游人也没有。段伯宇见时机已经成熟，就压低声音说："亦斌，咱们是知心朋友。今天我说的话出了我的口，进了你的耳朵，可不能再从你的嘴巴里出来了。"

贾亦斌连连点头，说："一言为定！你有什么想法尽管直说。"

段伯宇清了清嗓子，一字一句地说："我想去找共产党！"

这句话今天说起来很轻松，可是当时在国民党军队里，这是杀头的罪名！不是肝胆相照的最最知己的朋友，谁敢说这种关系到身家性命的话呀！

贾亦斌一听，不禁哑然失笑。他轻声说："段学长，你这就太见外了！你不就是共产党吗？！"

是的，贾亦斌还有刘农畯等十几个陆大特七期老同学都不是傻瓜。经过多年交往，他们已经敏锐地察觉到段伯宇是"那边"的人。他们暗暗地都把段伯宇当成夜行途中一个指路的人，把段伯宇对时局的分析看作是"那边"传过来的声音。只是由于环境的险恶，段伯宇本人不便明说，大家也就让一层薄薄的窗纸糊着这种对彼此来说都心照不宣的关系。

今天，段伯宇自己用手"捅"破了这层窗纸。但是贾亦斌却认为段伯宇对自己仍不相信，他还在对自己保密。

不过，段伯宇说的却是大实话。因为在重庆与他单线联系的周怡至今杳无音信，而他经过种种努力迄今也未找到党组织。他目前成了一个失掉组织联系的地下共产党员，是断了线的风筝。一般地做些宣传鼓动和个别策反工作，他个人可以得心应手，但如果要有所作为，没有党组织的直接领导怎么行呢!

但是，段伯宇眼下还不打算把这一切都告诉贾亦斌。他避开了这个话题，说：“解甲归田太消极，太可惜。我们还是应该留在国民党内部，你在国防部预干局，我在军务局。光咱们两个人还不行，再把陆大同学组织起来，大家一起干，在牛魔王肚子里来个大闹天宫!你看行不行?”

贾亦斌一拍大腿，坚定地说：“行!这办法行!”继而他满怀期望地说：“段学长，你早就是共产党了。但是你不暴露，你是引而不发。以后，你就可以发展了，可以盘马弯弓引而待发了。”

接着，贾亦斌谈了他前几天去镇江的情况。

镇江其时是江苏省会，省政府和第一绥靖区均驻于此。江苏省政府主席兼第一绥靖区司令官丁治磐是贾亦斌的老上级。丁治磐任四十一师军官团团长时，贾亦斌任该团教官兼第二队上尉队长；丁治磐任四十一师师长时，贾亦斌当过该师补充团团长。贾亦斌到镇江后看望了丁治磐。见面后丁治磐长叹不已，说蒋氏政权已靠不住了。贾亦斌乘机婉言提出忠告，希望丁治磐认清形势，为国家立功。但丁治磐感到事关重大，犹豫不决，只是热情地招待了贾亦斌，对实质性问题却不肯表态。暂编第一军军长董继陶和贾亦斌一起在四十一师当过团长。董继陶手下的师长、旅长中，有几个是贾亦斌在四十一师当团长时的副团长、营长，私交甚笃。他们见了贾亦斌，竟毫不顾忌地谈了对时局的看法，都认为蒋家王朝已摇摇欲坠，维持不了多久，另找出路的想法非常强烈。

段伯宇听了这些情况后，一向老成稳重的他也显得激动起来，说：“太好了!现在的形势对老蒋很不利，就连他自己也不得不承认‘各地遍呈风声鹤唳之象，此诚危急存亡之秋也!’眼看着老蒋把国家搞得乱七八糟，我们这些拿枪杆子的人能忍住气袖手旁观吗?我们爱国家，爱人民，应该把老同学联合起来一起干!”

贾亦斌完全赞同段伯宇这一主张，斩钉截铁地说：“光我们几个人不行，光找杂牌部队也不行，我们必须自己抓实力，抓兵权。有了自己掌握的武装，我们才能有所作为，干出一番事业。”

两人谈兴越来越浓，从明孝陵又折回到中山陵。他们沿着几百级高高的石阶，一步一步登上了孙中山先生的陵墓。段伯宇不由得回想起了1939年在重庆时周恩来副主席对自己说过的话。周恩来要他一定要学习三民主义，学习国民党第一次代表大会宣言，不但要学习，还要运用。孙中山先生倡导的“联俄、联共、扶助农工”三大革命政策，是每一个革命的国民党人应该身体力行的政策。只是由于蒋介石的背叛，才把国民党弄到这个地步。多年来段伯宇牢牢记着周恩来的嘱咐，并以此为武器来启发团结那些正直的国民党军官。今天，他俩默默地站在孙中山先生的墓前，决心以实际行动来告慰这位伟大的革命先行者的在天之灵。

18. 段仲宇第三次受到蒋介石单独召见。驻联合国军事代表团也非世外桃源。段仲宇活动到黄百韬兵团当少将兵站分监原是为了抓兵权，却不料婉遭拒绝

1946年秋的一天，在国防部第五厅第二处任副处长的段仲宇接到通知，说蒋主席要亲自召见他，地点在黄埔路蒋介石的官邸。

这是一年之内“最高领袖”两度单独召见段仲宇。如果加上进侍从室前的那次单独召见，那么这是段仲宇第三次“享受”蒋介石单独召见的“殊荣”了。

这次蒋介石之所以要与段仲宇见面，是因为段仲宇即将前往美国纽约的长岛，到驻联合国安全理事会军事参谋团中国代表团去工作。这是关系到国家形象的一个驻外机构，权不大，但荣誉极高，待遇非常优厚，当然对成员的要求也极高。不仅是“百里挑一”，甚至是几千、几万人中间挑一个。

段仲宇为什么要去？因为他在国防部五厅感到很忧郁，眼看全国性反共内战已经爆发，自己再为国民党政权工作无异于助桀为虐，与人民为敌。大哥段伯宇启发他在国防部内暗中联系一些人，开展反对内战的宣传，他也这样做了，但总感到收效不是很大。思前想后，他决定离开国防部另谋出路。

志向很高、抱负很大的段仲宇，一下子把目标盯到了驻联合国代表团这个高层次的单位。

中国是联合国的发起国之一。早在1945年，联合国第一次大会于4月25日至6月26日在美国旧金山举行。出席大会的有50个国家，代表总数为282名。中国政府派代理行政院长宋子文为首席代表，顾维钧、王宠惠、魏道明、胡适、吴贻芳（女）、李璜、张君劢、董必武、胡霖为代表。各国代表讨论通过并签署了《联合国宪章》。顾维钧代表国民政府签字，董必武代表解放区签字。同年10月24日《联合国宪章》生效，联合国正式成立，参加签字的51个国家即为联合国创始会员国。中国还是安全理事会五个常任理事国之一。

国民党政府于1946年6月1日任命何应钦为驻联合国安理会军事参谋团

中国代表团团长。人员大都已内定，从内部获得消息还剩下两个名额。段伯宇问弟弟：“你有路子吗？我在陆军大学特七期有个同学，叫柳健夫，他在副官局当副局长，是管人事的，我去找他说说。”

柳健夫见段伯宇前来说情，虽然表现得很热情，但又表示爱莫能助，说眼下有好几十人争这两个位置，名单已经报上去了。

段仲宇对自己的竞争能力非常自信，他不死心，还想作最后一搏。他决定去找在武汉时的老上级郭忏。

郭忏这时已升任常务参谋次长，住在傅厚岗附近。一个星期五的晚上，段仲宇摸黑找到了郭公馆，对门卫说：“我是六战区炮四团团长，有要事必须见悔公（郭忏字悔吾）。”

过了一会儿，副官出来告诉段仲宇，说郭次长刚刚打过针，已睡下了，你星期天上午到办公室去找他。

同在黄埔路国防部大院里上班，段仲宇星期天上午很顺利地见到了郭忏。

郭忏操着一口浓重的诸暨口音，问段仲宇有什么事？

段仲宇说：“听说联合国代表团要人，我很想出国去，请悔公能提携一下，玉成此事。”

郭忏沉思了一下，问道：“你外文能行吗？”

段答：“我在驻印军指挥部工作过一年，在史迪威将军手下，天天与美国人相处，外文一般能对付得过去。再说，我上过陆大，读过兵学研究院，还有国外工作的经验。”

郭忏听了很满意地点点头。他随即打开抽屉，从里面取出一大张名单。段仲宇抬眼看到，上面至少有三四十个人的名字和简历。他估计这是准备呈报蒋介石去“核准”的。

郭忏想了一想，提起笔，在名单最后加上了段仲宇的名字。接着，他又取出蓝色铅笔，画了一个很粗的箭头，把段仲宇的名字调到了第一位，并在旁边批了两个字“另缮”。

在侍从室工作过的段仲宇，熟悉呈送蒋介石文电的处理过程。他知道“另缮”二字的分量，知道那要一名录事（缮写员）用蝇头小楷规规矩矩地抄上一两天才能缮写完毕。段仲宇心中充满对郭忏的感激之情。

果然，不久后他接到了蒋介石召见他的通知。

前两次受到蒋介石召见，特别是第一次，段仲宇还有点紧张。这一次他知道是例行公事，无非是“相面”而已。但他还是精心准备了服装，刮了脸，把皮鞋擦得锃亮，仪表堂堂地按规定时间赶到了黄埔路国防部大院。

蒋介石的职务多，因而办公地点也多。其中主要的有两处：一处是长江路292号国民政府大院“子超楼”第二层东南角向南的第三个房间，叫“国民政府主席办公室”；一处是黄埔路国防部大院里的陆海空军最高统帅办公室。

这段时间，蒋介石志得意满，可谓春风得意，似乎整个神州都在按照他的旨意而转动。抗战胜利，他把功劳统统归于自己的“领导有方”，俨然成了“民族英雄”。他把“子超楼”上的办公室装潢得十分气派，大写字台上放着古色古香的文房四宝，名贵的檀木方桌上放着大花瓶，沙发上罩的是金黄色的丝绒，因为黄色几乎是中国历代皇帝的专用色彩，是皇权的象征。不过蒋介石的座椅却不是过去皇帝坐的那种硬邦邦的红木或檀木椅子，那种椅子坐起来不舒适，他坐的是颇具现代色彩的皮转椅。除了办公室外，在这座大院里还有休息室、接待室、会客室等等专用房子供享用。他的御用机构军务局、政务局就在近旁，参军长、文官长以及局长、处长、科长、参谋、秘书等均可

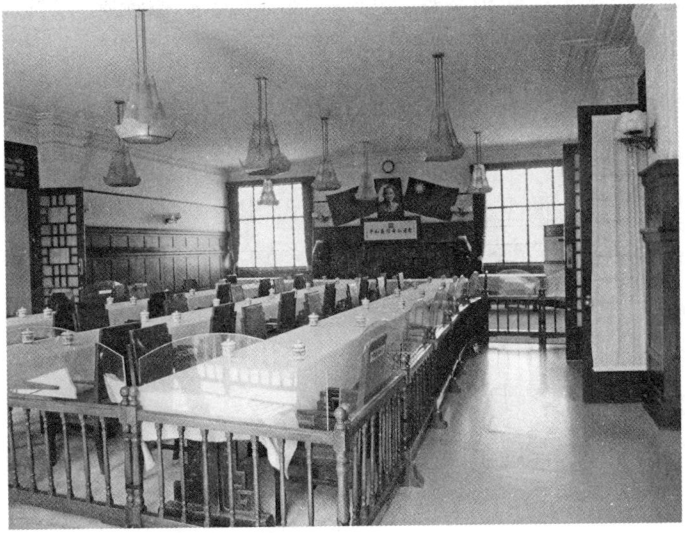

蒋介石总统府办公会议厅

以招之即来，挥之即去，非常方便。

军事委员会的名称和机构虽然刚刚宣布撤销，但人们仍习惯称蒋介石为“委员长”或“委座”。而且他作为国民政府主席兼陆海空军大元帅，名正言顺的是国民党部队的最高统帅，因而他在黄埔路国防部大院内也有一处办公室。据段仲宇告诉笔者，蒋介石就是在这里召见他的。这是段仲宇第三次单独见蒋介石，印象非常深。

当年的这所大院，解放初为华东军政大学所在地，陈毅是校长兼政委；1951年办起了中国人民解放军的最高军事学府——军事学院，刘伯承是院长兼政委。“文化大革命”中，军事院校被认为是“妖、妖、妖”而被“砸烂”（据说当时全军院校正好是111所，也可读为幺、幺、幺），军事学院也未能幸免。1970年，南京军区司令部、政治部机关搬至这所大院办公，直迄于今。

笔者作为南京军区政治部报社的一名工作人员，曾有机会进过当年蒋介石的这个办公地点。这是一幢两层楼房，建筑精巧，设计别具匠心。每个房间都有两道以上房门，房套房，门套门，主人熟门熟路，生人会晕头转向，不知就里，仿佛进入了《水浒传》里描绘的祝家庄的盘陀路。楼下的每个房间，都有一道门或两道门直通院子。据说这样设计好处之一可以防备刺客，亦可掩饰某些“隐私”云云。

庭院深深，院子里松柏常青，杂花生树，环境非常幽静。段仲宇按照事先规定的时间，来到了国防部大院蒋介石的办公室。

侍从秘书已经不是周鸿涛，换成了另一个人，段仲宇也认识他。他把段仲宇引进了蒋介石的办公室。

天气开始转凉，蒋介石穿一套浅灰色中山装，看上去心情挺不错。段仲宇以标准的军人姿态立正、敬礼。蒋介石一边点点头，一边仔细打量着段仲宇，脸上露出似曾相识的表情，嘴里说了几声“好，好！”接着问道：“你到美国去？”

段仲宇连忙回答：“是！”

蒋介石又加问了一句：“到联合国代表团去？”

段又答：“是！”

蒋介石随即说：“何（应钦）总长就在美国。你见了，问敬之（何应钦字敬

段仲宇摄于1946年，时任中国驻联合国军事代表团成员。

之）好!”

段仲宇应声答道：“是!一定向何总长转达委座的话。”

蒋介石满意地点点头，又连声说了几个“好，好”!

段仲宇知道召见结束时间已到，毕恭毕敬地行礼，退出。

匆匆整理了行装，告别了父母妻儿和大哥大嫂，段仲宇乘飞机到达了大洋彼岸的美国长岛，向驻联合国安理会中国代表团团长何应钦报了到。

何应钦是国民党的元老，1890年生于贵州兴义县泥荡村，1909年东渡日本留学，并加入同盟会。1911年回国参加辛亥革命，曾在江苏陆军第七师任连长、营长。翌年又赴日本，毕业于日本陆军士官学校第二十二期步科。1915年回国后，在黔军中任团长、贵州讲武学校校长、援川支队参谋长、第五混成旅旅长、黔军总司令部参谋长等职。1924年到广州，被孙中山任命为大本营参谋处军事参谋，旋又被任命为黄埔军校总教官，后又任教练部代理主任。刘峙、顾祝同、钱大钧、陈继承等人均在他领导下担任过军事教官。在平定陈炯明的战斗中，何应钦在关键时刻立了大功，后又任第一师师长，扫平了陈炯明残部，出任潮汕善后督办兼黄埔军校潮州分校校长。由于何应钦在黄埔军校所处的地位，后人将他和蒋介石并称为“黄埔系”首领。

何应钦是国民党政权的柱石之一，担任过战区司令长官、省主席、训练总监、军政部长、参谋总长、陆军总司令等一系列重要职务。他在北伐战争中曾指挥七个军北渡长江大败孙传芳部。但他担任对工农红军第二、三、四次“围剿军”总司令时，却每战皆败，狼狈逃回南京。

日军步步入侵，何应钦奉命主持华北军事。他秉承蒋介石“攘外必先安内”的不抵抗政策，后来又与日本华北驻屯军司令官梅津美治郎签订了“何梅协定”。协定规定，取缔河北省的反日团体和反日活动，取消国民党河北、北平、天津的党部，撤换河北省主席和平、津两市市长，撤退驻河北的中央军和东北军，总之一切都满足了日军的无理要求，成为中国现代史上臭名昭著的卖国协定之一。何应钦也因此被国人所唾骂。

西安事变发生后，何应钦野心大暴露，力主以武力“讨伐”张学良、杨虎城，愿任“讨逆军”总司令，欲置蒋介石于死地，以便取而代之。本来，他和蒋介石早在北伐时就面和心不和。多年来两人同床异梦，既互相依赖、互相利用，又互相猜疑、互不信任。何应钦虽暗中存有觊觎蒋介石权位的野心，但总想“巧取”而不敢公开跳出来抢夺。抗战胜利后，蒋介石改组庞大的军事机器，将重要职位分给了自己最信得过的陈诚、顾祝同、周至柔、桂永清等心腹爱将，却将何应钦“外放”到美国，当了个徒有虚名的驻联合国军事代表团团长。这也算是蒋介石给何应钦“穿小鞋”，对何应钦在西安事变中的“篡位”行动给予的一种惩罚。

段仲宇被任命为上校团员。代表团没有副团长。团员中还有刘廉一（少将，曾任何应钦办公室参谋）、龚××（少将）、余伯泉、陈桂华、施××（空军少校）等10余人。工作人员有翻译、书记、办事员和电台工作人员等。代表团每个星期都要开会，讨论有关地区和全世界的安全问题。但无非是坐而论道，纸上谈兵，不解决什么实际问题。

段仲宇告诉笔者，他到美国后，除按薪俸标准发给美金外，国内的一份薪俸照发。待遇之优厚远远超过国内同等级的军官。

这期间，国内的形势发展变化很快。国民党军对解放区的进攻虽然夺得了一些城市，但兵力逐渐分散，攻势不断减弱，作战多次受挫，被人民解放军所歼的部队不断增加，至1946年年底累计已达110余万人。进入1947年以后，华东战场的鲁南、莱芜、泰蒙、孟良崮等战役，西北战场的青化砭、羊马河、蟠龙等战役，晋冀鲁豫战场的钜鹿金乡鱼台战役和豫北、正太、晋南、鲁西南战役，东北战场的江南、临江战役等等，国民党军在上述战役中均遭受了重大损失，大批高级将领被俘，形势变得越来越被动。

每次收到国内的战况后，段仲宇都有意识地在办公室内传播，巧妙地引导大家认识形势发展的实质。1947年3月19日胡宗南部占领延安。消息传到驻联合国军事代表团，有人兴高采烈，高呼“胜利”，甚至举杯相庆。段仲宇却不露声色地说：“共产党的领导人一个也没有抓到，看来延安只是一座空城。人家把主力都撤走了，我们背上了一个一个的包袱，兵力分散了，今后可能会陷于被动。”果然，仅仅过了不到一个星期，消息传来国军在青化砭损失了一个旅，旅长李纪云被俘；不久后又传来国军在蟠龙再次失利，损失7000余人，旅长李景岗被俘。战局的发展证实了段仲宇的估计正确，同仁们称赞他“有先见之明”。

往后，国军失利的信息不断传到驻联合国代表团。团员和工作人员们的情绪也越来越低落，越来越觉得要打赢共产党无异于水中捞月，竹篮打水，到头来必然是一败涂地，不可收拾。悲观失望的情绪开始在代表团中蔓延。一天，大家议论说：在联合国工作也不是世外桃源，再往后说不定会有家难回，像多姆多马将军那样，一辈子流落他国异乡当难民。

多姆多马是俄国沙皇时代一位有名的将军。俄国十月革命胜利后他流落到中国，曾在陆军大学当教官。代表团里绝大多数人是陆大毕业的，有的还听过多姆多马的课，对这位白俄将军的经历很熟悉。推人及己，大家从他身上看到了自己暗淡的前途。

一般工作人员的情绪如此，何应钦又如何？

段仲宇也想从侧面做做何应钦的工作。但一个是“党国”元老、一级上将，一个只是33岁的上校参谋，差距实在太大，尽管天天见面也难以说得上话。一天，何应钦买了一支新猎枪，准备打活动靶——飞碟。他身居国外，实在是无所事事。百无聊赖之际，就以打牌、钓鱼、打猎等来排遣岁月。他买了新猎枪后十分喜爱，但对擦枪一事却不在行了。段仲宇于是主动提出帮他擦枪。

何应钦对这位“段参谋”颇有好感。他深知段仲宇的家世、学历、任职经历，知道段仲宇虽在侍从室干过但非蒋介石的亲信，故而谈话也比较放得开，没有什么顾忌。他说他和“委座”是当年日本士官学校同学，又在沪军“都督府”陈英士手下共过事，他对“委座”可谓忠心耿耿，尽力辅佐，忠贞不二；但“委座”对他却心存猜疑，抗战胜利后竟让他赋闲。没奈何，他只得委曲求全，服从命令来到了这异国他乡。末了何应钦长叹一声，颇为感慨地说：“跟着委座，像今天有我这样下场的人，有几人？”

段仲宇听了这话，感到何应钦失言了；但又感到他内心充满着对蒋介石的埋怨和愤懑。段仲宇在何应钦面前佯作没有听懂，心想一个蒋家王朝的重臣尚且是这般心态，说蒋介石是地地道道的“孤家寡人”是一点也不过分的。

但是，段仲宇在何应钦面前并没有说什么。此时无声胜有声，说什么都是多余的，甚至可能会适得其反。

1947年初秋的一天，段仲宇收到大哥伯宇的一封信，希望他回国，理由冠冕堂皇，说父母年事已高，妻儿需要他照料等等。但段仲宇想到临出国前大哥说的话。伯宇认为形势会有变化，出去时间长了能不能回得来是个问题。仲宇似信非信，问了一句：“会有那么快吗？”伯宇点点头，很自信很坚定地说：“具体的我也说不准，但发展变化一定很快，蒋介石已经坐到了火山上，火山哪一天都会爆发。”仲宇想既然大哥写信叫自己回国，说不定他会有很重要的任务要自己去承担。

段仲宇归心似箭。他先给老上司、时任国防部次长方天（原五厅厅长）写了封信，申述了要求回国的理由，说什么“在美国水土不服，生肠胃病，家中父母妻儿需要照应”，等等。

方天很快给何应钦发了一个电报，并建议让段仲宇回国前去著名的西点军校考察，了解美军的训练状况。段仲宇先后去了三次，考察情况均详细报告了方天。最后，何应钦在段仲宇要求回国的报告上批了一个“可”字。

1947年秋，段仲宇从美国回到国防部五厅工作，仍任第二处副处长。家仍住在大中桥“橙园”，和父母及大哥一家住在一起。

段伯宇先后介绍了自己联系的一些陆大进步同学与段仲宇相识，请他一起参与座谈、联谊、聚餐等活动。仲宇在国防部和有关军事院校也联系了一些人。兄弟俩有时开玩笑说：他们是在国民党军的最高核心单位，做着“挖墙脚”的工作，一锹一锹地挖，像古代传说中的愚公移山那样坚持不懈。他们坚信国民党政权这座大厦总会有倒坍的一天……

自从段伯宇提出抓实力、抓兵权的方针后，兄弟俩曾多次谋划过从何处下手的问题。国民党军队中派系林立，争取中央嫡系部队的难度比较大。反复权衡的结果，他们决定从杂牌部队入手。

这时，段仲宇的上校军衔已挂了四五年，到了该晋升为少将的年限。但从校官到将官，要上一个大台阶，难矣哉!不少人一辈子只干到上校，将军的显赫高位他们永远是可望而不可即。但段仲宇却有不少“优势”：出身将军门第，毕业于中央军校和陆军大学，出过两次国，又在最高层次的单位——侍从室和国防部工作过，还当过独立团的团长。总之，凡晋升为将军的条件他都具备，而且绰绰有余。

1948年9月，段仲宇被任命为联勤总司令部下属的第十一兵站分监部少将分监，荣耀地登上了“将军”的宝座。这是段仲宇人生道路上的一次跨越。

第十一兵站分监部负责第七兵团的后勤供应和保障工作。分监实际上是该兵团的“后勤部长”。段氏兄弟之所以选择第七兵团作为秘密打入的对象，是因为第七兵团司令官黄百韬并非一般人印象中那样是蒋介石的嫡系，他也是一个“杂牌”。

黄百韬祖籍广东，1900年出生于天津，早年参加北洋军阀、江苏督军李纯的部队。奉系军张宗昌攻占江苏，黄百韬（时任连长）当了俘虏。幸亏与张宗昌有师生之谊，黄百韬在奉军中从参谋、营长、团附、团长一直擢升到旅长。1928年黄百韬又随军长徐源泉投靠了蒋介石。此后，他主要是当幕僚，还在军令部高参室当过高级参谋。段氏兄弟因此颇知此人的底细。

由于不是嫡系，没有过硬的靠山，黄百韬为了保住既得地位并力求高升，他在作战中总是表现得特别卖力，不敢稍有疏忽和懈怠。好不容易熬到1948年夏天，黄百韬忽然时来运转，竟当上了兵团司令。原来，解放军华东部队在粟裕指挥下进行了豫东战役，一举歼灭了区寿年的第七兵团。其时黄百韬奉令率整编第二十五师解区寿年兵团之围，不料自己反而在河南睢县帝丘店地区陷入了解放军的重围。粟裕原先计划全歼黄百韬部，后来鉴于各路敌军已靠近，区寿年兵团已被全歼，为保存兵力遂主动下令转移。黄百韬侥幸逃脱了被歼的厄运。

蒋介石面对立法院的“质询”，为了挽回面子，掩盖区寿年兵团覆灭的窘境，遂大吹大擂黄百韬部的“战绩”，授予黄百韬一枚青天白日勋章，不久后又升任黄百韬为新组建的第七兵团司令。

黄百韬兵团下辖的第六十三军和第六十四军是“粤系”部队，第一〇〇军是王耀武的老部队，第二十五军则是顾祝同的老部队。黄百韬和这四个军都没有历史渊源，不大指挥得动。但刚当上兵团司令的黄百韬在接见新来的少将兵站分监段仲宇时，却表现得异乎寻常的傲慢、冷漠和盛气凌人。他用怀有敌意的眼光打量了一下这位新任命来的“后勤部长”，劈头盖脸地说：“现在升官也真容易，用不着在前方拼死拼活，只要有后台，有靠山，有裙带关系，有老上司老长官提携，就可以飞黄腾达了。”

段仲宇是个聪明人，一下子听出了黄百韬话中的弦外之音。他长期在高层机关工作，接触过的“大人物”比比皆是，许多人对他客客气气，哪里受得了你黄百韬这番奚落?!于是段仲宇心里下定了“不干”的决心，嘴上也没再说什么，就敬了一个礼告退。

事后段仲宇获悉，原来的兵站分监是黄百韬的心腹，兵站又是个“油水”很大的后勤部门。对这样的单位，黄百韬当然要牢牢控制在自己的手中，绝不容许“外来人”染指。他对段仲宇不表欢迎，也是意料中的事。

段仲宇在徐州期间，大战的乌云已经浓重地笼罩了这个城市。从济南方向溃败下来的部队络绎不绝，伤残官兵拄着拐棍一瘸一瘸地布满大街小巷，令人惨不忍睹。指挥官们日坐愁城，下级官兵人心惶惶，充满着对前途的恐惧和无望。一天，段仲宇的陆大同学和河北同乡徐廷玑少将请段仲宇到冠生园大酒店喝咖啡。说来也巧，楼上正在举行宴会，是第三绥靖区副司令官张克侠、何基沣在请客。

徐廷玑时任三绥区高参。他走上楼去报告张、何两位副司令官，说“段参谋来了”。因段仲宇在侍从室当过参谋，故许多熟人都这样称呼他。

张、何两位副司令官热情邀请段仲宇上楼，并向他敬了一杯酒以表示欢迎。段仲宇对张克侠和何基沣是久闻其名而素未谋面。他对这两位中将副司令如此礼贤下士深表谢意和尊敬，并向他们敬了酒，说了几句仰慕的话。当然，段仲宇并不知道张、何是中共特别党员，此时正在为一个多月后三绥区2万余人的大部队光荣起义而暗中筹划着。

何基沣亲自送段仲宇下楼。大概他已经耳闻了段仲宇在黄百韬处受到不欢迎的情况，故而十分关心地说："老弟，大战在即，走吧!"徐廷玑也劝段仲宇回南京后再作打算。

"此处不留爷，自有留爷处。"段仲宇抱着自尊、负气的心情离开了徐州。但他也不虚此行，通过一些熟人，如辎汽第二十六团团长蔡乐沛，了解到了徐州"剿总"的不少情况，回南京后详尽地向大哥段伯宇作了汇报。

黄百韬拒绝段仲宇到他的兵团主管后勤供应工作，似乎获得了人事控制权上的一次胜利；但他万万没有想到，此举却帮了段仲宇一个大忙，使段仲宇免遭一个多月后在碾庄覆灭的厄运。

段仲宇未能当上黄百韬兵团的兵站少将分监——后勤部长，似乎失去了一次执掌权柄的机遇；但他也万万没有想到，失之东隅，收之桑榆，这反倒使他获得了另一个更重要的职位，从而使他在后来的隐蔽斗争中创造了更辉煌的业绩。

19. 干河沿秘密会议决定发动武装军事政变，在南京也搞一个“西安事变”，把蒋介石抓起来

1948年的秋天是一个多事之秋。

当法国梧桐的一片片黄叶悄然飘落在南京国防部大院的时候，从军务局呈报上来的一份份战况报告摆满了蒋介石宽大的办公桌。前线传来的几乎没有一条是他希望看到的“胜利的喜讯”，相反，都是他最不情愿看到的一条条“凶讯”：

9月16日，共军对华北重镇济南发起攻击。19日整编第九十六军军长吴化文率2万余人“叛变投敌”。24日济南沦入共军之手，10万余国军被歼，王耀武当了俘虏。

9月12日，共军在东北发动大规模攻势。10月15日攻占锦州，10余万国军被歼，东北“剿总”上将副总司令范汉杰被捉；17日长春守军第六十军中将军长曾泽生率部“叛变投敌”；21日东北“剿总”副总司令兼第九兵团司令廖耀湘被俘，“五大主力”中的两大主力即新一军和新六军被共军歼灭……蒋介石在10月26日的日记中不得不发出这样的哀叹：“东北全境，似将陷于尽墨之命运。寸中焦虑，诚不知所止矣!”

长期埋伏在国民党军务局的中共地下党员段伯宇，在这样一种局势下，敏锐地感觉到自己多年等待的时机已经到来。经过在中山陵和贾亦斌的一番密谋，决心在抓兵权、抓实力方面立即开始行动。

但是，段伯宇所在的军务局和贾亦斌所在的国防部预备干部局，都是领导机关，本身没有一兵一卒。“抓兵权”三个字说说容易，做起来真有点像老虎吃天无从下口。

正当段伯宇和贾亦斌苦苦筹划之际，突然，一个巨大的机缘好像从天而降，出现在他们的面前。

10月底的一天，国防部参谋次长林蔚把贾亦斌找到办公室，进行了一次至关重要的谈话。林蔚待人接物态度温和，平易近人，喜怒不形于色。他当过蒋介石侍从室第一处主任，长于出谋划策，点子多，深得蒋介石的信任，被

人称之为“幕僚专家”。他见了贾亦斌后，先寒暄了几句，接着说：“现在的局势你也很清楚。共产党在东北得手后，林彪部队将会长驱入关，华北局势的演变也不容乐观。古人有言：‘人无远虑，必有近忧。’我们应该看得远一点，做最坏的打算。为此，领袖（蒋介石）决定立即着手在长江以南组建30个新军。兵源问题可以通过征集的办法解决；武器装备美国答应支持，问题也不大。最感缺乏的还是基层干部，尤其是连排长。你是主管预备役工作的，你考虑一下预干局能召集多少干部？”

贾亦斌脑子反应很快，是一个绝顶聪明的人。他一听，眼睛一亮，心中立即预感到这可能是抓实力、抓兵权的一次绝好的机会。但是他又告诫自己，在林蔚这个“老狐狸”面前，可不能露出一点蛛丝马迹，以免坏了大事。于是他装作沉思的样子，然后不紧不慢地回答说：“抗战胜利后第一批复员的青年军，大约有76000多人，其中还在杭州、嘉兴、重庆、汉中等地读书的有1万多人。他们都授予了预备役少尉的资格。另外还有一些人在南京、镇江等地等待就业。如果把上述两部分人加起来，召集1万人是不成问题的。”

林蔚听到贾亦斌能一下子召集近万名预备役少尉，心想这真是踏破铁鞋无觅处，得来全不费功夫。编练30个新军的基层干部这个大难题一下子迎刃而解了，他脸上立即露出兴奋的神色，连声说：“那好，那好!”

贾亦斌见林蔚已落入自己设计的彀中，心中暗暗高兴，于是再进一步献计说：“如蒙次长不弃，并能解决编制和装备问题，贾某愿毛遂自荐，担负起动员万名青年干部并组织训练之责。”

林蔚一听，大喜过望，立即拍板说：“太好了!这件事就由你来办。你要什么尽管说，我一定尽可能地满足你的要求。”

贾亦斌提出，先在南京办一个训练班，名称就叫“国防部预备干部局陆军预备干部训练第一总队”，先召集千把人，地点就在孝陵卫原陆军大学旧址。以后再在其他地方陆续开办训练班。

林蔚连连点头，一一允准。

国防部的报告很快呈送到了军务局，还附呈了由贾亦斌起草的预干局的一份计划。贾亦斌事先已将情况向段伯宇作了汇报。段伯宇完全支持贾亦斌把这支武装建立起来并抓到手里的设想，故而立即签注了意见，呈报给军务局长俞济时。俞济时立即签字呈报蒋介石。蒋介石很快批准同意。

这时已到了“落叶满长安”的深秋季节。南京满街满地都是法国梧桐的黄叶，一片凄凉肃杀之气。

一天，段伯宇到军务局上班，突然听到了一个石破天惊的特大消息——原侍从室二处主任，时任国民党中央政治会议秘书长的陈布雷自杀了!这一天是1948年11月13日。

陈布雷当了10年侍从室二处主任，是蒋介石最信得过的“首席秘书”“最高幕僚”。他对蒋介石一贯尽心竭力，忠贞不二；蒋介石对他也是信任有加，重用不疑。凡是蒋介石下发的指令、电报、批示等等，大都由“侍二处”起草、签发。下面对蒋介石下发的文电有时不免阳奉阴违，执行时大打折扣，但对蒋介石署名又加署“侍二秘”的文电却不敢马马虎虎，因为谁也不敢得罪陈主任或布雷先生。蒋介石见了这位比他小四岁的瘦小半老头，也总是客气地称呼一声“布雷先生”，以示敬重。至于段仲宇，在侍从室时每次见到陈布雷，都要毕恭毕敬地立正敬礼，并尊称一声“布雷先生好!”段伯宇进入军务局后，见到陈布雷的机会少了，但他的名字却如雷贯耳，时常听到的。

可是，如今这位权倾朝野、被蒋介石倚为股肱的谋臣策士陈布雷，为什么竟用自杀这种凄惨的方式而告别人寰呢?

军务局和政务局里不少人是陈布雷的老部下。特别是政务局，老班底就是侍二处第四组，局长陈方是陈布雷手下的一个得力助手。听说政务局13日上午还打电话催陈布雷前来总统府开会——因为陈布雷挂了个“总统府国策顾问”的头衔，起着参与机要的作用。陡然闻此噩耗，陈布雷的老部下们个个摇头叹息，唏嘘不已。而对老上司的死因也猜测纷纭，莫衷一是，谁也说不清，猜不透。

第二天——11月14日，在南京新街口中国殡仪馆匆匆忙忙举行了陈布雷的葬礼。治丧事宜由政务局长陈方具体负责，政务军务两局中的一些人参加办理一些事务性工作。

按理说，作为国民党中央政治会议秘书长的陈布雷，他的葬礼应该办得很隆重，甚至有人提出要为他举行“国葬”。但结果却办得并不隆重，可说是草草了事。

陈布雷全家合影

陈布雷之死，在国民党军政人员中近乎是爆炸了一颗威力巨大的“原子弹”，其政治上、精神上引起的震撼非常巨大而深广。

三四天后，段伯宇从贾亦斌处听说了陈布雷的死因。他怎么也不会想到，竟然是陈布雷忠心耿耿侍候了20余年的蒋介石，用一记响亮的耳光把这位“文胆”送上了死路!贾亦斌有一位湖北籍同乡和知心朋友叫徐复观，时任国民党中央党部联秘处副秘书长，其顶头上司就是陈布雷。13日晚上（陈死的当天）蒋介石亲自召集会议，研究陈布雷丧事如何办理的问题。会上，蒋介石说：“现在很多人听了共产党的宣传，相信什么‘四大家族’有很多的财产，最可恨的是陈布雷竟然也这样讲!他要我和宋家拿出几亿美元来作军费。我们几家哪里有钱!子文开始办中央银行，只有几百块银元，后来才逐渐发展起来。特别是陈布雷要夫人（宋美龄）出钱，她哪来的钱!”蒋介石越说越来气，破口大骂陈布雷，足足骂了一两个小时……

原来，国民党的一些高级将领看到蒋、宋、孔（祥熙）等人大肆搜刮和聚敛钱财，而前方将士虽然浴血苦战却待遇很差，于是提出要蒋、宋、孔等人拿出四五亿美元作军费，以激励士气。陈布雷是个书呆子，也就向蒋介石进言，劝蒋介石要宋子文、宋美龄、孔祥熙出钱捐饷。蒋介石看到一贯唯唯诺诺的陈布雷竟然也说出这话，不禁勃然大怒，严厉训斥，甚至举手打了陈布雷一记耳光。自尊心极强的一介书生突然遭受如此凌辱，哪里咽得下这口气？再加上他身处高层，对各方面的真实情况都了若指掌，深知国民党政权已到了穷途末路，很快就会垮台，对前途的悲观绝望已达极点，这种种因素综合在一起，最终使陈布雷选择了服安眠药自杀这条路。

据说，陈布雷生前给蒋介石写了一封遗书，其中有这样的话："今年以来，目睹耳闻，饱受刺激……与其偷生尸位，使公误以为尚有一可供驱使之部下，因而贻误公务，何如坦白承认自身已无能为役，而结束其无价值之一生……"

有道是：鸟之将死，其鸣也哀；人之将死，其言也善。59岁的陈布雷临死前说的这番话，最明白不过地告诉蒋介石，像他这样跟随你20多年的最最忠贞的人也一死了之，你身边已经再也没有一个"可供驱使之部下"了，你已经成了真正的孤家寡人，离末日也已经不远了……

陈布雷之死，既加速了国民党统治集团的分崩离析，也促使段伯宇、贾亦斌和他们那些陆军大学的进步同学加快了抓实力抓兵权的步伐。

11月底的一天，贾亦斌又听到一个内部消息，说国民党政府很快将要南迁广州，准备以长江为界，和共产党"划江而治"，形成像南北朝那样的局面，然后再徐图发展，卷土重来进行"北伐"。

形势催人，时不我待。贾亦斌立即将几个知心朋友约到他家进行紧急磋商。

贾亦斌家住在南京上海路干河沿109号。三间平房，外墙是青砖，室内用木条隔开，涂一层石灰，根本没有装潢，相当简单。但盖房的钱还是借来的，地皮也是借的，合约规定五年后连房子带地皮都要归地主所有。贾夫人谭吟瑞很心痛，感到不合算。贾亦斌劝她说："你放心吧，国民党等不到五年，两三年就要垮台，不会住得那么久的。"

应约前来的有伞兵三团团长刘农畯、预干团第一总队副总队长林勉新、曾经当过青年军参谋长的董嘉瑞、第六十三军参谋长宋健人等。

宋健人刚刚从淮海前线脱逃回南京。他所在的六十三军已于11月11日在江苏北部的新沂县窑湾镇全军覆没，听说军长陈章被人民解放军击毙，三个师长两个被俘一个化装脱逃。宋健人和军副参谋长陈文瑞亦同时被解放军俘虏。但宋健人很机灵，部队溃败时换上了士兵服装，被俘后混在大群俘虏中侥幸未被识破，并且乘隙逃脱，路上历尽千辛万苦，好不容易回到了南京和家人团聚。

当宋健人向贾亦斌、刘农畯等陆大同学谈起他这段“走麦城”的惊心动魄的经历时，连连摇头叹息，说：“这个仗不能再打了，不能再打了！国军已经士无斗志，军心涣散，一触即溃。人家共产党解放军深受人民拥戴，老百姓都帮他们，国民党是要完蛋了！”

贾亦斌向大家谈了陈布雷自杀的情况和国民党政府准备南迁广州的内部消息，要大家考虑我们今后怎么办。

大家你一言我一语，七嘴八舌，展开了热烈的讨论。

贾亦斌和刘农畯是“少壮派”，年轻气盛，有一种“少年心事当拿云”的豪迈气概。他们激愤地提出：抗战胜利后本应休养生息，但蒋介石违反民意，发动内战，弄得民不聊生；四大家族垄断金融，搜刮民脂民膏；国民党贪污腐败，民心丧尽；前方节节失败，眼看北方均将为共产党所有，不要多久解放军就会饮马长江。我们不仅不能和他们同归于尽，更不能让发动内战的罪魁祸首逃之夭夭。我们应当迅速采取行动，在南京发动一次突然袭击，也搞一个“西安事变”式的武装军事政变，把蒋介石抓起来。

但是，50多岁的董嘉瑞和年过不惑的宋健人却不主张这样干。也许岁月的磨炼使他们少了几分豪气而多了几分稳健。他们说：我们手下没有多少部队，而蒋介石为了保卫“京畿”，在南京及其周围摆了近20万部队。以卵击石，能稳操胜券吗？

就这样，双方各抒己见，争论得十分激烈。有人还从腰间拔出手枪，往桌上一放，表示了大干一场、不成功就上山打游击的坚强决心。

眼看着争论不休，难以取得一致意见，贾亦斌立即给军务局第四科打了个电话，找到了段伯宇。电话中当然不能明说，他只说陆军大学的几位老同学在自己家里，请段伯宇也来“聚一聚”。

老同学聚会是家常便饭，又都是将校级军官，不会招人惹眼，段伯宇放下电话，立即从长江路“总统府”赶到了上海路干河沿。

一进屋，段伯宇看到小小房间里烟雾腾腾，桌上还放着手枪，老同学们摩拳擦掌，情绪激动，有的还敞开了衣领，捋起了袖子，看情形好像为什么问题已经争论了好久。

贾亦斌对这位比自己年长九岁又是中共地下党员的段伯宇一向十分尊敬，一直以“学长”相称。他热情地请段伯宇坐定，端来一杯茶水，然后慷慨激昂地说：“今天我们几个老同学商议，在目前局势下，应该揭竿而起，在南京搞武装暴动，包围飞机场，把蒋介石和在南京的国民党主要军政大员都抓起来，一网打尽，送往解放区，使内战早日结束，尽我们的一点历史责任。如果失败了，就占领紫金山，上山打游击。”

段伯宇听了这席话，内心也很激动。但是他毕竟是45岁的人了，生性又老成持重，更主要的是在座的人员中只有他是唯一的共产党员。他意识到必须站在党的立场上来全盘衡量这样做的利弊得失。

段伯宇又征询了其他老同学的看法，然后提出：目前我们手里能动用的部队有多少？

刘农畯说，他的伞兵三团有2500人，驻扎在岔路口附近，紧靠明故宫飞机场，一旦举事，可以迅速包围和占领机场。

贾亦斌和林勉新说，预干第一总队有1000多人，就住在孝陵卫，靠近美龄宫，可以一举占领紫金山并迅速从中山门入城，占领就近的黄埔路国防部大院和长江路“总统府”，活捉蒋介石和其他军政要人。

董嘉瑞和刘健人则表示，他们手里没有部队，要争取也不能一蹴而就，尚须假以时日。

段伯宇又问：伞兵三团和预干第一总队的官兵都能听从招呼参加暴动吗？南京城内外都驻有重兵，我们这点部队能抵挡得住众多部队的反扑吗？……

在座的都是军事上的行家，听了段伯宇提出的一连串问题，都感到实实在在，明摆在那里，谁也回避不了。

段伯宇心里不愿给大家泼冷水。是啊，反对国民党打内战，要对人民、对历史尽一份进步军人应尽的责任，这是多么可贵的政治热情和爱国之心啊！他内心漾起了对这些老同学由衷的敬意。但是他又不得不面对严峻的现实，懂得自己的一言一语对于今后局势可能产生的影响和带来的各种后果。

经过慎重考虑，段伯宇谈了三点看法。他首先表示：十分赞赏同学们的拳拳爱国之心和准备发动的义举。接着他提出：

第一，敌大我小，敌强我弱，力量相差非常悬殊。我们一旦举事，势必是以卵击石，不仅功亏一篑，反而徒然暴露了自己，会招致重大损失。

第二，我们要反蒋，这是革命行动，好得很！但搞革命应当有组织、有计划、有领导地搞，不能感情用事，不能盲目行动，更不能快意一逞，不计后果。

第三，我们要尽可能多地掌握武装，多抓一些部队，积蓄力量，等待适当的时机。要干就要一举成功。

段伯宇的看法，全面，周到，审慎，既积极又稳妥，把今后的行动放在了一个可靠而稳操胜券的基础上。刘农畯一拍大腿，高兴地说："段学长高见，我完全赞同！"其他人也纷纷发言，表示同意。

什么是地下共产党员应起的作用？这就是地下共产党员应起的作用！

当大地夜色沉沉、漆黑一团之时，他会向同伴们指出：黑暗即将过去，黎明即将到来；应该充满信心，张开双臂去迎接光明！

当同行者步履踌躇、徘徊犹豫甚至畏缩不前之时，他会满腔热情鼓励同伴壮起胆子，树立信心和勇气，坚定不移地向前走！

当同行者头脑发热、我行我素，甚至不顾一切盲动蛮干之时，他又会巧妙地引导同伴们冷静沉着，脚踏实地，按照客观规律去争取实实在在的胜利！

共产党员就是这样的引路人！特别是在地下斗争的险恶环境中，稍有疏忽，只要走错一步，就会招致党和人民事业的巨大损失。而共产党员却能排除险阻，绕过暗礁，把革命事业不断引向坦途。

难怪半世纪后笔者在采访贾亦斌时，他用十分敬佩的口气谈到了段伯宇。他说："伯宇比我大九岁，五四运动时就参加了反帝反封建的革命活动，后来在国民党三十二军参加了地下党，到重庆后受到了周恩来副主席的教诲。我们在重庆陆军大学就认识了。我对他以学长相称。后来我之所以能参加革命，他对我影响很大。他比我成熟。50多年来我们一直在一起。他是真正爱国、爱党的。"

说这番话时的贾亦斌，已不是当年34岁的国民党"少壮派"将军，而是84岁高龄的民革中央名誉副主席。他对段伯宇的这一评价，生动地表明了当年这位地下共产党员在国民党进步军官心目中的高大形象。

再说干河沿会议。大家一致同意段伯宇的意见后，又对下一步的行动计划进行了热烈的讨论。会议一直开到深夜。

最后，段伯宇又强调说：敌人越到末日越疯狂。南京特务机关密布，我们的行动要严守机密。今后要多进行个别联系，不要搞碰头会，以免暴露。

散会后，刘农畯开一辆军用吉普车送段伯宇回家。他故意绕了个大圈子，把车子先开到城西的清凉山，停下车，两人又在山坡上谈了很久。

时令已届深秋。满山的树叶在萧瑟的秋风中飒飒作响。这里很僻静，深更半夜，已无一个行人。但刘农畯的心头很热，对共产党的热切向往使这个30岁出头的湖南汉子热血沸腾。他向段伯宇谈了少年时代在家乡参加革命斗争的经历，参加C. Y的经过，谈了他伯父被国民党反动派杀害的惨景，表示了要继续为共产党工作的坚定决心。

段伯宇热情地对刘农畯进行了鼓励。这是一个使刘农畯永生难忘的夜晚，可说是他后来成为光荣的共产党员并领导伞兵三团英勇起义的一个新的起点。

段伯宇回家以后，兴奋不已，久久不能入睡。他想今天这次聚会，是他打入军务局以后一次十分重要的会议，是抗战胜利后从酝酿反蒋到准备采取武装行动的一个转折点，对今后的地下工作具有决定性的意义。当此关键性的时刻，段伯宇耳畔又响起了在重庆时周恩来副主席对他说的话：

“共产党员在最不利的情况下，要争取好的形势，并使之变为现实的可能。”

周恩来的话像指路明灯，使长期埋伏在虎穴狼窝里的地下党员段伯宇始终心明眼亮地坚持战斗，并将指引他在新的形势下去夺取更大的胜利。

然而，眼下的斗争更需要党组织的领导。段伯宇仰望长空，心里默念着：党啊，我何日才能找到您呢？

20. 因祸得福，段仲宇出任上海港口副司令。众里寻他千百度，蓦然回首，段伯宇意外地找到了中共上海局策反工作委员会书记张执一

段仲宇在徐州吃了黄百韬不硬不软的“闭门羹”后，愤然离开，匆匆返回南京向联勤总司令部复命。

国民党联勤总司令部在三牌楼，现为中山北路212号。说来也巧，笔者在这个大院里住了20多年。听说解放前这所大院十分气派，上将总司令郭忏的办公室是一幢两层小楼，大屋顶，雕梁画栋，金碧辉煌。楼上东边一个大房间有60多平方米，是郭忏的办公室，室内摆设着颇为豪华的办公用具；靠西边的一个60多平方米的大房间是郭忏召集会议的地方。郭忏大概不会想到35年后他的一个诸暨籍后辈——笔者，全家也会住在这个房间里达14年之久。（一笑！）

段仲宇先晋见了联勤总司令部参谋长吕文贞，说：“黄百韬司令官不要我，要用他的人，而我不是。”吕文贞听了摇头叹息，表示同情，并叫段仲宇直接去向郭忏汇报，还提供了一个信息：上海港口司令部眼下正需要人。

段仲宇上楼晋见了郭忏。郭忏听完了段仲宇的汇报，神情凝重地沉吟了一会儿，说：“好吧，你先到吕参谋长那儿去坐一会儿。”

段仲宇又回到吕文贞的办公室，向他谈了一些在徐州看到的见闻，汇报了自己了解到的联勤总部在徐州的汽车部队和兵站的情况。

不多久，秘书送来了一张纸条，段仲宇看到郭忏亲笔在上面写了一行字：任命段仲宇为上海港口司令部副司令。

这真是塞翁失马，焉知非福！没有当上十几万人马的大兵团的“后勤部长”，似乎是一个很大的损失，然而却远离了贫瘠的淮海大地，有幸踏上了繁华的十里洋场；更主要的是进了上海港口司令部。上海港口司令部担负的任务是负责上海地区陆、海、空军的后勤供应，业务联系的范围很广，北到辽宁的营口，南至海南岛，西到武汉，东南至台湾。当时，港口司令部还临时负责从关岛、冲绳岛把美国支援国民党的武器装备剩余物资接运到上海，再具体

分送到有关部队。港口司令部手中不仅掌握着庞大的船队，还有两个辎重汽车团和若干个仓库。总之，它联系供应的部队和活动的范围，远远超过了黄百韬兵团，实际是上海地区国民党军的后勤部。

这难道不是因祸得福，获得了一个意外的为党工作的机遇吗!

段仲宇把这些情况向伯宇作了汇报。伯宇很高兴，说："上海港口司令部这个单位太重要了!从战略上看，它简直就是上海地区几十万国民党陆、海、空军的命脉。它们的武器装备靠它来保障，吃饭穿衣和飞机车船的油料也靠它来供应。今后能把这个命脉牢牢控制在我们手里，可以做很大的文章。"

在段仲宇的心目中，大哥伯宇就是共产党组织的化身。他对伯宇的话，不仅作为长兄的谆谆嘱咐牢记在心，更作为党组织的指示，即使赴汤蹈火也要坚决执行。"胸中有誓深于海，肯使神州竟陆沉？"他怀着拯救国家于危难的壮烈情怀，立即动身去上海走马上任。

这时，作为远东第一大城市、有着几百万人口的大上海，是"山雨欲来风满楼"，处于激烈动荡之中。

蒋介石眼睁睁地望着长江以北的漫天烽火，听着一个接一个的失利消息，在千方百计挽救北方败局的同时，他对长江以南的"应变"工作迅速作了全面部署。用他的话来说，"上海是国际都市，非常重要"。因此，他对上海的政治、经济、军事都亲自过问，抓得很紧。他派蒋经国到上海抓金融，抓财政，妄图给濒临崩溃边缘的国统区经济打一针"强心剂"，并准备让"小蒋"出任上海市长，以全面加强对上海的控制。蒋介石还大力加强了上海地区的防务。

段仲宇在这样的大背景下来到了上海。

上海既是蒋介石赖以发家的地方，又是中国共产党的诞生地，有着光荣的革命传统，党的地下工作有很深厚的基础。抗战甫告胜利，中共中央华中局决定成立上海市委，刘长胜任书记，张执一、张承宗、陈伟达等为委员。后来，中央又派刘晓由延安秘密抵达上海，主持地下党的领导工作。在党的领导下，上海的爱国反蒋斗争开展得如火如荼，轰轰烈烈，形成了活跃在敌人后方的一条重要的战线——第二战线。

毛泽东热情地讴歌了"伟大的正义的学生运动"，指出，学生的口号是要饭吃，要和平，要自由，亦即反饥饿，反内战，反迫害。蒋介石出动大批军警宪特，用逮捕、监禁、殴打、屠杀等残暴手段对付赤手空拳的学生，更激起了学生的反抗。1947年5月4日，上海各校学生和市民举行反内战反饥饿大游行。9日，8000多名学生和市民包围国民党上海市政府。1948年6月3日，上海3000多学生在交通大学集会示威，抗议美国扶持日本军国主义势力东山再起。次日，美驻华大使司徒雷登竟发表声明，横暴干涉中国学生的爱国行动，并扬言“此举对中美间传统睦谊有严重损害，倘仍继续进行可能致不幸之结果”，公然进行恫吓和威胁。5日，上海万余学生愤起抗议，在美国驻华海军总部前举行了爱国示威游行。国民党不顾社会舆论，悍然出动军警对学生进行了镇压。

时任上海市长的吴国桢，是宋美龄的亲信，素有“公馆派”之称。吴国桢字峙之，湖北建始人，1903年出生，1921年毕业于清华大学，旋获选赴美国留学。1923年获格林内尔大学经济学学士学位，1924年获普林斯顿大学硕士学位，1926年获博士学位。他的夫人黄卓群是宋美龄在美国晏摩士女校读书时的同学，关系密切。喝了满肚子“洋墨水”的吴国桢，不大同意蒋介石用武力镇压学生运动的野蛮手段，主张用“胡萝卜”政策来利诱学生就范。于是他在学生包围市政府时就出来“接见”，企图“说服”学生。他的满嘴胡言乱语更激起了学生的公愤，有位大学生愤怒地拔出拳头伸向了吴国桢……

贵为上海市长的吴国桢竟然遭到学生的殴打，这还了得!蒋介石得到报告后，勃然大怒，立即下令抓捕这位胆大包天的学生。

这位大学生是谁?他名叫温尚煜，是上海同济大学的一位进步学生，段氏兄弟的表兄弟。上海待不住了，他就悄悄逃到南京段氏兄弟家中隐匿。

段氏兄弟住的“橙园”，楼下还住着一位国防部二厅的处长，名叫林森木。此人是管情报的，是个军统特务。众所周知，搞特务勾当的人嗅觉特别灵敏。为了麻痹他，段仲宇利用同在国防部共事的关系，常常和他“套近乎”，并常买哈密瓜等应时水果主动送上门去请他“尝鲜”，因而邻居关系很和睦。大概林森木压根儿不会想到，住在楼上的两位身处要害部门的军官竟会是“共产党”，也不会怀疑从上海来的这位段家亲戚竟是军统正在抓捕的要犯——殴打上海市长的“凶手”。

但住在特务的眼皮底下终究不安全，更非长久之计。段仲宇将温尚煜秘密安排到苏州，住在国防部所属工兵第四团团长王海峤处。王海峤是段仲宇中央军校的同学，为人正直，富有爱国心，不满蒋介石的内战政策，而且富有同情心，愿为朋友两肋插刀。他慨然答应段仲宇的要求，将温尚煜隐蔽了起来。

一个堂堂上校团长来了位客人，目标不可谓不小。不管你怎么解释，旁人总是带点怀疑的眼光盯着这位操着河北口音的陌生客人。住了一段时间后，出于安全考虑，温尚煜又回到南京段氏兄弟家中隐藏。

段仲宇到上海履任新职后，很快又将父母和妻子薛纪常及子女一起从南京接到上海，住在宝山路1号。这里三面环街，紧靠宝昌路和虬江路。院子不大，房子却不小，是幢两层小洋楼。楼下是仓库，驻有国民党士兵一个班。楼上有七八个小房间，住着段仲宇一家。荷枪实弹的士兵日夜站岗守卫，使段仲宇的住家成了一个警卫森严的军事机关和“首长官邸”。

“官邸”还有一个特点：有前门、后门、侧门，进进出出十分方便。

这个路人为之侧目的军事机关和“官邸”，在段仲宇看来，倒是进行党的地下工作的一个十分隐蔽、安全、可靠的秘密联络点。

这期间，段伯宇在南京陆军中央医院查出患有严重的肺结核病。为了便于治疗和照顾，仲宇热情地把大哥大嫂和侄儿女们也接到了上海。军务局长俞济时非常爽快、非常关心地批准段伯宇到上海养病，并说不免除他的职务，在养病期间他照常是局里第四科（情报）少将高级参谋兼科长。这使段伯宇在进行党的地下工作时，有了公开身份作掩护，而且这个并非一般的特殊身份，给他的秘密工作带来了很多意想不到的方便。

仅仅为了这一点，也应该给俞济时发一个特制的奖章！

到上海以前，段伯宇在干河沿秘密会议上商定在南京发动武装军事政变的大计后，十分焦灼地加紧寻找党组织，以求获得党的指示和党组织的直接领导。

段伯宇在三十二军搞地下工作时，秘密发展了一名共产党员，名叫郭蕴璋。为了掩护，他有时在这个国民党部队任职，有时又到另一个部队谋生。穿着国民党的军官服，挂着上校的肩领章，活动起来也比较方便。段伯宇特地派他到河南去找原在三十二军搞地下工作的王兴纲、陈锐霆、王启明

1978年7月13日，陈锐霆与王兴纲将军（右）合影

等同志。

从国统区到解放区，要通过多道封锁线，风险很大；加上多年不通音信，不知道这几位同志现在哪里，找起来就更加大了难度。

其时，王兴纲是人民解放军华东军区政治部敌工部副部长兼山东兵团政治部敌工部部长，住在济南城附近。陈锐霆是华东野战军特种兵纵队司令员，率部转战于淮海大地。王启明是中原野战军第四纵队副参谋长，也随部队到处征战。郭蕴璋多处打听，好不容易找到了一个党委的城市工作部门（伯宇老人已经记不清是哪一个党委了），他们又向上汇报，听说终于得到王兴纲、陈锐霆、王启明等同志的回电，证明段伯宇确为地下党员。资格得到确认后，这个城工部要郭蕴璋先返回南京，并交代段伯宇今后的代号为“白人”（伯字的拆写），不久将由组织上直接派人前来与段伯宇联系。

好不容易找到了组织，这使长期坚持在敌营单独战斗的段伯宇兴奋异常。但是，盼呀，盼呀，个把月过去了，仍不见组织上派来的人。段伯宇心想很可能是兵荒马乱的，敌我互相封锁交通，人来不了。但是也不能不想到另一种可能，那就是派来联络的人出了事，被敌人抓起来了……

世界上的事不怕一万，就怕万一。万一出现了这种情况，那么段伯宇等人也许很快就会暴露，那岂不糟了？！

当年地下斗争的巨大风险和不确定性，人们常用“提着脑袋干革命”来加以形容，这是一点也不过分的。

段伯宇到上海后，第一个来看望他的就是表弟温尚煜。自从蒋经国到上海“打老虎”——整顿财政金融后，市长吴国桢就估计到下一步“小蒋”将取自己而代之。与其被动更换，不如主动请求辞职。于是吴国桢向蒋介石主动请求辞去上海市长职务，很大度地表现了这位“洋博士”的绅士风度。

市长提出辞职，当年打过这位市长的“凶手”——同济大学学生温尚煜，也就安然返回上海继续读书。

温尚煜高兴地告诉大表哥，说他已经于最近光荣地参加了共产党。段伯宇听了，大喜过望，立即关起门来，把自己入党经过和失掉组织关系的情况，详细告诉了温尚煜，嘱咐他向党组织汇报，请求指示。

1948年12月下旬，一个寒风凛冽的下午，温尚煜领着一位身穿长袍的中年人来到宝山路1号找段伯宇，介绍说：这是张执一同志，来接你的组织关系。

“众里寻他千百度，蓦然回首，那人正在灯火阑珊处”。宋朝大诗人辛弃疾在《青玉案·元夕》中写的这种意境，很形象地道出了段伯宇饱经风霜，东寻西觅，千辛万苦寻找党组织的经过，以及一旦找到后那种喜悦和欢乐。

段伯宇紧紧地握着张执一的手，仔细端详，见他高高个子，胖胖身材，长相魁伟，好一副面团团富家翁的潇洒风度。从年龄上看，约40岁光景，脸上微微漾着亲切真诚的笑容，使人感到是一位可以信赖的同志。他向段伯宇自我介绍说：“我叫张执一，上海局的，听尚煜同志说了您的情况，今天特地来看看您。”

话不多，爽爽快快，恳切而随和，使段伯宇一下子缩短了和他的心理距离，从心底里感到是一个可以信赖的高级领导人。

这位张执一，当时的职务是中共中央上海局文化工商统战委员会书记和策反工作委员会书记，是上海地下党对国民党军工作的主要负责人。今天他亲自出马来和段伯宇接关系，充分表明了地下党对这位蒋介石御用机构少将情报科长的高度重视。

今天年轻的读者也许会望文生义，认为上海局只管上海地区党的地下工作。其实不然。1947年5月6日，由周恩来起草的中共中央一份电报中明确规定："上海中央局管辖长江流域、西南各省及平津一部分党的组织与工作，并于必要时指导香港分局。"上海局书记刘晓，主持全面工作；副书记刘长胜，主要分管上海的工作；委员刘少文，负责情报工作；委员钱瑛，任组织部长。除上述四名上海局委员外，张执一、沙文汉、张承宗虽不是委员，但参加上海局召开的会议，并分工负责一个方面的工作，如张执一就主管文化、工商、统战、策反等工作。

张执一作为一名党的高级干部，又身负如此重任，但他当时只有三十六七岁，是一位年轻的老革命。1911年他生于湖北省汉阳县，15岁那年就参加了革命，次年加入共青团，两年后转为共产党员。1929年至1931年，他在武昌搞学生运动，组织武汉左翼青年联盟，负责"反帝大同盟"的工作。抗日战争期间，他参加了新四军，曾任豫鄂挺进纵队政治部联络部长、第四支队政治委员、五师第一纵队政治委员、襄河地委书记兼军分区政治委员等职。1944年冬，五师派他由湖北辗转到达江苏盱眙县黄花塘新四军军部，代表中共豫鄂边区党委和五师向华中局和军部汇报工作。1945年8月日寇投降的消息传到军部后，华中局和军部召开紧急会议，任命刘长胜为上海市长、张执一为副市长，由新华社华中分社广播宣布；并成立上海市委，刘长胜为书记，张执一是委员之一。从此，张执一就活跃于上海的隐蔽战线，经历了许多重大的、惊心动魄的斗争。

一晃就是三年多。在上海这座国民党军、警、宪、特密布，反动统治强固的敌占城市中，张执一凭着他高度的英勇机智和巧妙的斗争艺术，如鱼得水，游刃有余，工作做得有声有色。

未等段伯宇开口，张执一走到窗前仔细地察看了一下外面的情况，断然说："这座房子很孤立，我们另找一个地方，再好好谈。"

段伯宇想了想，说："我的三弟叔宇在裕国保险公司工作，家住在山阴路的一个巷子里，比较隐蔽、安全。我们是不是到那里去？"

张执一表示同意。

在山阴路的一间普通房子里，段伯宇向张执一详细汇报了他在三十二军加入地下党，到重庆后和八路军办事处周怡单线联系并受到周恩来接见，后来周怡去了延安，至今音信杳无，以致失掉组织关系的经过；汇报了他根据周恩来副主席的嘱咐历尽曲折打入蒋介石侍从室——军务局，独立开展工作，联系了陆军大学十几名进步同学共同反蒋并准备武装起义的详细情况。

张执一全神贯注地倾听着，有时作点提问，以求了解得更加详细透彻。

谈话持续了整整一个下午，直到暮色苍茫，华灯闪烁。

张执一听完后，沉稳持重的脸上露出高兴的笑容，称赞段伯宇在失掉组织关系的情况下，仍然出污泥而不染，坚持了崇高的革命精神，独立地开展了党的地下工作，并取得了出色的成果。末了，张执一说：“你联系的面很广，工作量很大，也很重要，应该加强力量进行领导。至于你的组织问题怎么处理，待研究后再正式通知你。”

21. 少将副司令的公馆成了地下党的秘密联络点。段氏兄弟联系的京沪杭地区十余万国民党军待机举义，准备策应解放大军渡江南进

中国现代史上具有非凡意义的1949年翩然来临。段氏兄弟在元旦这一天非同寻常的经历，半个世纪后他们仍历历在目，谈起来如数家珍。

段仲宇就任联勤总部上海港口副司令的要职后，司令官杨政民对这位曾在侍从室和国防部工作多年的副手刮目相看，表现得出人意外的尊重。他爽快地告诉段仲宇，纯粹业务上的事情段仲宇可大胆做主，全权负责，替他代拆代行。说毕又将他自己的图章交给了段仲宇，十分信任地表示："你决定了，就盖上我的图章。有问题由我负责。"

这意味着段仲宇的权力更大了。他不必像有的副职那样说话不算数，大事小事都得向正职汇报请示，一切由正职拍板。由此，他内心对这位杨政民司令颇为感激。因为这使他可以更加放开手脚协助大哥伯宇开展党的地下工作，大干一番事业。

杨政民也有自己的算盘。他曾经当过汤恩伯的军需处长。眼下又为汤集团掌管整个后勤补给工作，这是他心目中的头等大事。港口司令部的"油水"固然不少，但比起家大业大的整个汤恩伯集团来，还是小巫见大巫。善于"理财"的杨政民当然不会舍大就小，打错算盘，他乐得做个"顺水人情"，以换取段氏兄弟的好感。

更使段氏兄弟欣喜的是，段仲宇又获得一项新的任命：兼任"铁路运输指挥部"指挥官，具体负责京（南京）沪、沪杭铁路的军事运输工作。段伯宇敏锐地感觉到这个职位太重要了，一再叮嘱仲宇要牢牢掌握铁路运输，把交通命脉控制在我党之手。

元旦这天，段仲宇一大早就起了床，按照正规军人的标准修饰了仪表，穿上笔挺的美式将军服，尔后驱车赶到了外滩上海市政府，参加新年团拜会。当他作为港口副司令和铁路运输指挥官被介绍给不熟悉的军政要员时，人们常常还要加上一句"原侍二组的"。这使他更加身价倍增令人瞩目。

段伯宇虽然也是军务局的少将科长，但他是经批准来上海养病的。病人显然不适宜参加过多的社交活动，而且过多地抛头露面也无助于开展党的隐蔽斗争。于是他闭门不出，关紧门窗，一个人躲在家里偷偷收听解放区电台的广播。

收音机的音量调得很低很低，播音员铿锵有力的声音仿佛是从很遥远的地方传来的。但段伯宇听得清清楚楚，广播的正是新华社的《新年献词》：

中国人民将要在伟大的解放战争中获得最后胜利，这一点，现在甚至我们的敌人也不怀疑了。……敌人的战略上的战线已经全部瓦解。东北的敌人已经完全消灭，华北的敌人即将完全消灭，华东和中原的敌人只剩下少数。国民党的主力在长江以北被消灭的结果，大大地便利了人民解放军今后渡江南进解放全中国的作战……

1949年中国人民解放军将向长江以南进军，将要获得比1948年更加伟大的胜利！

……

段伯宇愈听愈兴奋，周身的热血仿佛都在沸腾，他真想大声高呼："我们胜利了！国民党快要完蛋了！"

然而，他一直牢牢记着张执一的那句话："这座房子很孤立！"他必须随时注意周围的动向，包括楼下住着的一个班的国民党士兵的一举一动，不使旁人察觉出一丝破绽。

听完解放区的广播，段伯宇开大了收音机的音量，收听国民党电台的广播——那是可以堂而皇之地公开收听的。

收音机里传出的是有点嗲声嗲气的女播音员声音。她在宣读着一份《总统新年文告》。蒋介石在这份文告中不得不承认："政府卫国救民的志职未能达成。而国家民族的危机更加严重。这是中正领导无方，措施失当，有负国民付托之重，实不胜其惭惶悚栗，首先应当引咎自责的……只望和平果能实现，则个人的进退出处绝不萦怀，而一惟国民的公意是从……"

"老蒋要下台了！"段伯宇脱口而出。

但是收音机里又传出了这样的声音：

……今日戡乱军事已进入了严重的阶段……尤其是京沪地区为

政治中枢所在，更不能不全力保卫，实行决战。我深信政府不仅在此有决胜的把握，而且整个国家转危为安和全体人民转祸为福的枢机亦在于此……

段伯宇听了这些话后，心想蒋介石的“新年文告”至少传达出以下三个信息：第一，他要下台是为了摆脱千夫所指的被动局面，是一种以退为进的策略；第二，他还不服输，还要作最后的挣扎，千方百计守住长江以南，以便作困兽之斗；第三，淞沪地区将是下一步“决战”的重点地区。

新的一年带来的这种新的形势，既非常有利又相当严峻；既是为党为人民建功立业的难得机遇，又是一种充满着巨大风险和困难的挑战。

亢奋的情绪渐渐平息下来，段伯宇陷入了沉思。他思考着下午与张执一见面时，怎样向这位上海局“策反委”的负责人提出自己下一步的工作计划……

下午，段伯宇穿一身军便服，装做出门探亲访友的样子，按约定的时间、地点来到了市中心的一家饭店。上了楼，他一眼看到了身穿长袍的张执一同志，身旁还坐着一位穿西装的学者模样的陌生人。张执一向段伯宇介绍说：“这位是李正文同志，在震旦大学当教授。今后就由正文同志专门与你联系，指导你的工作。”

段伯宇仔细打量了这位新的直接上级，见他40岁左右，中等个子，笔挺的西装，一副大学教授的学者风度，脸上漾着亲切温和的笑容，一看就知道这是一位沉稳老练、可以信赖的领导人。

李正文主动伸出手来，紧紧握住段伯宇的双手，谦和诚恳地说：“军事方面你是行家里手。今后我们一起共事，主要还是听你的，有问题多商量吧！当然还要及时向执一同志请示汇报，由他决断。”李正文边说边向张执一笑笑。看得出他对这位经验丰富的顶头上司十分尊重。

很快送来了酒菜。张执一举杯说：“来，让我们共同庆贺元旦，迎接新年！”三人碰杯，一饮而尽。

张执一简约地谈了当前的形势和今后的任务，话不多。最后说：“这里不是说话的地方，今天把你们的关系接上，具体的事你们详细筹划吧！”

过了个把月时间，一天，李正文正式通知段伯宇：组织上经过研究，认为你在失掉关系后继续长期坚持为党工作，决定恢复你的党籍。注意喽，是恢复党籍而不是重新入党。

这句话，说者有意，听者也有心。在当时地下斗争特殊的条件下，可谓字字珠玑，一字千金！

地下党所处的环境极其险恶，因此，在斗争方式上必须采取相应的措施，通常都是单线联系。在这种情况下，失去关系的事常有发生。党组织对失去关系的党员要进行深入、细致、严格的考察，以防变节者混入。有时也有这样的情况，即在斗争十分需要时，也可让失掉组织关系的人重新入党，党龄从头开始。等到彻底弄清全部情况后，再恢复他以前的党龄。段伯宇长期做地下工作，当然懂得这些惯例。因此当他听李正文说组织决定恢复他的党籍，不仅意味着自己的党龄从1938年算起，更主要的是这说明党组织经过考察后，对自己在失掉关系后的表现给予了完全的肯定。

党组织的信任，对于一个共产党员来说，比什么都珍贵，是最高的荣誉，最大的奖赏！段伯宇从内心深处衷心感谢党，感谢张执一和李正文同志。

“但令一顾重，不吝百身轻。”卢照邻这句诗，正是段伯宇此时心情的写照。是呀，为了报答党组织的看重和信任，段伯宇决心赴汤蹈火，即使作出百次的牺牲也在所不惜。

关系接上后，李正文就经常和段伯宇一起研究工作。地点常常在宝山路1号段仲宇的公馆，虽然房子比较孤立突出，但比起其他地方所设的秘密联络点，此处也有其独具的优势。

李正文1985年6月写的一篇回忆文章中，有这样一段记述：

……宝山路宝昌路口的一座小白楼上，这是段伯宇的弟弟段仲宇（上海港口副司令）的公馆，楼下驻有国民党士兵警卫。我们在楼上谈话，十分安全。我利用段仲宇这个家（段伯宇也住在这里），作为我联系段伯宇、段仲宇、贾亦斌、刘农畯、王海峤、宋健人等人的一个机关……

请读者注意：李正文在回忆文章中用的是“机关”二字。这表明段氏兄弟的住处当时成了地下党的一个极为重要的秘密联络点。

两位国民党将军住的公馆，居然成了地下党的机关——秘密联络点。难怪共产党能在汤恩伯重兵驻守的上海活动自如，游刃有余；也难怪精明干练的特务头子毛森及其手下的特务们对此长期视而不见，茫无所闻；也难怪蒋介石后来得报后要破口大骂段氏兄弟了。

形势的发展之快出乎许多人的意料。淮海战役（国民党称之为徐蚌会战）于1949年1月10日结束。国民党徐州“剿总”副总司令杜聿明被人民解放军活捉，5个兵团22个军共55万余国民党军被歼灭。傅作义所部52万余人，有的被歼灭，如驻守天津的陈长捷部13万余人和驻守张家口地区的第三十五军等；驻北平的25万余人，接受和平改编。整个长江以北地区全部解放。人民解放军百万雄师已推进到长江北岸，盘马弯弓，造成了随时可以渡江南下进击江南的战略态势。

蒋介石于1月21日宣告“引退”，回到了浙江奉化溪口老家。但嗜权如命的蒋介石绝对不会如他自己所标榜的那样“归隐山林”，也绝对不会像陶渊明那样去过“采菊东篱下，悠然见南山”的田园生活。他是绝不甘心于失败的，只不过把指挥中心从南京搬到了溪口，在那儿遥控一切。

李宗仁被蒋介石推到了前台，当上了“代总统”。这位桂系头目在美国的支持下很想和中共“划江而治”，成为偏安江南的小朝廷的首脑。

在这样的形势下，中共上海局的首要任务是，配合我大军渡江南下，顺利解放京沪杭地区。

段氏兄弟清楚地看到了这个形势，充分意识到了自己肩负的重任。

段伯宇多次向张执一和李正文详细地汇报了他多年来联系的国民党军的情况。其中主要的人员和部队有：

国防部预干局少将代局长兼预干团团长又兼第一总队总队长贾亦斌。这个总队在中山陵刚成立时只有1000余人。为了保住东南半壁河山，蒋氏父子通过

李宗仁“代总统”

国防部要求加速组建30个军的新部队，所缺基层干部要预干总队扩大招收名额。于是贾亦斌将预干总队扩大至4000余人，于1月下旬从南京移驻浙江嘉兴。另外，贾亦斌又在重庆组建了预干第二总队，派得力人员前往担任正、副总队长，招收学员3000余人；在汉中组成第三总队，招收学员2000余人。三个总队的学员总数达1万余人。

国民党空军总司令部所属的伞兵第三团上校团长刘农畯。伞兵三团共有2500余人，美式装备。原驻南京近郊。蒋介石离开南京前，下令将该团移驻上海。

段仲宇的港口司令部下属的辎汽二团和第十八团，加上从地方抽调汽车和人员临时组建起来的六个营，共有汽车一千四五百辆；加上所属的船队、仓库等，总人数亦近万人。物资更是品类众多，有武器、弹药、粮食、被服、油料、通讯器材……在战时，没有这些物资器材，部队寸步难行，无战斗力可言。

国防部所属的工兵第四团，团长是王海峤上校。下辖三个营，拥有最新的美式装备，能修路、架桥，是国民党统帅部随时准备让它履行重要任务的一支机动力量。

第一绥靖区所属的江苏保安总队，少将总队长齐国楷和段仲宇是中央军校先后期同学。部队驻在苏南金坛、溧阳地区，总人数约万人。

国民党第八兵团所辖第九十六军（一度属第六兵团），军长于兆龙和段伯宇是陆军大学特七期同学，西北军冯玉祥的老部下。反蒋反内战的态度比较坚定。所属三个师驻在南京北边的“三浦”（浦口、浦镇、江浦）地区。

国民党第一〇六军，军长王修身，和段伯宇也是陆大特七期同学，他是冯玉祥的老部下。所属三个师驻于安徽芜湖沿江地区。

以上两个军主要由宋健人、宋光烈具体联系。“二宋”也是老西北军，和于、王两位军长有故旧关系，无话不谈。1月间，宋光烈随国防部撤往广州，联系工作的重担就由宋健人一个人承担了。

青年军第二〇九师少将师长方懋楷，在重庆陆军大学学习时，中共驻重庆代表（南方局）董必武、王若飞等同志曾与他谈过话，做了不少工作。方懋楷表现得也比较进步，常说：“国民党不行嘛!太腐败嘛!无可救药了!”方懋楷和贾亦斌还是步兵学校的同学，友情甚笃，多次向贾亦斌表示反对蒋介石打内战。

国民党第五十一军所辖的第四十一师，师长刘卫，和贾亦斌是第十军干校的同学。部队驻在扬中县。刘卫曾向贾亦斌表示愿在适当时机“有所行动”。

此外，还有江苏省保安第二旅，旅长周敬亭；江苏省保安第三旅，旅长李焕阁；江西省保安总队；装甲兵部队某营营长，等等，都表示反对内战，愿意与我党我军联系。

上述部队的确切人数，据估算有10万之众，形成了中共上海局领导下的从上海到安庆沿江千里的一条地下战线。这是段伯宇从1944年考入陆军大学后，经过两年半的深入工作，团结争取了一批进步同学，到南京后又依据党的文件精神开展宣传教育所取得的初步策反成果，它凝聚了段伯宇多少辛劳和心血呀！

李正文将情况及时向张执一作了汇报。

张执一很高兴，指示说：“国民党一方面和我们搞和谈，一方面又在长江沿线部署重兵，搞所谓的陆、海、空立体防线，妄图利用长江天堑阻止我军渡江南下，以实现他们搞南北朝的美梦。因此，配合渡江作战，迎接大军渡江，是摆在我们面前的紧迫任务，光荣而艰巨。段伯宇联络了这么多部队，很不容易，很不简单，工作做得好，对配合我军渡江将会发挥一定的作用。正文同志要亲自到各部队去考察一下，摸清情况，并做具体指导。”

根据张执一的指示，在段伯宇陪同下，李正文代表中共上海局“策反委”奔波于京（南京）沪杭地区，秘密进入上述国民党部队，进行了实地考察。

江苏保安总队有近万人，驻在交通枢纽京杭国道上的金坛、宜兴、溧阳、句容一带，总队部设在常州。李正文在段伯宇陪同下，秘密抵达常州会见了总队长齐国楷。

齐国楷官居少将，40岁不到，为人豪爽，富有爱国心，追求进步，对蒋介石的内战政策十分反感。经过段伯宇的教育争取，他表示愿意在解放军向京沪杭地区进军时举行起义，并向李、段提出了参加共产党的要求。

李正文对齐国楷的进步表现给予了热情鼓励，详细询问了部队的人数、装备、驻扎地区的有关情况、官兵政治思想状况。他建议齐国楷进一步采取措施，把这支七拼八凑组建起来的保安部队牢牢地控制在手里。至于齐国楮的组织问题，李表示回上海后向上级汇报。

离开常州后，李正文和段伯宇还有宋健人等三人联袂赶到了南京。

3月的南京依然春寒料峭。社会上乱糟糟的，人心非常动荡，物价一日数涨，街头巷尾到处是银元贩子，金圆券形同废纸。国民党的行政院已经“疏迁”去了广州。段伯宇所在的军务局，局长俞济时早就去了溪口，一直随侍在蒋介石左右。局里的人员有的去了溪口，有的去了广州，也有少数留在南京，算是给“代总统”李宗仁留了点面子。

这期间南京地下民革准备发动5000余人在京沪进行暴动，以策应人民解放军渡江。不料事机不密，被国民党特务侦知，于是大肆抓人。这起“京沪暴动案”一时间闹得满城风雨，南京处于一片白色恐怖之中。

国民党第一〇六军中将军长王修身，在南京家中热情地接待了秘密来访的李正文、段伯宇和宋健人。

王修身年近半百，是冯玉祥的老部下。河南项城人。早年毕业于西北军干部学校，任过冯玉祥卫队旅旅长，1935年就官居少将，翌年任第三十二师师长，抗日战争中率部参加过淞沪、随枣、长沙等战役。1944年进陆军大学特七期学习，和段伯宇成了同窗好友，建立了很深的友谊。王修身待人诚恳，讲义气，重感情，有西北军那种愿为朋友两肋插刀的豪气。他长期受冯玉祥将军爱国爱民思想的熏陶，对蒋介石打内战是极不满的。1946年他任第十七军官总队总队长，家住南京，每次回家他常和段伯宇等陆大特七期同学相聚，交谈对时局的看法。段伯宇高屋建瓴的透彻分析，常常使王修身大为折服。

1948年年底，王修身接替毕书文出任第一〇六军军长，下辖两个师：第二八一师，师长顾贯云是顾祝同的堂弟；第二八二师，师长张奇原系郝鹏举部队第二师师长，也是老西北军。

淮海战役结束后，一〇六军被调到安徽芜湖驻防，负责防守150公里的长江防线。王修身私下曾向段伯宇表示，他实在不愿与共产党兵戎相见，打内战没有任何前途，跟蒋介石走下去没有出路，希望能与共产党建立秘密联系，走光荣自新之路。

但是，当李正文和段伯宇找上门来和他相见时，王修身的处境和心情却很不妙。

原来，他麾下的一个师——第二八二师，在师长张奇率领下于2月7日阵前起义，投奔到长江以北。这一来使长江防线出现了一个近百里长的大缺口。蒋介石和汤恩伯都大为震怒。王修身作为军长难逃罪责。特别是王修身和张奇都是冯玉祥的西北系，冯玉祥又在美国公开反蒋，这使蒋介石难免要怀疑王修身是否暗中对张奇“放了一马”？

王修身面带苦笑对李、段说，张大可（张奇字大可）是中共地下党员，他要起义，可以早点和我通气嘛！我不也是早就向段学长表明心迹了吗？我们可以通盘筹划、统一行动嘛！他提前举义跑到江北去了，上峰岂不怪罪于我？近来对我的监视可严呢！

王修身提出的问题，按说合乎情理。但在当时特定条件下，做起来很难。张奇的地下党组织关系隶属于陈丕显为书记的中共华中工委。起义前张奇特派联络员到苏北，见到了华中指挥部司令员管文蔚。管文蔚指示了三条，其中有一条是相机起义。张奇审时度势，认为晚起义会丧失时机，故单独提前起义了。

大水冲垮龙王庙——自家人不认识自家人了。在当时特定的地下工作条件下，这也是常有的事。

李正文、段伯宇和王修身进行了坦率、诚恳的谈话，晓以大义，陈明利害，反复阐明中国共产党的政策。王修身静静地聆听着，边听边沉思。

最后，王修身表态，他说，解放军发起渡江作战时，他的一〇六军在阵地前沿不作抵抗，并相机策应。

第一〇六军驻守在芜湖地区100多公里长的沿江防线上。显然，王修身如能实现他的诺言，对我军的渡江作战将是很有利的。

临分别时，王修身将李正文、段伯宇、宋健人送到门口。他还拉住段伯宇的手，低声说：“希望段学长向中共方面美言几句，将来能保留我的职务。”

段伯宇很机敏，说了一句意味深长的话：“共产党的政策是立功受奖！”他请王修身务必履行今天的承诺，不要临时变卦。至于起义后的职务安排，段伯宇的弦外之音是要看你王修身的表现而定。

李正文有急事赶回了上海。段伯宇和宋健人继续留在南京做策反工作。

这时，国民党第九十六军中将军长于兆龙不在南京城里，率部住在浦口。长江已被国民党海军严密封锁，渡江过去与于兆龙见面风险太大，容易暴露，怎么办？

于兆龙也是个老西北军。1898年生于山东滨县。曾在中共秘密党员方振武所部任过营长。在陆大特七期学习期间，与段伯宇建立了很深的友谊。他为人很重义气。每次从前线回到南京家中小憩，常与段伯宇等陆大同学聚会，言谈中明确表示了反对蒋介石打内战的态度。淮海战役期间，他的九十六军摆在蚌埠作预备队，属于刘汝明的第八兵团。退到长江防线后被摆在江北桥头堡，明摆着是将他作为挡头阵的“炮灰”。这更增加了他的反感和离心倾向。

段伯宇等急了，只得来到于兆龙家中，利用他家中的直通电话与于通话。但这样的机密大事当然不便也不能在电话中直说。好在多年的友谊使他们之间有了某种“默契”，用不着多说就能知道彼此要说的话。从电话中段伯宇获知了于兆龙的态度很好，一切仍按照以前说过的办，即我解放大军渡江时，他的九十六军不作抵抗，主动撤退，放开阵地，让我军长驱直入。

两个军的部队，少说也有四五万人。如果王修身和于兆龙两位军长果能实践他们的诺言，无疑将非常有利于我解放大军的渡江作战。工作做到了这一步，段伯宇感到说不出的高兴。

为了继续做好联络和策应工作，段伯宇特地将宋健人留在南京，以他作为上海局策反委与王、于两位军长联络的桥梁。

22. 嘉兴预干总队驻地来了两位不速之客，一位是穿便衣的将军，一位是学富五车的教授。他们实地考察后满意地说：这里的地火在燃烧

1949年1月下旬的一天，段伯宇穿一身便衣，陪同穿一身西装的李正文，从弟弟仲宇处搞到两张火车票，挤上了开往嘉兴的列车。

时近旧历年关，气候严寒，天空阴沉沉的。火车上非常拥挤，几乎连插足的地方也没有，这可苦坏了这两位很有身份的乘客。

国民党政府这时正忙着南逃广州。京沪杭地区的防务正在加紧部署，军运非常繁忙，铁路常常堵塞。从上海到百里之遥的嘉兴，快车通常只需个把钟头，而段伯宇和李正文却整整化了半天时间。

这次去嘉兴，段伯宇的任务一是为李正文实地考察起义部队带路，二是介绍李正文去面见一位重要人物——贾亦斌；同时也是为了满足同窗好友贾亦斌的一个强烈愿望——会见地下党领导人并当面表达他多年来对中国共产党的仰慕之情，以及申请入党的决心。

嘉兴的部队，是不久前刚从南京孝陵卫移驻过来的国防部预干第一总队。

按理说，南京驻防和进行训练的条件远较嘉兴为佳。那么，老蒋和小蒋为什么要急急忙忙将这个总队搬到小小嘉兴城来呢？

在辽沈、淮海、平津三大战役中遭到惨败的蒋介石，万般无奈之中不得不以“因故不能理事”的名义宣告“引退”，把总统职务交给李宗仁“代理”。但他对桂系的“逼宫”仇恨万分，私下对人说：“共产党只要我的命，桂系既要我的命又要我的权。”因而在“引退”前他采取了一系列措施，如把自己的亲信汤恩伯任命为京沪杭警备总司令，总部设在上海；嘱令汤恩伯在部署长江防线时，把主力放在镇江以东地区，将江宁要塞的大炮秘密拆运至上海，对南京不作防守的打算。汤恩伯在孝陵卫指挥所控制了上百辆卡车，随时准备撤离南京。在蒋氏父子的心目中，预干第一总队正在培训的几千名青年军官，是在江南重新编练30个新军所急需的基层干部。蒋经国对该总队的成立十分重视，特地打电话向贾亦斌表示祝贺。这批干部是绝对不能落入桂系之手

的，必须放在自己的身边。在这样的背景下，预干第一总队遂奉命于1月中下旬匆匆忙忙搬到了嘉兴。

火车吐着白烟慢慢进了站。身穿美式将军服的贾亦斌，已经焦急地在车站等了很久。他在熙熙攘攘的人群中很快发现了段伯宇，遂快步迎了上去。

段伯宇将李正文介绍给贾亦斌，对贾耳语说："这位李先生是中共上海局策反工作委员会的委员。"

贾亦斌一听，心中肃然起敬，又一次紧紧握住李正文的手，激动地说："欢迎!欢迎!欢迎李先生亲临指教!"

这时的贾亦斌，风华正茂，身兼三个重要职务：一是国防部预备干部局代局长(代理局长蒋经国的职务)；二是预干局所属预备干部训练团团长；三是干训团下辖的嘉兴预干第一总队总队长。前两个职务位高，权重，后一个职务手里直接掌握着4000名青年军官。这就使得贾亦斌成为有职有权有实力的风云人物之一。

贾亦斌将李、段两人带到总队部，对外说是老同学来访，三人关起门来进行了密谈。

李正文从段伯宇处已经详细了解了贾亦斌的身世、经历及政治思想状况。今天见了面，对这位三十六七岁的国民党青年将领印象特佳。从言谈举止中，李正文深深感到这位将军没有通常国民党军官那种行伍气和傲气，为人稳重，话不多，显得异常精明干练，脸上现出的是真诚的笑容，使你一眼就可看出他敞亮的心扉。

李正文深深感到这是敌人营垒中"杀"出来的一个可以信任的人。

但是，一支几千人的国民党"嫡系"武装，一旦起义，仅凭贾亦斌登高一呼就能拉得出开得动吗? 李正文不无忧虑地提出了这个问题。

贾亦斌胸有成竹，微微一笑，说："李先生尽管放心。对这支武装的干部配备和思想教育等，在段学长的指导帮助下，我们早就做了周密的考虑和细致的安排。"

早在南京中山陵密谈后，贾亦斌对预干总队干部的选择和配备就煞费苦心，一个一个地进行了慎重的考虑。他告诉李正文，眼下预干总队的干部主要有以下三种情况：一是跟随自己多年的老部下，自己对他们信任有加，他们也会以我的马首是瞻。二是对蒋介石的内战政策厌恶、有爱国心、要求进步的原青年军基层军官。他们当年抱着一腔热血投笔从戎参加抗日救国的斗争。但抗战胜利后的现实却使他们深感幻灭和失望，对国民党怀有强烈的不满。三是曾经被人民解放军俘虏过又释放回来的军官。他们亲眼目睹解放军官兵情同手足、军民鱼水相依的感人景象，受过解放军的优待，对共产党的政策比较了解。他们之所以要求回国统区，大多还是挂念亲人而非与共产党敌对。可是他们回到国统区后却备受歧视、排斥、打击，大都要关押审查“洗脑子”，甚至怀疑他们是共产党故意放回来开展策反和情报工作的间谍。

贾亦斌还说了这样一件事：一天，他参加了国防部召开的一个会议。空军总司令周至柔在会上提出：共产党释放回来的国军官兵，许多人被赤化了，到处为共产党说好话做宣传，弄得人心惶惶，不如干脆把这些人统统杀掉。如不采取如此断然措施，将来亡国就亡在这批人身上。但有些人不同意这样做，认为会引起家属的吵闹。最后决定将他们送到中央训练团受训，以消除“共匪影响”。这件事反映了国民党上层对这些人的忧虑和戒备，也从另一个侧面说明了这些人可能为我所用。贾亦斌为此有意识地从中央训练团招来了一批学员。

李正文和段伯宇还问了预干第一总队其他几位主要领导人的情况，认为他们对起义的成败不可小觑。

贾亦斌说，少将副总队长林勉新也是陆军大学特七期毕业，和自己及伯宇学长均系同窗好友，可以无话不谈。他原在商震的三十二军，不是蒋介石的嫡系。他对打内战一直不满，在干河沿秘密商议时力主搞武装军事政变。后来成立预干总队，贾亦斌有意将他安排当副总队长，当自己的助手。将来起义，是一个信得过、靠得住的人。

另一位副总队长叫黎天铎。贾亦斌说此人是国防部安插的，思想比较顽固，和我们不是一股道上跑的车，得多加提防。不过问题也不大，可以设法将他“架空”。

贾亦斌还说，他还有意将祁宗汉、文承山两位上校安排当队附，刘异当辅导组组长，四个大队长李恺寅、邓道三、兰弼、李士廉，思想都比较进步，对打内战一直持反对的态度。他多次和他们谈过话，交了心，他们都坚决表示要跟随时代的洪流前进，不做蒋介石政权的殉葬品，关键时刻会随他行动。有了这样一批中层干部当起义骨干，他有信心将来登高一呼，能做到一呼百应，光荣举义。

李正文和段伯宇会意地连连点头，表示满意，赞扬贾亦斌考虑问题有远见，而且细致缜密。

贾亦斌提出到各大队驻地去走走，现地看一看，并说他会向人介绍说是两位老同学来访，不会招人惹眼引起怀疑。

李正文、段伯宇在贾亦斌的陪同下，装作信步而行，随便散散步的模样，边走边顺便看看。作为陆大毕业的情报科长段伯宇，只要看上一眼就一目了然了。

预干第一总队第一、第四大队驻在东大营，第二、第三大队驻在西大营，总队部设在西大营。李正文和段伯宇看到，每个大队都下辖四个中队。第一、第二、第三大队下面各辖两个步兵中队，一个迫击炮中队，一个机枪中队。第四大队下辖交通、通讯、工兵、政工等共四个中队。另外还有一个直属文化区队。部队装备齐全，配有美式步枪、冲锋枪、轻重机枪、六〇炮、八二迫击炮等，弹药配备也很充足。

贾亦斌解释说，按照学校训练的常规，本来不一定要配备这么齐全的武器弹药，但他考虑到起义的需要，故意向国防部提出，说将来征召的新兵都是江南的农民，预干总队的学员对这些新式的美制武器装备也不熟悉，为了加速30个新军组建和训练的步伐，他建议搞一批美式武器来，先让学员熟练地掌握和使用，将来训练新兵就能得心应手。上峰还夸奖贾亦斌对党国忠心耿耿，想得周到呢！

说至此，三人会心地哈哈大笑。

边走边谈，他们又看了几个中队的学员宿舍。看到学员们都是20多岁的青年，很热情，很有生气。

贾亦斌介绍说，学员们几乎都是抗日战争最困难时期投笔从戎的青年学生，当时“十万青年十万军”，社会影响很大。学生们壮怀激烈，有的还到过印度、缅甸，参加过远征军，曾与日本侵略者浴血奋战。抗战胜利了，他们之中不少人复了员，有的回到学校继续深造，有的找份职业谋生。他们年轻，单纯，有爱国激情，有正义感，亲眼目睹抗战胜利后国民党贪官污吏大发“劫收”财，搞“五子登科”（车子、房子、金子、女子、位子），弄得民怨沸腾，而他们之中不少人失业、待业，找不到工作，生计无着，甚至生活都很困难，因而对“党国”的不满情绪日益增长。

段伯宇插话说，不仅青年军里有这种情况，在国民党部队中这种情绪也相当普遍。

贾亦斌继续说，在南京孝陵卫的时候，不少学员就当面向他提出了许多问题，有的说：蒋委员长说六个月消灭共产党，怎么打了不到三年，共产党反而快要打到南京来了，这是为什么？有的说：长江以北都成了共产党的天下，长江能守得住吗？许多人说：蒋介石发动内战太违反民意！现在打败了是咎由自取，活该！我们如果再跟蒋介石走下去，是没有前途和出路的。这些情况说明，在预干总队组织反蒋武装起义，是有一定思想基础的。只要进一步加强教育，完全有可能把这支“太子系”的嫡系武装引上革命之路。

李正文和段伯宇询问学员当前有哪些思想障碍？

贾亦斌说，学员们对国民党失望了，但大多数对共产党并不很了解，倒是蒋经国提出的“一次革命，两面作战”的口号，对他们有一定的影响。在不少人心目中，老蒋不行了，小蒋也许能挽国民党这所大厦于即倒。

李正文不解地问道：“什么是‘一次革命，两面作战’呀？”

贾亦斌解释说，那是1947年夏天，全国爆发了著名的“五•二〇”运动，南京、上海、杭州、苏州等城市的16所大专院校的数千名学生云集南京，要求增加教育经费和学生公费。国民党政府出动大批军警进行镇压，打伤学生100余人，逮捕二三十人，制造了震惊全国的惨案。事后国民党内部认识也不一致。为了统一思想，蒋经国写了一张条子给贾亦斌，说他决定在北平和嘉兴办两个夏令营，各招收学员1000人左右，他本人担任两个夏令营的主任，令贾亦斌当嘉兴夏令营副主任，教学骨干均由预干局调配。说他还要亲自讲课，题目就叫《一次革命，两面作战》。

说到这里，贾亦斌用手指了指远处的一幢房子，说：“蒋经国到嘉兴后，和我同住在一个房子里。他住里间，我住外间。工余饭后，他常常找我一同聊天，几乎无话不谈。蒋经国说他到赣南后搞了一次成功的革命，反对恶势力，禁赌、禁烟、禁娼。他认为革命的成败，既要反对共产党的煽动，又要反对国民党内部的贪官污吏。他还公开标榜‘非国非共’的中间路线，以争取青年人。”

李正文听了，笑笑说：“蒋经国这一套还很能迷惑人、欺骗人哩!”

段伯宇说：“这哪里能说是革命，充其量只能说是改良。蒋经国在苏联留过学，在莫斯科中山大学攻读过马克思主义。他不会不懂得革命的根本问题是工农阶级推翻地主资本家的反动统治，是阶级斗争。他是故意用‘两面作战’来混淆视听，笼络人心。”

李正文说：“是呀，要让青年人识破这一套，还真要做艰苦细致的工作呢!”

贾亦斌接口说：“是呀，对学员思想工作的难度确实很大。我们在孝陵卫建队后，就有意识地进行启发引导，使学员认清国民党已经腐败透顶，蒋经国在上海‘打虎’失败标志着国民党已经病入膏肓，无可救药。国军精锐在长江以北被解放军歼灭后，共产党打过长江只是个时间问题。跟国民党走前途无望，谁能把国家搞好我们就应该跟谁走。但我们毕竟是在特务的眼皮底下做工作，许多话不能说得太露，太直，绝不能让敌人有所察觉，只能慢慢进行，逐步引导。最好的办法是把蒋经国一贯宣传的那些口号接过来，为我所用，做到以子之矛，攻子之盾，更能收到良好的效果。”

李正文和段伯宇对贾亦斌所说的深表赞同。

贾亦斌向李正文汇报了他对起义的设想，提出，在国民党统治的“心脏”地区——上海、江苏、浙江、安徽的南部，来个“中心开花”，揭竿举义，必将产生极大的影响。至于起义的力量，安徽芜湖地区有王修身的一个军，南京有于兆龙的一个军，苏南有齐国楷的一万多人的保安总队，还有他的老部下周敬亭的江苏保安第二旅，李焕阁的江苏保安第三旅，上海有他的老同学方懋楷的青年军二〇九师和老同学刘卫的四十一师。另外还有几个国民党高级将领，有的给他写信表示：起义时看情况可能参加战斗行动，否则采取中立，无论如何决不反对起义……

贾亦斌边说边从口袋里摸出几封信，交给李、段传看。并说像这样的人有好几个，他利用春节传统节日已向各地说得上话的人写了信，劝他们认清时局，有所作为。估计在解放军节节胜利、胜负局面已经明朗的情况下，会有更多的人走傅作义将军之路，作出明智的抉择。待解放军渡江时，举行大规模起义进行策应是完全有可能的，并一定会取得成功。

贾亦斌侃侃而谈，神采飞扬，显得信心十足，充满了秋瑾所咏的那种“拼得十万头颅血，须把乾坤力挽回”的壮志豪情。

李正文听了后，面带沉思之色，嘴里未表示可否。作为上海局“策反委”的一名成员，他是多么希望看到由自己策动的国民党部队能高举义旗威震江南呀!那不仅表示了上海地下党的工作硕果，更主要的是将会加速革命事业的胜利进程，缩短江南人民在水深火热中苦苦煎熬的时间。这是功德无量的大好事。但是，李正文凭着多年地下工作的经验，深感在敌人“心脏”地带发动这样大规模的起义，也极非易事，需要从长计议。

李正文和段伯宇临离开嘉兴前，贾亦斌激动地向党组织提出了加入中国共产党的庄严申请。他说自己出身于贫苦农民家庭，从阶级根源上来说和党是相通的；自己从小信仰孙中山的革命三民主义。抗日战争期间，自己抱着“天下兴亡，匹夫有责”的拳拳报国之心，主动请缨杀敌。抗战胜利后，目睹蒋介石的倒行逆施，决心脱离蒋氏父子，弃旧图新，投向人民。希望党组织进行考察。

李正文热情地鼓励了贾亦斌追求进步、崇尚真理的良好愿望，对他说：“中国共产党对一切爱国爱民、愿意为党的事业而奋斗的人都竭诚欢迎。你的入党申请我回上海后一定向上级汇报。”

途中，李正文和段伯宇交谈了嘉兴之行的感受，共同的看法是：预干总队是一方热土，那儿的地火正在熊熊燃烧……

23. 蒋介石面谕伞兵团长刘农畯“毋负党国期望，完成戡乱建国大业”；段伯宇却悄悄领着刘农畯会见了中共上海局“策反委”的代表

寒冬的风霜，腊月的雨雪，使面临战乱的上海更深地陷入一种凄惶的气氛之中。但是，住在宝山路口那幢两层小楼中的段伯宇，却整天忙碌异常，心情亢奋。张执一对他的信任，仿佛又给快马加了一鞭，使得这位年过“不惑”之年的人更加“玩命”地工作。刚从嘉兴回来，他又冒着严寒陪同李正文考察了伞兵第三团。

不久前，伞兵第三团刚从南京移驻到上海，扎营在安亭地区（后来移驻到南汇县三林塘、杨思桥一带）。段伯宇和李正文以探望老同学为名，风尘仆仆地从市区赶到了郊区。

伞兵三团上校团长刘农畯热情地接待了这两位不速之客。

这是刘农畯第一次见到中共上海局策反工作委员会的领导成员。这位少年时代就在湖南邵东老家参加过轰轰烈烈大革命运动的国军上校，在经历了人生的风风雨雨之后，又一次见到了心仪已久的共产党组织的代表，激动之情难以言表。他双手紧紧的握着李正文的手，只是一个劲儿地说：“欢迎!欢迎!欢迎李先生大驾光临!请多多指教!多多指教!”

李正文从段伯宇处早就了解了刘农畯的身世、经历及近来的政治思想状况。据说刘农畯早年参加过C.Y.，后来失掉了关系。他的叔叔刘惊涛，当年曾是湖南农民运动的一位领导人，不幸在马日事变中惨遭国民党反动派杀害。这给少年刘农畯上了极为深刻的一课，思想上留下了永远抹不掉的影响。迫于生计，也出于强烈的爱国心，刘农畯在九一八事变后投笔从戎，考入通信兵学校，毕业后在国民党第二〇〇师和第五军工作。他在抗日战争中随部队辗转南北，与日本侵略军进行过鏖战，当过杜聿明部队的通信连长、通信营长。1943年考入陆大特七期深造。想不到这次“镀金”未给他带来仕途上的飞黄腾达，却使他结识一位打入国民党的中共地下党员段伯宇，从而彻底地改变了他后半生的命运。

今天，这位“段学长”——刘农畯一直这样尊敬地称呼比自己年长近10岁的段伯宇，又带着一位更重要的人物来考察他的部队。他事先就知道了这位神秘人物此行的目的，要弄清这支部队有无起义的可能。

无疑，这既是神秘使者的重大使命，更关系到他刘农畯本人和全团2500余人的前途和命运!事关重大啊!

李正文端详这位伞兵团长，果然名不虚传，是位军中猛将。这时刘农畯三十六七岁年纪，正值壮年，个子虽然偏矮了点，就像人们开玩笑说他是“五短身材”，但长得不胖不瘦，非常健壮，一眼看上去虎虎有生气，非常精明干练，浑身好像有使不完的劲。他英俊的脸上胡子刮得精光，头发梳理得整整齐齐，美式军装整洁而挺括，仪表堂堂，一副标准军人的气质，一点也没有在国民党军队中混迹多年而沾染上的行伍气。

学者气质的李正文，对这位充满标准军人气质的伞兵团长，初次见面的印象异乎寻常的好。他想不到段伯宇介绍给他的将校级军官，一个个都是为人正派的军中豪杰。这使他心中暗暗钦佩段伯宇的知人之明。

尽管李正文早有耳闻，刘农畯还是一五一十地向李正文详细汇报了伞兵三团的有关情况。

早在20世纪40年代初，国民党部队就开始组建在“二战”初期发挥过重大作用的伞兵。美国人对蒋介石的这一要求给予了大力支持，不仅援助了全副美式装备，而且派出专家对它进行严格的训练。人数仅有4000人的伞兵部队，竟有300多名美军顾问，大到总队部，小到一个组（班）都派有美军顾问，堪称一大奇闻。

伞兵部队对官兵的素质要求特别高，首先政治上要忠于“党国”，没有异志二心，更不能让“异党”分子插入——抗战时期国共实行合作，国民党对共产党不好再公开称“匪”，遂改称“异党”，并秘密制定了《限制异党活动办法》，严密防止共产党打入内部。伞兵部队乃蒋介石嫡系中的佼佼者，岂能让“异党”涉足?！其次，在身体素质上也要求特别高。从几千米几百米的高空往下跳，反应要特别灵敏，头脑要特别冷静，体质要特别坚强。再次，在文化素质上要求也特别高。上述三条要求加在一起，使得选拔伞兵部队的官兵几乎是百里挑一、千里挑一。

伞兵的要求既然这样高，待遇不用说也非常优厚。伞兵的吃、穿、用都按照美军伞兵的标准。

伞兵原由以编练新军著称的杜聿明一手组建，开始隶属于杜聿明的第五集团军。后来扩编为20个总队，直接隶属于设在昆明的陆军总司令部。1945年3月，该部投入抗击日军的战斗后，在敌人后方跳伞，突击和伏击日军，破坏敌人的交通线，攻占敌人的飞机场，袭击敌人的后方补给基地，使日本侵略者大感头疼。

段伯宇补充说，这期间刘农畯并不在伞兵部队，而是在陆军大学深造。刘农畯连连点头，说："是的，是的。但是伞兵部队在抗日战争中的这段历史说明，它还是很有战斗力的。"颇有心计的刘农畯是要让地下党派来考察的使者知道，自己的部队历史上就不是手无缚鸡之力的学生兵，而是很能打仗的一支战斗部队。

刘农畯还介绍说，抗战胜利后伞兵还帮了蒋介石的大忙。杜聿明就动用伞兵顺利地解决了老谋深算的龙云，使这位"云南王"成了一个没有地盘没有部队的军事参议院空头院长，坐在金陵古城望着六朝废墟长吁短叹。蒋介石还用飞机将伞兵空运南京，担任了日军受降仪式的警卫部队，使看惯了日军铁蹄横行的南京老百姓大开眼界，为之瞠目，想不到8年前在南京丢盔卸甲的"国军"，今天竟有了这样装备一流的精锐部队。蒋介石在接收东北，与中共抢夺胜利果实的生死搏斗中又一次动用伞兵。他亲自飞赴东北"视察"时就用伞兵负责他的外围警卫工作，尔后又让伞兵担任东北行营的警卫，向东北老百姓炫耀"国军"装备之先进和军容之严整。

正因为伞兵为蒋介石屡立功绩，蒋介石多次检阅，倍加"慰勉"和表彰，将它视为嫡系部队中的"掌上明珠"。

"但是，这颗'掌上明珠'遇上了人民解放军的铁拳，却不堪一击，被打得落花流水。"段伯宇补充说。

"一点不错！"刘农畯说："全面内战爆发后，蒋介石妄图利用伞兵的高度机动性，下令扩编，成立了伞兵总队，用它来进行所谓的'灵活机动反应'。有时令它到津浦、陇海路去'突击'；有时又令它同海军搞什么'两栖作战'；1947年初甚至策划派伞兵空降延安进行偷袭，对中共首脑机关来个'一网打尽’。但是，由于种种原因，蒋介石没有这样做。到了1947年的开封战役，为了挽救危局，蒋介石下令伞兵两个团配以汽车兵、坦克兵、炮兵、空中支援大队等兵种，组成第三快速纵队，妄图与粟裕指挥的华东部队决一雌雄。谁知解放军用兵如神，士气高昂，以小米加步枪的装备打得美式装备的快速纵队伤亡惨重，溃不成军。”

段伯宇插话说：“守謇（刘农畯的字）的伞兵三团当时正在南京招考新兵，没有参加开封之战。参战的两个伞兵团，一个团长被解放军击毙，一个团长负了伤，侥幸保住一命。守謇当时如果参战，不知现在是否还能在这里和我们说话呢!”

李正文笑笑，说：“如果是那样，也许我们未来的人民解放军伞兵部队将会失去一位优秀指挥员。”

刘农畯感激地望了望李正文，他理解这位地下党负责人话中的含义。他由衷地感到这是李正文传递给自己的一个信息，它表明了中国共产党对自己的一份信任，一种希冀和期盼。

接着，刘农畯谈了蒋介石亲自召见的经过。

开封战役（解放军称之为豫东战役或睢杞战役）中伞兵两个团受到重创后，蒋介石下令将部队调回南京进行补充。9月间，伞兵三个团按新装备和编制补充齐全，遂奉令进行军事训练。按原计划，准备将这三个团用之于“拱卫京畿”，保卫蒋介石的安全。谁知风云变幻，蒋介石不得不宣告“引退”，仓皇辞庙，去了溪口。他暗中命令汤恩伯不要把南京作为防守的重点，而伞兵三个团当然也不会留给李宗仁。“引退”前的一天，蒋介石亲自召见了伞兵司令张绪滋和三个团长，刘农畯“荣幸”地也在其中。

蒋介石面带憔悴之色，勉强打起精神，先对四位伞兵“精英”作了一番鼓励，表示“党国”对伞兵部队的一贯关切和重视，并强调说：目前“党国”正处在危难之际，全党同志都要继承黄埔精神，发扬当年东征北伐的革命气概，重整旗鼓，以完成戡乱建国的大业，毋负“党国”的期望云云。

段伯宇笑了起来，诙谐地说：“老蒋真是看错了对象，选错了人。他的特务机构也是一群无能之辈。他没有想到，站在他面前的四个人中，这位守謇学弟早已向共产党表示，要在南京也搞一个‘西安事变’，把老蒋抓起来，以谢国人。”

李正文说：“是啊，一切反动派的倒行逆施，总是造成众叛亲离，自己培养和制造了自己的掘墓人。历史的规律就是如此。蒋介石也难以逃出这个历史法则。”

上海郊区的田野，在严寒的冬天也长着不少绿油油的青菜和紫云英，使人感到春天并不遥远。段、李、刘三人在田野间装做漫步的样子，边走边交谈着部队情况和起义大计。

李正文和段伯宇担心的仍然是这样一个问题：2500人的一支国民党嫡系部队，没有一个共产党员，仅靠一个思想进步的团长，就能在敌人“心脏”里揭竿举义吗?

刘农畯却显得很有信心。他说，你们别看官兵们表面上穿着国民党的军服，其实每个人的心里都有一本账，都在打着自己的“小九九”。老蒋“引退”了，李宗仁要和共产党搞“和谈”。过去国军有400多万人，尚且打不过只有100万人的解放军。现在的国军都是些人家手下的残兵败将，从江北败退到江南，犹如惊弓之鸟，惊魂未定，哪里还是人家胜利之师的对手。就连伞兵司令张绪滋也说，无论是从士气上讲还是从民心上讲，这个仗是不能再打下去了。有个连长就对刘农畯说：我们不能再把自己的命运和国民党拴在一起了，要另找出路。如果部队能举行起义，他坚决拥护，坚决参加。

李正文问：“这样的人多吗？”

刘农畯说：“真正坚决拥护起义的还是少数，但大多数人反对打内战，只要进一步做好工作，可以争取更多的人拥护和参加起义。至于反对起义的，也有。副团长姜健就比较顽固。二营营长杨鹤立把四连一个班长关了两个星期禁闭，说这个班长有共产党嫌疑。简直乱弹琴!”

段伯宇说：“是啊，十个指头也不一般齐。一个团2500多人，要求都拥护起义也不现实。但是团长、营长、连长、排长可不能等闲视之，他们一站出来反对，就麻烦了。要特别注意做好这些人的工作。”

刘农畯连连点头，说：“段学长所见极是。下一步我们准备重点做好带兵军官的工作。”他提出，希望地下党能派点得力的人来帮助指导。段伯宇也说：“守謇有决心，有冲劲，但一个人毕竟孤掌难鸣呀!希望组织上加以考虑。”

李正文表示，待他回去向张执一汇报后，再行定夺。不过他强调：“外面派人进来，人生地不熟，还容易引起二厅特务的怀疑，所以关键还是要靠你们培养和利用积极分子，再通过他们去团结和发动广大官兵，以便一旦举事时有成功的把握。这个工作很艰巨，很细致，还要悄悄进行，不使敌人有所察觉。宋朝大学者苏轼有句名言：‘犯其至难而图其至远。’发动和争取绝大多数官兵拥护起义，是个最大的难题。希望你们能下最大的功夫来达到这个最为远大的目标。”

刘农畯牢牢地记住了李正文的这个嘱咐。

向往了很久的机会如今就在眼前，刘农畯怀着激动的心情向李正文表达了要求加入中国共产党的恳切愿望。他还说，他的这个愿望在南京时就向段学长表达过了。为了完成共产党交给的任务，他愿意赴汤蹈火，万死不辞！

李正文听完刘农畯这席话后，对这位精明干练的上校团长更增添了几分信任。他热情地鼓励说：“你的要求很真诚。中国共产党对一切爱国分子和愿意为人民革命事业而奋斗的先进分子，始终敞开着大门。”

当李正文和段伯宇一起离开伞兵三团的时候，中校团附李贵田陷入了沉思。他目睹了这位军务局少将科长和从未见过面的“教授”跟团长谈了那么久，谈得那么默契，那么投入，看来决非一般性的老同学之间的谈天说地。这两位不速之客究竟是何人？

李贵田立即向早就打入三团的共产党地下工作者孟虎作了汇报。

于是发生了自家人不认识自家人的又一件趣事。

24. 国民党政府仓皇南迁广州，汤恩伯紧急部署京沪杭防务，但关键时刻铁路常常堵塞，原来是铁道运输指挥官段仲宇做了手脚

在80多年的人生历程中，最使段仲宇铭记不忘的，是1949年初那个风急浪高、惊心动魄的冬春时节。

自从蒋介石发出元旦“求和”文告后，国民党政权到了最后崩溃的前夜，各系各派争权夺利的斗争也达到了白热化。

1月21日，蒋介石将“总统”职务交由李宗仁“代理”，自己拍拍屁股飞往溪口老家。名为“归隐田园”，暗地里实行“遥控”，以便将李宗仁完全架空。

“行政院长”孙科也不甘落后，于1月24日开会决定，政府各机关在本月底前疏散完毕，仅留少数人在南京，“行政院”南迁至广州。2月5日即开始在广州正式办公，下辖的内政、外交、财政、粮食等12个部、会、委亦于3日开始在广州“办公”。孙科2月1日在广州声称，他的这一举动既是反对李宗仁与中共和谈，也是为报“副总统”竞选时被桂系击败的一箭之仇。

汤恩伯就任京沪杭警备总司令后，立即调兵遣将，大规模地部署长江防务。在上海至江西湖口800公里长的防线上部署了45万部队，其中重点放在上海和浙赣路沿线地区。他叫嚣至少在上海打半年至一年，等待第三次世界大战的爆发。

历史为段仲宇提供了一个巨大的机遇。

国民党的将官为数众多，小小少将简直排不上队。但上海港口副司令和京沪、沪杭铁路运输指挥官这个关键性的职位，却在当时特定的条件下，将段仲宇推到了历史的风口浪尖。

淮海、平津战役结束后，贯通南北的津浦铁路为人民解放军所控制。但国民党铁路部门在撤出江北前，将原先在津浦线上运行的99部火车头调拨到南京。联勤总部借口军事运输急需，又将这些机车从地方铁路局搞了过来。

联勤总部运输署署长是赵桂森，曾在侍从室一处第二组当过组长，是段仲宇的顶头上司。运输署主管全军的运输事宜，铁路、公路、内河、海运都管，

权力大得很。

段仲宇的上海港口司令部，管辖的范围也很大。至于“铁路运输指挥部”更是全权负责京沪、沪杭两条铁路的军事运输工作。一天，他获悉99部机车已到了南京，并看到了调运单，计划将这些机车经浙赣路南调。

这是一个非常重要的情报，又是一件非常重大的事情。段仲宇回到家中后，向大哥段伯宇作了汇报。在段仲宇心目中，大哥就代表共产党。因此，他把这件事不是作为茶余饭后的闲谈资料随便说说，而是郑重其事地向党组织作了报告。

段伯宇立即向李正文作了汇报。

一天，李正文来到段仲宇公馆。他和段伯宇又让段仲宇详细地谈了这方面的情况。然后李正文指示说，这99部火车头是重要的运输工具。不久后我解放大军就要南渡长江，届时我们很需要火车头。无论是军用列车还是民用列车，都不能没有火车头。否则，有了车皮火车仍然开不起来。而国民党要把这批机车南调，就是怕留下来成了我们的战利品，为我们服务。因此，要想尽一切办法把这批火车头全部留下来，不让国民党南调，为我党我军准备交通工具。这是党交办的任务。

段仲宇领受这一艰巨任务后，心中暗暗盘算执行的方案。最后确定分两步走。

第二天，段仲宇早早地来到“铁路运输指挥部”设在上海北站大楼里的办公室，找到了主管车辆调拨事宜的具体办事人，当面交代说，目前军运十分繁忙，上峰一个劲地要调拨列车，现有的车皮尤其是机车远远不敷需要。现在从津浦路过来一些机车，我们要立即通知两路局（京沪、沪杭两条铁路的主管机构）运务处，就说军运急需，这些机车统统划归军用，不给地方运输使用。

紧接着，段仲宇又亲自给南京联勤总部运输署署长赵桂森打电话，一再“诉苦”说京沪、沪杭线上部队调动频繁，军事物资包括武器装备、弹药、粮秣、被服等等，二三十万部队急需的后勤保障物资，急需大量的火车来运输，而目前自己手中掌握的机车和车皮都远远不够用，请求联勤总部将这99部机车全部拨给两路局搞军运。

也许赵桂森看在过去都是侍从室老同仁的大面子上，很快同意了段仲宇的要求。

99部机车如果全部调来上海，段仲宇认为也不行，容易暴露自己的真实意图；但是，我解放大军渡江后，没有火车头也是万万不行的。段仲宇经过反复考虑后，又向联勤总部提出建议，说什么国民政府正在“疏迁”去广州，尤其是将来一旦爆发江防保卫战，很需要火车搞军运，因此，他建议将这99部机车分散放置在戚墅堰到南京之间的各个火车站，以便一旦需要时能派上用场。

联勤总司令部和运输总署听了段仲宇的这个“建议”，除了夸奖“段副司令”为即将到来的长江防御战谋划得周到，为保卫“京畿”设想得周全外，还夸奖他对“党国”的耿耿忠心，哪里还会想到他会“别有用心”呢？！

段仲宇略施小计，在“斗智”方面赢得了一个回合，完成了上海地下党交给的一项重要任务，受到了李正文的褒奖。

紧接着的一个回合是堵塞京沪、沪杭铁路，使交通瘫痪，以迟滞国民党的军事运输。

今天的读者完全可以想象得到，几十万国民党部队的调动，为保证部队急需的大批物资的调运，南京国民党政府的大批人员、物资要“疏迁”去广州，以及达官显要们的太太甚至于她们豢养的小狗小猫，都要逃往南方，这些都要通过京沪、沪杭铁路，因此，“两路”的畅通对于国民党确保其半壁江山来说，其重要性也就不言而喻了。

可是，当时“两路”的拥挤和堵塞情况却是异乎寻常的严重。1949年1月26日《申报》就登载了如下一则报道：

“京沪、沪杭两路连日因军运繁忙，路轨阻塞，客车行驶异常困难，且年底岁尾，还乡旅客突然增多，于是车站及客车秩序更为紊乱。加班军车往往不能遵守路局调度，每多抢先行驶，遂使客车无法开出……旅客亦越积越多，车厢拥挤已达可怕程度，攀登车顶旅客坠车殒命者，日必数起。在路局任职数十年之老员工，咸称此种混乱情形，前所未见……”

京沪、沪杭铁路的这种混乱状态，使国民党高层非常焦虑。因为它的畅通或阻塞，都关系到当时长江防线的部署、京沪杭地区的防守，以至于浙、赣、闽、台等后方的“应变”，还关系到政府的南迁。概言之，它关系到东南半壁江山的确保，关系到国民党最高当局“划江而治”这一战略目标的实现。

正是由于这个大背景，段仲宇这个区区上海港口副司令兼铁路运输指挥部指挥官，在蒋介石手中的“大棋盘”中，也就具有了举足轻重的作用。

国民党高层，中共上海局策反工作委员会，以及段仲宇本人，都清楚地看到了这一点。

中共上海局“策反委”的意图非常明确，千方百计造成京沪、沪杭铁路的阻塞和交通瘫痪。无疑，这是从背后给正在分崩离析中的蒋家王朝以致命的一击，以加速其崩溃的进程，加速江南的解放。为此，李正文本人和段伯宇多次向段仲宇作过交代。

但国民党高层则是千方百计要使“两路”保持畅通。为此，远在南京的联勤总司令部运输署署长赵桂森几乎天天打电话给段仲宇，严厉责问“两路”为什么不通，以命令的口吻要求必须畅通，甚至对某趟列车必须保证畅通作具体的指示。

段仲宇既要执行地下党的指示，又要保障自己的安全，他采取的两全之策是：对联勤总部指示表面上坚决服从，但暗地里消极怠工。也可称之为“阳奉阴违”。

一天，某趟重要列车在嘉兴火车站被堵，联勤总司令部打了多少个电话也毫无作用。赵桂森遂亲自给段仲宇打电话，命令他立即赶到嘉兴去处理，务必做到在最短时间内使嘉兴站畅通。

段仲宇二话没说，立即动身从上海乘火车赶到了嘉兴。他以果断的手段，使嘉兴站南来北往的列车又奔驰在铁道线上。

处理完毕，段仲宇立即向南京的赵桂森打电话报告。

赵桂森也是个聪明人，他拿起电话后，第一句话就问段仲宇：“你在哪里？”

“我在杭州车站。”段仲宇从容地回答。

“火车通了没有？”赵桂森语气严厉地问。

“通了！如果不通，我怎么从上海到了杭州？”段仲宇振振有词，无懈可击。

对方沉默了一下，说："通了就好！你辛苦了！"赵桂森又叮嘱段仲宇，"要始终保持嘉兴站的畅通，可不能你一到它就通，你一走它就堵呀！"

段仲宇微微一笑，电话中向这位上司叹起了"苦经"："啊呀，我的老上司，你可不知道嘉兴这个车站，别看它是沪杭路上的一个大站，可是它只有'六帮道'（笔者注：铁路部门的习惯用语，指六股铁路线）。南来北往的火车那么多，一天少说也得上百趟，加上车站也有一些机动车皮，哪里调度得开呀！"

对方在电话中又偃旗息鼓，不再气势汹汹大声命令了。沉默了一会儿，只听赵桂森说道："段副司令，是难啊。只有请你老兄勉为其难了。"

段仲宇告诉笔者，在当时的特殊条件下，地方与部队争道，部队之间这趟列车与那趟列车争道，这样的情况几乎每时每刻都在发生。他手里有权，叫它通它就通，叫它不通它马上就会堵塞，瘫痪。果然，段仲宇一离开嘉兴，那里很快又堵了起来。所以那个时候，他办公桌上的电话整天不断，桌子上的调拨单每天都送来一大叠。

没过几天，赵桂森又从南京打电话给段仲宇，叫他迅速赶往杭州找到工兵第四团团长王海峤，命令该团将堆放在铁路上的机械全部南调，务必不要再堵塞铁路；否则，严惩不贷！

段仲宇还是像以往那样装做"坚决执行命令"的样子，在电话中满口应允立马赶往杭州去找王海峤团长。

工兵第四团直属国民党的国防部，全副美械装备，是唯一的工兵机械化筑路部队。团长王海峤，是陆军大学第十八期毕业生，上校军衔。30多岁，为人正派、厚道，有爱国心。在陆大学习正好与段伯宇同一段时间在校。他对段伯宇的人品、学识、见解都很敬佩，两人结下了很深的友谊。

国民党政府"还都"南京后，王海峤经常和段伯宇、贾亦斌、刘农畯、宋光烈、宋健人、董嘉瑞、万建蕃等陆大特七期同学一起聚谈，对蒋介石在抗战胜利后的倒行逆施十分反感，强烈反对打内战。淮海战役中有三个工兵团参战，全军覆没。工兵第四团住在苏州一带，逃脱了被歼命运。蒋介石和汤恩伯在部署江防和京沪杭地区防务时，下令工兵第三团从杭州调到上海，而令工兵第四团调往广州。也许国民党统帅部打心眼里舍不得这个全副美械装备的工兵团将来为共产党所有。

工兵四团的南调命令是1949年1月份下达的。这时王海峤的团部已移驻杭州，而王海峤的家眷却住在上海武原路。王海峤本人常来往于沪杭道上。

一天，段伯宇陪同李正文赶到杭州，与王海峤秘密见了面。

李正文此行的使命，和他到预干总队、伞兵三团等部队一样，是实地考察该部队有无起义之可能。王海峤见“段学长”亲自带路，领着中共上海局策反工作委员会的领导成员前来，大喜过望，遂详尽地向李正文作了汇报。

工兵第四团下辖三个营。全团官兵2000余人，普遍存在厌战、反战情绪。面对局势的迅速发展，大多数官兵对国民党已经失掉了信心，感到前途无望。只要加强教育和引导，发动起义的可能性是很大的。至于王海峤本人，他坚定地向李正文表示：“段学长是我的引路人，我一向以段学长马首是瞻。今天有幸得识李先生，更为人生一大乐事。我愿以至诚之心向中国共产党靠拢，为解放大军进军江南尽一分绵薄之力。”

李正文说：“我解放大军渡过长江后，打到沪杭地区估计还要一些时间。你们工兵四团的起义时机要很好选择，过早、过迟都不行。”

段伯宇提出，总的目标是配合解放大军解放江南，具体的起义时机恐怕还得由海峤同志审时度势，灵活掌握，相机行事。

李正文想了一会儿，感到也只能这样，但要加强联系，及时互通情报。

王海峤衷心感谢中共方面的信任。他提出，国防部要该团调往广州，公开违抗命令不是上策，最好的办法是以空间换时间，拖延调动，把这个团留在京沪杭地区待机起义。具体的做法是，利用当时京沪、沪杭、浙赣三条铁路军事运输紧张的客观形势，借口搞不到车辆，将该团三个营采取逐次移防的办法，一个营放在苏州至杭州的铁路线上，一个营放在杭州至衢州、鹰潭线上，一个营放在南昌至株洲线上，一直拉了一二千里。国防部说他不动，他也在动；要说他真动，却是拖拖拉拉，似动非动。

段伯宇补充说：“这样做还有个很大的好处，就是给铁路找了麻烦，延缓了它的军运，阻碍了国民党南逃的步伐。”

区区三个营的工兵团，怎么能阻碍一二千里铁路线的运输呢？原来，工兵四团装备的都是笨重的筑路机械，其中有不少是修筑道路的作业车辆。事先，王海峤和段氏兄弟经过密商议定的计谋是：王海峤故意拖延；段仲宇睁一只眼闭一只眼，不对该团进行催促，堵铁路就让它堵吧！

但是，国防部的调防命令表面上还是得执行。王海峤就派人向铁路运输指挥部请求调拨车辆。按国民党官场的惯例，工兵四团需要向铁路运输指挥部“打点打点”，送份厚礼。王海峤本来就不想走，你不给车辆正合我心意，哪里还肯送礼？铁路运输指挥部副指挥官石振江就向段仲宇请示，问怎么办？

石振江是个军统特务，是军统局安在铁路运输部门的一颗“钉子”。他原先的官阶是上校，当了副指挥官后立即晋升为少将。不过他对司令官段仲宇表面上还比较尊重。

段仲宇从有关人士处已经知道了这位副职是个特务，因此与他周旋格外小心谨慎，以免“露馅”。

石振江说：“工兵四团的机械，按说应该用平板车才能装卸，可是‘两路局’哪来这么多平板车呀？”

段仲宇心里清楚，如果下决心执行国防部命令，咬咬牙，这么多平板车也能调拨得出来。但不让工兵四团南调是中共上海局交待的任务，即使可以调也决不能调。于是对石振江说：“是呀，各方面的军运都是急需，工兵四团要平板车，至少要几百个车皮，也不能全给他们呀！是不是调一些低边车给工兵四团？”

段仲宇嘴上这么说，心想，给工兵四团低边车等于不给。因为这么笨重的机械，是不可能在低边车皮上装卸的。

段仲宇这步“棋”很巧妙。如果国防部和联勤总部来查问，他就说车辆已经调拨给了工兵四团；而工兵四团领到这些车皮后，机械无法装上去，调防也就成了一句空话；这么多笨重的机械散放在一二千里的铁路线上，严重地阻碍了京沪、沪杭、浙赣铁路军运的畅通，又完成了中共上海局交给的使交通瘫痪的任务，可谓一举而三得。

石振江是个职业特务，对工兵四团的装备情况不甚了了；加之王海峤没有给他送厚礼，他对调车皮一事也就不大积极。既然段仲宇这样说，他也就顺水推舟，不再作梗了。

但是，国民党的统帅机构也不都是傻瓜蛋。有关工兵四团严重堵塞铁路军运的报告，从各条渠道纷纷送到了国防部。于是段仲宇接到命令，要他立刻赶往杭州找到工兵四团团长王海峤，催促该团尽快调往广州。

段仲宇在杭州的一条小巷子里好不容易找到了工兵四团的团部。这是一幢民房，房子不大，团部稀稀拉拉的，根本不像一个正规团的团部，装装门面而已。

团部的人说，王团长几天前已经离开杭州南下了。

临离开杭州前，段仲宇认为，工兵四团已经出色地完成了堵塞铁路使交通瘫痪的任务；但国防部很注意，很可能对王海峤下手。

段仲宇在杭州又给赵桂森打了个电话，报告说："铁路是通的。我在杭州。工兵四团王团长没有见到，他可能正在组织部队南开广州。可是许多军列上的不少官兵和家眷不想走，他们手里有枪，得慢慢做工作才行。难度很大呀。虽然要去广州的特急列车很多，但是国防部的命令我们一定坚决执行。给工兵四团调机车、车皮之事，你们尽管放心。"

从遥远的南京，赵桂森又在电话中大大地表扬了段仲宇一通。

段仲宇从杭州乘火车返回上海途中，看到工兵四团那些笨重的"家伙"横七竖八地摆在大大小小的车站上，看到被堵在铁路上的一趟一趟的列车，看到列车中拥挤不堪的国军，还有满载着各种军用物资的列车……铁路上的这种混乱劲，按常理来说实在难以入目，但段仲宇心中却暗暗欣喜，庆幸自己完成了党组织交给的"堵塞铁路、滞阻军运"的任务。

25. 数万名铁路工人愤起罢工。陈大庆、毛森调动部队准备开枪镇压。千钧一发之际，段仲宇衔地下党之命匆匆赶到了现场

解放前，广大劳动人民每逢旧历年关总是慨叹“年难过，年难过，年年难过年年过”。但是到了农历己丑年（1949）年关，这个年实在是过不下去了。

币制改革的失败，金圆券的大幅度贬值，物价像脱缰的野马那样狂奔猛涨，使普通老百姓，尤其是生活在社会最底层的广大工人生计艰难，妻儿啼饥号寒。笔者翻阅了当年出版的《申报》，随处可见这样触目惊心的标题：《物价涨风漫无止境》《米价一日数涨》《棉纱价节节喊高》《食米喊价疯狂上升》《荤素菜价大涨，茹素已不易，吃肉更大难》。以1949年1月23日《申报》公布的物价为例，白粳米每石1720元（每石为75公斤），兵船牌面粉每包658元，绍兴苞米（玉米）每担600元，前门牌香烟每条257元（200支）。那么普通工人的工资又有几何？同一天的《申报》报道，上海市各卷烟厂自1948年12月份起陆续停工，不发工资，工人多次罢工请愿。最后，政府和厂方达成协议，每个工人一个月中工资和津贴收入不足15元的，补足至15元，“以保障工人最低生活”云云。天哪!区区15元，买一包前门牌香烟也不够，叫工人怎么生活?!

于是，就出现了这样的惨象：“近日天气严寒，上海市马路上冻死尸体，日有数十具，甚或达百具以上……另据同仁辅元堂人员谈称：该堂连日收尸已达300具以上……”1月6日气温降到摄氏零下5.1度，冻死饿死者更多，“数日来收尸538具”。

工人生活如此悲惨，那么一般公务员生活又如何？报载：“目前一中级公务员之月薪，仅能购米2斗。”于是报纸上出现了这样的标题：《大饼充饥，已成豪客——可怜公教人员之处境》。至于大专院校学生，每人每月公家发伙食费25元2角，而报载“每一学生每月所耗之燃料费即需一百六七十元”。

京沪、沪杭铁路线上的数万名工人，同样处于食不果腹、衣不暖体的悲惨处境。本来，铁路、邮电、银行在解放前被称之为“铁饭碗”，工人待遇较

一般行业为佳。但其时军运繁忙，客货运输几乎陷于停顿，路局收入大大下降。由此累及广大工人，工资常常被拖欠，甚至连赖以活命的“米贴”，也是既少得可怜，又常常借故迟迟不发：

所谓“米贴”，是当时国民党政府发给广大普通工人、公教人员和市民的“户口配米”。如1949年1月份上海市政府规定，按42元一斗的价格，将“米贴”发给工人。其实，当时“户口配米”每斗售价已高达63元，而且常常有价无米。1月18日，市政府突然宣布配售米每斗涨至140元。这样一来激起了广大工人的极大愤慨，群情激昂，各行各业的罢工浪潮一时席卷申城。

戚墅堰机车厂的工人迫于生计，经过与路局交涉，路局答应按当天粳米价格加一成，折合金圆券每石5390元发给了工人。谁知仅仅过了一夜，米价暴涨，工人叫苦不迭，遂向路局提出：以后薪津按米计算；1月份拖欠的双薪应予补发，2月份已发的“米贴”作为借支，再发食米1石，以维持最低生活。

“民以食为天”，古今中外皆然。吃饭第一，吃饱了肚子才能干活，才能替国民党运兵、运物资、运官员及他们的太太们去福建、广州、台湾。应该说铁路工人们的要求很低，合情合理，然而却遭到了路局领导的断然拒绝。

铁路工人们为了反饥饿、求生存，愤然而起，举行了罢工。南京、镇江、常州、无锡、苏州的工人开火车，浩浩荡荡赶到上海，沪杭线上的工人也开了几列火车赶到上海，再加上上海地区的铁路工人，人数多达两三万人，包围了坐落在麦根路上的京沪区铁路管理局（通称“两路局”）办公大楼。

这一天是2月8日，农历正月十一。

铁路工人的大规模罢工，触犯了国民党当局“戡乱时期严禁罢工”的禁令，面临着被镇压的巨大风险。因为京沪杭警备总司令汤恩伯曾经杀气腾腾地宣布：

“……惟今日之上海，为接近战区之戒严地区，应以社会安定为第一，以维持秩序为最要。但因人口众多，分子复杂，间有不逞之徒，潜伏活动，对政府种种苦心措施，常作歪曲之宣传，施尽挑拨离间之诡计，致舆论混淆，谣言百出，人心因之浮动，秩序亦受影响，员工动辄聚众要挟，作无理之要求，目无法纪，声势嚣张，或使火车停驶，或使电车罢工，或威胁其主管长官，甚至阻碍交通，影响公用……”

汤恩伯还扬言："今后不论任何机构员工，不论其持何种理由，均不准有罢工怠工、聚众要挟等行为。如有此项行为发生，概依戒严法严厉处置，其为首者授权各地警备司令部按军法就地枪决。"

淞沪警备司令陈大庆亦凶神恶煞般地威胁工人："如发生罢工怠工等行为，则为戒严法所不允许，警备部队决严厉禁止。"

"民不畏死，奈何以死惧之！"铁路工人们日夜挣扎在死亡线上，哪里还怕当局的恐吓威胁。他们包围了两路局办公大楼，附近马路亦挤满了罢工请愿的工人。京沪、沪杭线的交通立即陷于瘫痪。报载"京沪线军车亦受工潮影响一度停驶。军人不明原委，误为路局有意刁难，因而常州、昆山等站均曾发生殴打站长事件。"

当天晚上，据报纸报道："淞沪警备司令部稽查处处长何龙庆率领警备部队赶到，驱散工人，并居间调停，至傍晚8时许始告一段落。"

其实，报纸的上述报道完全是站在国民党当局的立场上，"居间调停"是假，"驱散工人"是真。工人们的要求并未得到满意的答复，饥肠仍然辘辘，妻儿仍然嗷嗷待哺。终于，第二天下午又爆发了更大规模的罢工。"龙头房及工务处、运务处及北站职工全体停工，赴管理局请愿。大队工人沿轨道至北站及北站大楼，邀合站上及大楼中员工全体停工，一时声势甚壮……警备部队开到大批士兵，群众立起鼓噪，认为当局采取高压手段，甚表不满……"

身为铁路运输指挥官的段仲宇，对两路工人罢工情况是清楚的。但是，从职责上来说，这是两路局局长王兆槐的事，他不宜插手。这天晚上10时许，他正在公馆小憩，突然接到警备司令部派人送来的一张便条，打开一看，上写：

仲宇兄：

请协助王局长和毛局长妥善处理两路局工人事宜。

陈大庆

便条中所说的毛局长，即毛森，时任上海市警察局长，并兼任京沪杭警备总司令部二处（情报处）处长。

这位毛局长，是个臭名昭著的军统特务。来上海前他任浙江省警保处长，于1948年冬初在温州抓捕了100多人，押回杭州后向省主席陈仪报告，诬称这些人都是“奸党”和“奸党嫌疑”，请予一律枪决。当时上海北四川路底的闸北公园，几乎三天两头有人被枪杀。此足以证明此人在镇压人民群众方面心狠手辣。

现在，陈大庆令毛森亲自出马，表明他们要对罢工工人进行血腥镇压了。

说来也巧，这时中共上海局策反工作委员会委员李正文正好也在段公馆内，关上房门在和段伯宇密谈。

段仲宇接到陈大庆的条子后，心想：这么大规模的罢工，是不是地下党统一组织和发动的？如果是，正文同志不会不知道，如何处理一定要听听他有什么指示。

李正文听完段仲宇的情况汇报后说，目前长江以北局面大定，人民解放军已经饮马长江，上海的解放只是个时间问题。党组织正在深入发动群众开展护厂、护校、反对撤退的斗争，阻止国民党将资财南撤、在上海搞破坏，引导群众把争取改善生活的斗争和反对国民党的斗争结合起来。这次两路工人的罢工，他还没有得到是党组织发动的通报。他要段仲宇出面处理时注意两点：首先要支持工人运动，保护工人的安全，不要酿成流血惨剧；其次，要保护好自己，不要暴露自己的真实身份，因为还有更多的任务，有更重要的工作要做。

段仲宇心中有了底，立即穿上将军服，带上自卫小手枪，驱车赶往麦根路两路局办公大楼。

时间已近午夜，天气严寒。段仲宇的小汽车不断地响着喇叭，勉强在拥挤的罢工人群中穿行。他听到工人们大声呼喊口号，大声怒骂当局，还不断有人用石块砸他的车子。气氛显得非常紧张。

好不容易来到了两路局办公大楼前面，段仲宇一看，坏了，伞兵三团的士兵们已经全副武装，荷枪实弹，气势汹汹地卫护着大楼，和罢工工人们面对面地对峙着。士兵们面容肃穆，工人们群情激愤，局势非常危急!只要一扣动扳机，立时就会发生一场血腥大屠杀。

34岁的段仲宇，青年时代起就在军队里服役，两三万罢工工人与军队激烈对峙的场面，他还是第一次亲身经历。要他出面处理这类问题更是“大姑娘上轿——头一趟”。

段仲宇心中牢记着李正文“要支持工人，要保护工人安全”的指示，冷静地审视了面临的局势，感到最紧迫的问题是必须迅速将部队与工人予以隔离，消除对峙状态，才能避免流血。

正好这时伞兵三团第一营中校营长钟汉勋气喘吁吁地来到段仲宇身边，向他报告说该营是奉“警总”的命令赶来的。毛森局长也来了，眼下正在大楼里和两路局局长王兆槐等人进行紧急磋商。

段仲宇当机立断，对钟汉勋说：“天这么冷，部队在外头干什么!你快把部队撤到大楼里面去。楼下不是有个大厅吗，你把部队带到大厅里去。”

钟汉勋连声答应“是!是!”转身就去执行段的命令，将部队带离了对峙现场。

读者也许会问：伞兵属空军领导，眼下又奉淞沪警备司令陈大庆之命前来镇压罢工，怎么对段仲宇的指示会如此说一不二、迅速执行呢?

要回答这个问题，还得补充叙述一个幕后的插曲。

国民党当局原先计划将伞兵三个团全部撤往闽、台，还准备将第三团第一营用做蒋介石的警卫部队。段伯宇、刘农畯获悉此情况后，向张执一、李正文作了汇报。两位领导人认为伞兵三团决不能撤往闽、台，否则起义将成为泡影。于是，由刘农畯出面向伞兵司令部陈述种种“理由”，要求晚些时候再撤；另由段仲宇出面，向伞兵参谋长以及淞沪警备司令陈大庆、副司令周力行和联勤总司令部等头头脑脑、方方面面提出，说京沪、沪杭的铁路运输如何如何重要，务必要将伞兵三团第一营调来担任警卫工作。在“警总”没有派部队接替北站防务之前，一营是不能撤走的。好在段仲宇长期在侍从室、国防部工作，熟人多，说得上话，于是一营就为“铁路运输指挥部”站岗放哨了。

那时候物价涨得快，国民党基层官兵仅靠薪饷是很清苦的。李正文为此特地指示段仲宇，要设法“照顾”一下刘农畯和伞兵三团的生活。

显然，李正文的考虑具有多方面的含义，对正在筹划中的起义是有利的。

段仲宇心领神会，利用手中掌握的调拨车辆的权力，很爽快地给了几十个车皮让伞兵三团去做生意。三团把江西的大米、木材等运到上海，又将上海的工业品运往江西，赚了不少钱。第一次每个士兵就补贴了6块银元，后来增加到十几块银元。这使伞兵三团的军官和士兵对“段司令”感激莫名。钟汉勋对段仲宇也就百依百顺，俯首听命了。

钟汉勋遵照段仲宇的指示将部队带入两路局办公大楼楼下大厅后，段仲宇大声命令说：“肩枪!坐下!”

六七百名官兵齐刷刷地坐了下来。

段仲宇又大声宣布：“没有我的命令，任何人不准开枪!谁开枪，我就先打谁!”他边说边用手拍拍腰间的小手枪。

大厅里一片肃静，官兵们静听着“段司令”严厉的命令，谁也没有吭声。看来，大多数官兵也是不愿开枪、不愿看到工人流血的。

人，毕竟是相通的。尤其是普通的劳动人民之间，谁和谁又有什么血海深仇，非要将对方置于死地呢?

段仲宇见大家没有吭声，又大声问了一句：“听明白了没有？”

“听明白了!”官兵们齐声回答。

段仲宇又向钟汉勋再次作了交代：“钟营长，没有我的命令，绝对不准开枪。”言下之意很明白：其他任何人的命令你都不要听。

中校营长本来是奉陈大庆之命赶到现场准备镇压工人的。陈大庆官居中将，是淞沪警备司令，官比段仲宇大，按说钟汉勋应以陈大庆之命是从，但这位营长心里也有个谱。他虽不知道段仲宇的共产党地下工作者身份，但出于对段的尊敬和感恩，立即坚定地表示：“段司令，请您放心，一切听您的。”

段仲宇将部队和罢工工人隔离开并稳住部队后，立即大步流星去找王兆槐和毛森。

在一间大饭厅里，摆满了桌子板凳，王兆槐、毛森和另外几个人正在舞台上开会。见段仲宇来了，有人高声通报：“段司令到!”

略事寒暄后，王兆槐告诉段仲宇，他们正在和罢工工人进行谈判。工人们提出谈判代表要多一些，但我们认为不能多，让他们派几个代表就行了。双方为此争执不下。

毛森问段仲宇：“部队怎么样？”

这位大名鼎鼎的毛局长、毛处长、毛少将，早年也在蒋介石侍从室第一处第二组当过参谋。其时毛森的官阶也是上校。后来段仲宇调入侍二组时，毛森已调走了，但彼此都知道对方的这段历史。

段仲宇没有正面回答毛森提出的问题。他心里清楚，黄鼠狼给鸡拜年没安好心。毛森关心部队就是想动用武力镇压工人。决不能让他的图谋得逞。

段仲宇紧张地思考着应付当前局面的方略。他想，王兆槐、毛森不让工人多派谈判代表，可能是个阴谋。工人方面的谈判代表少，他们便于软硬兼施，便于抓人。工人的谈判代表多了，他们就不好下手。再说人多智慧多，工人谈判代表多了，也好和国民党当局周旋，取得斗争的胜利。

思谋既定，段仲宇对王兆槐说："王局长，我也在这里，他们多几个就多几个吧!要不，老这么僵着，两三万人，一个人丢一个火把，我们也受不了。"

王兆槐沉吟了一会儿，无可奈何地点点头，说："也只好这样了。"

毛森虎着脸，冷冷地看了看段仲宇，未置可否。

段仲宇没有参加两路局当局和罢工代表之间的谈判。他又到大厅看望了部队，见大家安安稳稳地坐着，有的士兵还在低声交谈，情绪平稳，心中暗暗庆幸，亏得把这根导火索卡断，否则局势将不可收拾。

段仲宇又向钟汉勋作了一番交代。

谈判一直进行到天亮，王兆槐被迫答应了工人的要求，同意尽快补发拖欠的工资并增加米贴。这倒并不是局长大人心存慈悲，格外开恩。此人是个极有心计的人，他懂得目前军运紧张，铁路不能瘫痪。工人们已经抱成一团，众怒难犯，罢工持续下去对他个人不利。丢卒是为了保车，花一大笔钱则是为了保证京沪、沪杭铁路的畅通。

两三万罢工工人在冬天的严寒中熬过了整整一个晚上，又冷又饿，苦不堪言。段仲宇又找到王兆槐，说："王局长，我到外面看了一下，大家又冷又饿。为了稳定局势，让他们不再闹，尽快离开，是不是派人去买点面包，一人发一份？"

王兆槐见是"段司令"说了话，不好拂段的意，遂勉强应允。

两路局立即派人开着车子，到冠生园、沙利文等各个大面包店，买来了两三万份面包和香肠。工人们每人发一份，士兵们当然也是人手一份。

天色大亮。段仲宇巡视了一番，看到人心安定，罢工工人和士兵们都在安静地吃面包香肠，他那颗悬着的心终于落了地。

一场本来会使工人血流成河的罢工斗争，最终以工人们取得初步胜利而宣告结束。

段仲宇以他的机智，出色地完成了李正文交给的既保护工人又保护自己的双重任务。

段仲宇向陈大庆打了个电话，报告了事件处理经过。陈大庆在电话中说："很好!辛苦了!"

李正文很高兴，表扬段仲宇说："你这几招不错!一是把部队稳住，二是把部队与工人隔离开，三是逼王兆槐让步。处理得很好，你本人也没有暴露。斗争取得了完全的胜利，向你祝贺!"

钟汉勋后来参加了伞兵三团的起义，并成了人民解放军的光荣一员，离休后在济南安度晚年。段仲宇拿出钟汉勋最近寄给他的照片给笔者看。照片中的钟汉勋慈眉善目，精神矍铄，从他安详的神态中，看得出老人的晚年生活过得很幸福。

钟汉勋来南京看望段仲宇时，笔者采访了他。钟老告诉笔者，他起义后，蒋介石大骂蒋经国，说和你在一起共事几年、关系那么好、还当过我的警卫营长的那个人都投降了共产党，我的脑袋被人家砍了，还不知是怎么死的呢!

26. 一位位神秘人物先后出现在段伯宇策反的各个部队。他们都乔装打扮穿上了国民党军服，有的还在暗中担任了地下党支部书记

1949年2月上旬的一天，贾亦斌带着一位30岁出头的陌生人，从上海来到了嘉兴。

住在西大营的预干第一总队总队部联络组组长张维，见贾局长亲自带来一位从来没有见过的生人，心里有点诧异，感到此人可能有点来头。

果然，贾亦斌当面向张维交代说："你快去准备午饭，菜要丰盛一点，但不必多，就你一个人陪同我们两人一起吃。"

菜端上了桌，贾亦斌向张维介绍说："这位先生是我在荆南中学时最要好的同学，名叫张文藻。老张的文学造诣很深，特别是国文、历史、地理。我这次特请他来总队，给学员讲授国文、史地这几门课。你就把老张安排在总队部住宿。对外就说他是我的秘书。对于他的生活等各个方面，你要认真负责，很好伺候。"

张维唯唯应允，说："请贾局长放心，对张文藻先生的生活和其他方面，我一定尽心照料。"

贾亦斌又对张文藻说："你今后有什么事需要找我，可以直接告诉张组长，他会及时转告我的。"

张维是总队部的上尉军需，当时掌管着全总队的军需、出纳和总队部的事务性工作，同时也负责嘉兴与上海的联络工作，是贾亦斌的亲信之一。

午饭后，贾亦斌又将四个大队的大队长和总队部几位组长找来，介绍张文藻和他们见了面。张文藻热情地向他们问候，并请他们多多关照。

第二天贾亦斌返回上海，张文藻独自一人开始了在预干第一总队当教书先生的生涯。由于他是贾亦斌局长兼总队长的"秘书"，也就名正言顺地穿上了一套国民党军官的"老虎皮"。

其实，这位张文藻是中共上海局策反工作委员会书记张执一和委员李正文，专门派到预干第一总队的地下工作者。他的任务是具体策反该总队起义，

并担任与上海局“策反委”之间的联络工作。

从此，这支4000人的“太子系”嫡系武装中，有了一名中国共产党地下党员潜伏其间。

也是在2月上旬的一天，上海郊区伞兵三团来了一位陌生的小个子青年，是由刘农畯团长的弟弟刘振伍带来的。刘振伍当时在上海中法专科学校读书。他说这位名叫周其昌的同学，家境贫寒，不能再负担他上学，不得已只得到部队里来找个差事干干。

团部设在一幢资本家的小洋楼里。不巧，刘农畯外出未归，直到傍晚才回来。他虽然对弟弟的这位同学素昧平生，但见面后似乎感到特别的亲切，关起门来和他谈了很久，很久……

第二天，刘农畯就任命这位新来的年轻人为团部的中尉技术通讯官，发给他一套国民党军官服装，有时候还亲自带着他到各营去走走、看看。

副团长姜健上校心里嘀咕，一个新来乍到的陌生人怎么一下子成了中尉军官？值此时局动荡、共产党地下活动猖獗之时，看来此人颇值得怀疑。于是乘“中尉技术通讯官”不在的时候，突然闯入他的卧室翻检了床铺、行李。谁知床铺上放的是一些淫乱不堪的黄色书刊。

姜健放心了。是呀，共产党人哪会看这些乌七八糟的东西?！

其实姜健错了。这位周其昌，正是由中共上海局“策反委”负责人张执一和李正文亲自选定，并派他打入伞兵三团做地下工作的。周其昌早有准备，特意放了一些黄色书刊来迷惑反动军官。

上校副团长姜健在第一个回合的较量中，就这样惨遭败北。

向准备起义的国民党部队派出秘密联络人员，是段伯宇的提议。他陪同李正文视察部队后，深感加强党组织的具体领导和指导，是这些部队起义成败的关键。张执一和李正文等领导人经过研究，采纳了段伯宇的建议，除了加紧培养考察并吸收具备条件的同志入党以外，还决定向这些部队派出联络人员。一天，李正文和段伯宇找周其昌谈话，详细询问了有关情况。李正文说：“现在给你的任务是到伞兵三团去，一是当联络员，二是了解这个团的思想动态。”并向周其昌介绍了三团和团长刘农畯的一些情况，交代了接头的方法。

除了张文藻和周其昌，上海局“策反委”还派汪声明打入驻杭州的工兵第四团；派陈景明打入驻常州、溧阳一带的江苏保安总队，因陈景明是该总队少将总队长齐国楷的同学，便于开展工作。

党组织直接派出的上述联络人员到位后，这些部队的起义准备工作进入了更紧张的运作阶段。

其实，在张执一、李正文派周其昌打入伞兵三团之前，由另一个系统派出的地下党员早就打入该团开展秘密工作了。只是由于两个系统都直属中共中央，还未来得及沟通。

早在抗战胜利后不久，华中军区就派吴明义同志到上海进行秘密工作。这位吴明义是个颇具传奇色彩的人物。抗日战争时期，新四军一师师长粟裕派他潜入上海，出色地完成了许多惊险的任务。解放后拍摄的电影《51号兵站》主角小老大，其生活原型之一就是吴明义。吴明义到上海后，和中央情报系统的王月瑛同志一起，派遣陈家懋同志打入国防部二厅做秘密工作。由于陈家懋原在伞兵总队工作，故要他利用伞兵中的老关系，继续对伞兵做些工作。

1948年，党组织鉴于伞兵在国民党部队中具有越来越重要的作用，故决定陈家懋离开国防部二厅，仍回伞兵司令部潜伏，任务是搞情报和策反，主要目标是伞兵司令张绪滋。陈家懋经过一番努力，利用伞兵司令部原军械主任盗卖武器被撤职的契机，谋得了军械主任的职位，军阶是中校，从而牢牢地在伞兵司令部站稳了脚跟，取得了开展工作的有利条件。

伞兵三团中校团附李贵田，是抗日战争初期投笔从戎的青年学生。他在军校和陈家懋是同学，两人关系很好，受到陈家懋的很大影响。但他并不知道陈家懋的地下党员身份。抗战胜利后，李贵田回到家乡徐州，得知表侄孟虎参加了共产党，在陈毅部队中当干部。这时的李贵田对蒋介石打内战深为反感，又了解到有关共产党的许多真实情况，萌生了另谋出路的想法，于是暗中托人到处打听孟虎的下落。

孟虎这时在华东部队第四纵队某兵站当站长。说起来也是无巧不成书。一次，四纵队攻打山东滕县，已将城池团团围住，眼看是“三个指头捉田螺——稳拿”，谁知天空传来嗡嗡声，国民党的飞机赶来增援了，一队队伞兵从天而降，使我军攻城未能得手。上级敌工部门由此获得教训，深感必须派人打入到国民党伞兵里去做秘密工作。在物色派遣人选时，了解到孟虎的表叔李贵田在伞兵部队是个中校级干部，于是便派这位兵站站长潜回老家徐州找李贵田“谋差事”。

徐州是国民党“剿总”所在地，特务遍布，反动统治强固。一个姓李的保长探知孟虎的行踪后，心中大喜，认定发财的机会来了，强迫孟虎“自首”，否则立即送往徐州“剿总”监禁。孟虎岂肯就范，好不容易摆脱了伪保长，在一位亲戚家的床底下整整躲了三天。

正巧，李贵田于第四天到了徐州。得知上述情况后，立即暗中与孟虎取得了联系、当天晚上就带着孟虎一走了之，直奔南京。他将孟虎带到伞兵三团，在团部连补了个担架兵的名额。为了长期潜伏，孟虎表现得特别“积极”，又获得了上校副团长姜健的青睐。先调他当通信员，亦即贴身卫士，后又推荐他当上了准尉副排长。

此时的李贵田，已由陈家懋秘密发展为中共党员。李贵田和孟虎还暗中完成了一项绝密任务：为淮南解放军某部购买并运去了一批卡宾枪、六〇迫击炮和机枪子弹。

1948年，党组织将孟虎的组织关系也转到了吴明义、王月瑛这条线上。从此，陈、李、孟三位埋伏在国民党伞兵部队的地下党员拧成一股劲，分别对上至伞兵司令张绪滋，下到基层连排长和广大士兵，开展了秘密策反。

为便于联络，党组织专门给陈家懋配了一位交通员，名叫谢易清，并在上海的澳门路143号设立了一个秘密联络点，还将李贵田的爱人陈淑平和他的岳母特地从南京搬到这里，以便于掩护工作。

这一切都进行得有计划，有步骤，神不知，鬼不觉，就连团长刘农畯也毫不知情。如果他早知道共产党就在自己的身边，那么在他与段伯宇联系的同时，也一定会紧紧抓住这条线的。

一天，段伯宇向李正文提出：为了进一步加强党组织对起义工作的领导，保证起义取得完全成功，最好能满足贾亦斌、刘农畯、宋健人等同志加入中国共产党的强烈愿望，将他们吸收入党。段伯宇认为，这几位进步的将校级军官，历史清楚，为人正派，富有爱国心，追求进步，决心和蒋介石集团彻底决裂，完全站到人民方面来，他们已经基本上具备了入党条件，并表示愿意做他们的入党介绍人。

李正文听完后，笑问道："你为什么不提仲宇呀？是不是因为他是你弟弟，瓜田李下，为了避嫌？其实，古人云：举贤不避亲嘛！"

段伯宇解释说："正因为他是我弟弟，我感到更应该严格要求，多考验考验。"

李正文通过这段时间的亲身接触，深深感到贾亦斌、宋健人、段仲宇这三位国民党将军和刘农畯这位国民党上校，在政治上已经和蒋介石反动集团决裂，对人民革命事业一片赤诚，对中国共产党竭诚拥护。尤其难能可贵的是，他们虽然身居国民党上层，但清廉正直，人品很好，并非那种见风使舵、投机取巧、贪污腐化之徒，是完全可以信赖的。他对段伯宇说："这几个人的身份不一般，吸收他们入党必须报告上海局。待我向张执一同志汇报后，一切听候通知。目前，我们对他们要多予鼓励，同时也要注意从政治上、思想上加强教育引导。他们毕竟在国民党军队中生活多年，要脱胎换骨，成为一个真正的名副其实的共产党员，还需要不断提高。"

李正文还特别表扬了段仲宇，说："从我和仲宇的接触中，他表现很坚定，听党的话，处事精明干练，出色地完成了党交给的任务，应该吸收他入党，让他发挥更大的作用。"

段伯宇听了非常高兴。他心里很清楚，早在重庆的时候，弟弟仲宇就开始阅读《新华日报》和《大众哲学》等进步报纸、书籍，主动接触郭沫若、王启明等同志，对中国共产党表现了虔诚而热烈的向往，并协助自己做了不少工作。弟弟能够入党，也不枉费自己培育的一番苦心。

3月上旬的一天，李正文约定周其昌在南京路外滩中美图书馆碰头。他从口袋里掏出一张名单交给周其昌说："你把这几个人的组织关系接过来。"

周其昌一看名单，不禁哑然失笑。原来上面有本团中校团附李贵田和三营准尉副排长孟虎的名字。和李贵田常常见面，却不知他也是共产党员，可见他潜伏得很成功。至于陈家懋和谢易清，因为是在伞兵司令部，他从未见过面。周其昌为在伞兵部队中有了更多的战友而喜出望外。

按照事先规定的联络方法，周其昌在澳门路143号和陈家懋、李贵田、孟虎、谢易清见了面，并告诉以上同志，他们的组织关系已经转到了上海局策反工作委员会。

不久后，为了集中力量，统一行动，张执一决定在伞兵部队里成立中国共产党秘密支部，并指定由周其昌担任支部书记。

大约是3月初，上海局正式批准贾亦斌、刘农畯、段仲宇、宋健人为中共党员。这几位在白色恐怖中入党的同志，成了党的隐蔽战线上冲锋陷阵的英勇战士。

伟大、光荣的中国共产党，就是在血与火的斗争中造就了大批为国家独立民族解放而奋斗的先锋战士。解放前夕京沪杭地区特务遍布，国民党对其内部的控制越来越紧。在这样的情况下开展起义斗争风险极大。但是，不管是老党员还是刚刚入党的贾亦斌、刘农畯、段仲宇、宋健人等新党员，都以大无畏的精神投入了这场斗争。他们图的是什么呢？升官？发财？都不是！他们图的是人民当家做主永远过着幸福的日子，而非一己之私利。

各部队的起义准备工作在悄悄地进行着。

在张文藻的协助下，贾亦斌在预干第一总队开展的起义宣传和组织工作富有成效。当时和战未定，学员对前途普遍比较关心。通过个别谈心、小组座谈、大会辩论，大家越来越清楚地认识到国民党腐败透顶，已经无可救药；只有自力更生，寻找出路，把命运掌握在自己手中，才能在动荡的时局中找到生存之路。

为了沟通嘉兴和上海的情况，有时贾亦斌派联络组长张维到上海送信给段氏兄弟。张维每次都是按照事先约定的时间和地点与段氏兄弟见面，交了信即匆匆分手。

一天，张维送一封密信到宝山路段仲宇公馆。出门迎接他的是一位上了年纪的老太太，清健，硬朗，操一口河北口音，问他找谁？张维说："我找段先生。"她又问有什么事？张维答："贾亦斌先生叫我送一封信给段先生。"

正在这当儿，宋健人来到了门口，他认识张维，一把拉他进了门。张维看到客厅里坐了六七个人，烟雾腾腾，看来谈得很热烈。张维估计他们是在研究工作。他遂把信亲手交给了段伯宇。

又一次，贾亦斌叫张维把一封信交给段仲宇。信上写的都是市场行情等暗话。身为联络组长的张维也不知其内容是什么。他按贾亦斌的指示来到上海北站铁路大厦4楼一个办公室的门口，敲门后，出来一位穿军便服的人。张维问他：“请问这里有姓段的人吗？”

“没有。”回答得非常干脆。

接着，穿军便服的人用手指指前面的房间，说：“你到那里去问问。”边说边仔细地打量着张维。

张维刚走了四五步，穿军便服的人又问：“你找的姓段的，叫什么名字？”

张维答：“段仲宇先生。”

穿军便服的人笑了笑，说：“我就是段仲宇。”

张维当即从怀中取出贾亦斌的信，双手呈交给段仲宇说：“这是贾先生叫我送给您的。”

段仲宇接过信后说：“请向贾先生问好。请告诉他，我们这里一切都很顺利。”

又一次，张文藻从嘉兴带一封急件到上海，是贾亦斌要张维即刻送给段仲宇的。张维赶到铁路大楼后找到了段仲宇。段仲宇很热情地接待了他。张维按张文藻的交代只说了一句话：“你哥哥叫你马上去一趟，他在中山旅社等你。”

段仲宇听了后，即说：“好，我马上就去。”

完成任务后，张维立即告辞。至于这些暗语是什么意思，他就不得而知了。但他心里明白无误地感到：这些人都是“那边”的人，他们正在谋划的必定是一件惊天动地的大事……

27. 上海地下党李白电台被敌人破获。段仲宇临危受命，亲自开车将一部预备电台秘密转移，后来又带回家中藏在妻子床下

1949年元旦前夕——12月29日那个沉重的黑色之夜，上海地下党遭受了一次惨重的损失：一部重要的秘密电台被国民党淞沪警备司令部破获，优秀的报务员李白（新中国成立后轰动全国的优秀影片《永不消逝的电波》中报务员李侠的生活原型）不幸被捕。

这在中国共产党上海地下斗争史上，是一个重大事件，也是一次少有的失利。

李白电台一直隐蔽得很巧妙。李白原名李华初，曾用名李朴、李白、李云、李霞、李静安。1910年生于湖南浏阳。15岁即参加当地农民协会工作，不久后入党。20岁参加中国工农红军，是红军电讯训练班第十二期毕业生。1937年9月自延安到南京。10月奉命到上海设置秘密电台。

上海沦陷后，日军、汪伪、国民党和我党地下工作人员等四种力量，在十里洋场进行了惊心动魄的较量。李白在宫樵岩安排下，先后隐蔽在贝勒路（现黄陂南路）148号等秘密地点，将一份又一份的重要情报发往延安。

1942年9月，李白不幸被日军逮捕。他英勇不屈，坚不吐实。敌人抓不到什么证据，经过党的营救，于1943年9月获释。

全面内战爆发后，李白于1946年再度潜入上海，在潘汉年领导的情报系统负责秘密电台工作，出色地完成了许多艰巨的任务。

但是，国民党的特务机关一直千方百计在搜捕中共设在各地的秘密电台。西安台、北平台不幸被国民党破获后，可耻的叛徒瞿则明利用李白发电报的指法特点，领着特务窜到黄渡路107号，将李白抓获。蒋介石闻报大喜，亲笔批示“处以极刑”，于5月7日将李白杀害。

李白的被捕是一个重要的信号，向中共上海局敲响了警钟，必须采取最果断的行动来保护其他几部秘密电台，以免再遭敌人的毒手。

春节后的一天，气候还很寒冷，李正文来到宝山路1号段仲宇公馆，向段

氏兄弟谈了一部秘密电台被敌人破坏，报务员被抓走的情况。但他没有讲李白的名字和电台被破获的细节。

李正文提出，地下党还有一部预备电台急需转移。电台是上海地下党跟党中央联系的主要通讯工具。敌人对我们的电台非常注意。近来常常停电，这就是敌人搞的鬼。他们利用分区停电的手法，在搜索我们电台的具体位置。加上敌人的侦测手段很先进，因此，保护我们的电台不再被侦破，是上海地下党面临的一项重大任务。

李正文还谈到，党组织在上海的秘密电台屈指可数。敌人对电讯器材控制极严。要搞到一部收发报机是非常困难的。眼下地下党有一部预备电台，存放的地点不大安全，急需转移到另一个地方。但敌人已实施了戒严法，“飞行堡垒”（警备车）满街跑，各个重要路口军警宪特密布，便衣特务像狗一样到处乱窜。电台的转移目标比较大，雇黄包车绝对不行，雇出租汽车也不安全，他问段仲宇能不能想个办法把电台转移到一个安全的地方？

堂堂港口副司令兼铁路运输指挥官，不用说配有专用的军用小汽车。李正文还知道段仲宇当过炮兵团长，早就掌握了熟练的开车技术，还喜欢亲自开车，而不要驾驶员代劳。李正文虽不明说，但意图很清楚，就是要段仲宇亲自开车将这部秘密电台转移。

李正文和段氏兄弟其时都心照不宣：这是一个风险极大的任务。一旦被敌人发现，不仅段仲宇本人性命难保，而且会累及全家，甚至招致“满门抄斩”的严重后果。

在刀山火海面前，跳还是不跳？严重的考验放到了正在争取加入共产党的国民党少将段仲宇的面前。

毛泽东有句名言：“战争的基本原则是保存自己消灭敌人。”同样，解放前在敌人眼皮底下搞地下工作，保护自己的安全也是每个地下工作者的职责之一。人们提倡勇敢牺牲，不但是为了消灭敌人，也是为了保护自己。毛泽东将这称之为“部分的暂时的‘不保存’（牺牲或支付），是为了全体的永久的保存所必需的。”段仲宇从南京调到上海前夕，段伯宇对弟弟的临别赠言是“做好工作，首先保护自己”。为此段仲宇采取了许多措施来保护自己，终于闯过了一道又一道的险关。

现在，面对转移电台的重要任务，段仲宇心中激起了一种庄严的使命感。他深感这是党组织对自己的高度信任。在党组织面临危急的关键时刻，个人应该将生命安全置之度外，刀山也要上，火海也要跳，为了党和人民的利益，即使牺牲自己也是值得的。

段仲宇非常干脆地对李正文说："行！你安排一个时间，我亲自开车去把电台转移。"

李正文露出了满意的笑容。这位学富五车的教授，为眼前这位豪气如云的幽燕汉子的庄严承诺而深深感动了。

一个愿为党的事业而置身家性命于不顾的人，难道还不能吸收他入党？李正文感动之余，暗想一定要做段仲宇的入党介绍人。

第二天，段仲宇特意穿上一套美式将军服，佩戴上少将军衔，亲自开着一辆上面贴着军用通行证的小轿车，威风凛凛地直奔目的地。李正文穿着一身笔挺的灰色西装，俨然一副大学者派头。将军和教授都是有很高社会地位的人，便于"吓唬"那些"丘八爷"。

段仲宇驾车来到虹口的一条小街。李正文叫他停车，环顾左右，见无可疑之人，便一个人下了车，若无其事地走进了一条小弄堂。

段仲宇警惕地注视着四周的动静，为李正文站岗放哨，做好了应付突发事件的准备。

不一会儿，李正文手里提着一只沉甸甸的大皮箱走了回来。

段仲宇快步迎上前去，将皮箱接了过来。他打开车后座，装好了皮箱，随即迅速发动了车子。

一路上，不时有一辆辆"飞行堡垒"呼啸而过；还可看到一队队荷枪实弹的士兵在街上巡逻，随时对"可疑"人员进行盘查。

车子快要到北四川路桥了。段仲宇知道这里设有淞沪警备司令部的一个检查站，随时对过往行人和车辆进行检查。检查站属"警司"稽查处管辖，而稽查处处长何龙庆就是一个军统特务。万一碰上了他怎么办？

段仲宇边开车边紧张地思考着应对之策。

这个何龙庆十分阴险，狡诈得要命，是个很难对付的人物。

段仲宇刚到上海时，按照大哥的嘱咐，特地到淞沪警备司令部去拜访过副司令周力行少将，其目的是为了寻找“保护伞”，以便更好地掩护自己。周力行和伯宇是陆军大学特七期同学。他过去也在蒋介石侍从室第二组当过参谋。段仲宇进侍二组时他已经离开了。

周力行年过半百，不过最近又梅开二度，喜做新郎。新娶的太太是上海杨虎的干女儿，芳龄才20多岁。周力行春风得意，成天喜滋滋的。他见段仲宇来访，非常高兴，一口一声“段侍从”。寒暄完了后还特地问段，是不是一同再去看看“毛侍从”？原先京沪杭警备总司令部情报处长毛森也在蒋介石侍从室当过参谋。

段仲宇笑笑，说：“改天再去看他吧！”其实他心中对毛森这个军统大特务非常厌恶，压根儿就不愿和他有所交往。

周力行又领着段仲宇来到稽查处办公室，对处长何龙庆说：“段副司令刚来上海，以后还要请你多多关照。”

何龙庆见是顶头上司亲自领来，又亲自关照，因而对段仲宇表现出异乎寻常的客气，说了一些“久闻大名！久仰久仰！”之类的客气话。

离开稽查处后，周力行悄悄告诉段仲宇，何龙庆是军统。在国民党军队中，情报处、稽查处等等都是编制上的公开单位，但其中人员并不都是军统。军统的身份则是完全秘密的。周力行虽然身居副司令高位，但听得出来他对何龙庆这个军统特务也是侧目而视、深为戒备的。

段仲宇心想：万一今天碰上了何龙庆并要他停车检查，那也没有关系，他满可以抬出周力行副司令这块牌子，说一声“请您代向周司令问好！”看你何龙庆怎么办……

小轿车开得很快。段仲宇心中所想也只是须臾间的事。不料车过北四川路桥之时，大概车子的牌照，车前挡风玻璃上贴的特别通行证，以及他身上穿的将军服，这一切有力的掩护，使得检查站的人员哪里还会有所怀疑，更不敢斗胆让其停车检查了。

有惊无险，顺利过关。段仲宇舒了一口气，心中一块石头落了地。

一路上又碰到一些巡逻队和一些检查关口，段仲宇从容镇定地驾驶着小车安然而行，没有碰到任何麻烦。七拐八拐，终于来到了目的地——吕班路485弄11号。

吕班路解放前叫辣斐德路。上海局策反工作委员会在这条比较隐蔽的弄堂里租了一套公寓。主人是张朝杰和叶佩仪夫妇。这里装有一部电话，以此作为“策反委”机关所在地。张执一和李正文、王锡珍（陈约珥）、田云樵常在这里碰头和开会。而这个秘密机关的支部书记，就是李正文同志的爱人陈惠瑛，一位非常出色的女中人杰。负责交通技术工作的是“策反委”成员王锡珍同志的爱人刘毓兰。此外还有张素云等同志。这个机关联系的面很广，对国民党军、警、宪、特及其他方面的策反工作开展得卓有成效。

李正文在段仲宇协助下，顺利地将预备电台转移到了机关。临别时他紧紧握着段仲宇的手，一再表示感谢和称赞。

大约过了一个星期，李正文又来到段公馆，对仲宇说：“电台放在吕班路也不很适宜，想转移一个地方。”

段仲宇一听，心想保证电台的绝对安全是党组织面临的一件大事，于是主动提出：“是不是把电台放到我家里来？”李正文很高兴，说：“太好了！你没有听说‘灯下黑’这个词吗？有些时候看起来最危险的地方，也就是最安全的地方。这就是辩证法。再说，你是堂堂司令官，哪个人敢到太岁头上动土，敢到你这里来搜查？！”

段仲宇佩服李正文思虑的周密，笑道：“正文同志真不愧是大理论家，你把马克思的辩证法用活了。”

段仲宇又亲自开车把电台运回到家中。他爱人薛纪常见了这么个大皮箱，问是谁的？段仲宇严肃地说：“你别问，就把它放在咱们床下。任何人不准动，你也不要动。”

薛纪常对丈夫和大伯子段伯宇的行动多年来一直十分支持。作为一个知识分子，她一向爱国，热烈追求进步。她是个聪明人，心里也知道丈夫和大伯子以及常来家里的人正在进行的事，关乎国家和民族的前途和命运。她尽自己的全身心为这些血性男儿作掩护，并做好“后勤保障”工作。

段氏兄弟的父亲段云峰和母亲李云湘，对两个儿子从事共产党的地下工作也十分支持。新中国成立后，有个叫张镜潭的原培德中学学生问云峰老人：“你两个儿子长期为共产党工作，你是否知道？”

段云峰幽默地微微一笑，回答说：“你说我知道，我好像不知道；说我不知道，我又知道一些。”这位国民党中将、蒋介石的老同学，他在民族存亡绝续的关键时刻表现出来的大仁、大智、大勇，令许多人赞叹不已。段云峰当年60岁。笔者从照片上看到他那时身体健康，真是耳聪目明而又世事洞明。新中国成立后，段云峰老人荣任国家交通部参事。

段仲宇在全家人的支持和掩护下，安全地将地下党的预备电台在家中存放了十几天。在此期间，又一部上海地下党秘密电台被国民党破获，电台负责人张困斋和报务员秦鸿钧不幸被捕，5月7日惨遭杀害。而经段仲宇转移和隐蔽的这部电台，却始终安然无恙。

在环境极其险恶的地下斗争中，尚未入党的段仲宇经受住了一次生与死的考验，交出了一份令党组织深感满意的答卷。

不久以后，李正文喜气洋洋地来到段公馆，紧紧握着段仲宇的手说：“仲宇，祝贺你！你的组织问题解决了，没有预备期。介绍人一个是我，一个是伯宇。这是组织上的规定，凡国民党将级军官加入我党，必须要有两个介绍人。”

等待了多少天的大喜日子终于到来了。段仲宇激动得说不出话来，全身直冒汗。他只说了一句话：“组织上信任我，我要好好为党工作。”

李正文叮嘱说：“希望你好好学习，有条件时多读点马列主义的书。工作中要注意安全。任何事情要有计划，有步骤，多思考，这样就比较安全。还要注意气节问题，万一被捕，不能叛党。”

段仲宇坚定地说：“请组织上放心，我一定努力学习，党交给我的任务一定坚决完成。气节问题亦请组织上放心，我从小读过文天祥的《正气歌》，懂得一个人立身处世要有气节。‘是气所磅礴，凛烈万古存；当其贯日月，死生安足论！’我决不会做对不起组织的事。”

但是，无论是李正文或段仲宇，当年他们绝不可能想到若干年以后，在“史无前例”的那场“文化大革命”中，段仲宇入党没有预备期这个问题，却受到了无端怀疑，进行了长期审查。后来，时任国家教育部理论司司长的李正文写了一份证明，为这桩本来清清楚楚的“公案”了了一个结。

李正文的证明是一份颇有价值的历史资料，对我们了解段氏兄弟解放前的地下斗争事迹很有参考价值。现将全文转录于下：

对段仲宇同志入党无预备期的证明

1949年1月，我是中共中央上海局策反工作委员会委员，分管陆军。段仲宇同志当时任国民党上海港口副司令兼上海铁道指挥官。他的家在上海宝山路口，有国民党军队警卫。他的家成了我搞策反工作的一个重要联络点。贾亦斌（当时国民党预干总队少将总队长）、段伯宇、刘农畯（国民党伞兵第三团上校团长），就利用这个地方同我碰头。实际上，王海峤（国民党工兵第四团上校团长）、宋健人等，也在这里和我谈工作。段仲宇把自己的公馆提供我们党作策反工作机关，这是冒着生命危险的，这非有高度的政治觉悟是不会干的。每当他下班回家来看到我同其他同志谈话时，他把我当做党的代表，十分尊重我。我同他一人单独谈话时，他非常诚恳而又积极地要求党交给他革命任务。他利用他的职权保护铁路工人罢工，一直到取得胜利，是完全根据我的话做的。我们党的领导同志出入上海火车站，都是经过他的安排，才免于国民党特务的检查。他亲自开着小轿车保护我搬运地下电台，通过国民党的军警宪特联合巡逻队。这部电台本来放在一个党员×××同志家里，她答应只能藏一个星期。她怕得要命。我们就转托段仲宇同志保藏起来。他很愉快地接受了这个危险任务。他还接受我交给的任务，到汤恩伯司令部里去刺探情报。他同一个副司令（名字我忘记）关系较熟，曾从那里经常得到一些情报。他还详细地把他所领导的人事、设备，计划如何利用到解放上海上。他曾主动提供一艘大型登陆艇，为伞兵第三团海上起义成功创造了条件。他根据我的意见，把宝山路公馆让出来，另在旧法租界安排了家。这样为了地下工作的安全起见，以免受到影响，遭到破坏。等等，等等。我就是根据上述表现，他虽然是国民党军队的少将军官，入党应有预备期的，但他的家庭出身，父亲是共产党同情者，哥哥是共产党员，可以算是革命家庭出身，所以我请示了上海局策委会书记张执一同志，确定段仲宇同志入党无预备期。特此证明。

李正文

1985年12月23日

李正文写的这份证明，不仅澄清了段仲宇入党无预备期这一历史问题，而且也证明段仲宇同志确实为党做了大量工作。

历史犹如一块金子，岁月的风雨不会销蚀它的光泽，只会使它更加闪亮。

28. 地下党要段仲宇“官再做大一点”。新任行政院长何应钦途经上海，段仲宇故意登上专列与何夫人寒暄，使在场军政大员为之瞠目。没过几天，他被任命为上海市政务委员

段仲宇入党前后，李正文不止一次地向他提出：你能不能想想办法，活动活动，把官再做大一点，权再多抓一些，以便更好地开展情报策反工作，同时也有利于更好地掩护你自己。

段仲宇把这看做是地下党的嘱咐，是党组织交给自己的一项特殊使命。

论官阶，段仲宇的少将确实不算大。其时上海地区的国民党陆、海、空军和警察、宪兵、特务机构为数众多，少说也有二三十万之众，少将以上军官有上百名，光段公馆里就住着三位。官再做大一点，从少将升到中将，这一关很难跨越。杜聿明是黄埔一期毕业，30年代初就官居少将，抗日战争中打了那么多硬仗，是蒋介石的心腹爱将，后来又官居东北和徐州“剿总”副总司令，但军阶也仅是个中将。所以段仲宇想也没想过往中将的军阶上靠。

权能否再抓一些？也很难。上海港口副司令管辖的范围已经够宽的了。其时上海通往台湾的海运大权，除了海军司令部直接掌管着军舰（艇）以外，许多船只的调拨由港口司令部下属的海运组具体承办。司令杨政民放心地让段仲宇“代拆代行”，标志着段仲宇在具体业务上是大权在握、说话算数的。再说，段仲宇还兼任着京沪、沪杭铁路运输指挥官的要职，权力也很大。他已经在这个关键性的岗位上为党做出了许多贡献。

那么，怎样才能把官再做大一点、权再多抓一点呢？

段仲宇在官场上不是那种善于阿谀奉承、巴结讨好上级以求得飞黄腾达的小人。他之所以能一步一步地从排长、连长到将军的高位，是基于他精湛的军事素养、广博的业务知识以及卓越的才能。他从来没有靠“活动活动”去谋取过一官半职，那与他正直的人品是水火不相容的。但是，眼下党组织要他活动活动，将官再做大一点，则是斗争的需要，是为了战胜反动派、尽快实现京沪杭地区的解放。这是一个神圣的任务，段仲宇不断思谋着实现这一

任务的方略。

一个难得的机会终于到来了。

段仲宇到纽约任中国驻联合国安理会军事代表团团员期间，顶头上司就是国民党元老重臣何应钦。代表团只有二三十人，他与何应钦几乎天天见面。他去纽约任职前蒋介石曾亲自召见，要他代“问敬之好！”（何应钦字敬之）。当段仲宇把蒋介石这句话转告何应钦时，何眼睛一亮，对这位“段侍从”不禁多看了几眼，心里留下了很深的印象。后来，何夫人王文湘与段仲宇也熟悉了，见了面总是亲切地称他为“段侍从”或“段上校”。

段仲宇回国后不久，何应钦也回国就任国防部长的要职，时为1948年5月。

但这时国民党的军事形势已经是一团糟。东北只剩下了几座孤立的大城市，华北傅作义集团也处处被动，西北胡宗南的精锐部队损失惨重，中原江淮河汉的防御体系被刘伯承、陈毅两支大军分割得支离破碎。这样残破的一副败局，叫他何应钦如何收拾？

何应钦心中明白，造成这个局面的责任在于蒋介石和他的宠将陈诚。他对蒋、陈迫他交出军政部长大权而去联合国当一个毫无实权的军事代表团团长一事，一直耿耿于怀。他心里想，如今你们打了败仗，却要我来收拾败局。一气之下，他将两年来作战损耗的真实数字在一次作战会议上公之于众。蒋介石气得满脸通红，十分尴尬。何应钦也算报了一箭之仇。

但这一年的何应钦运交华盖，尽管他当国防部长后提出种种主张以求挽回颓势，但辽沈、淮海、平津战役的惨败，使翁文灏内阁不得不于1948年12月24日集体辞职。身为国防部长的何应钦也就卸去了职务，后来干脆躲进医院。

李宗仁当上“代总统”后，行政院长孙科为了报“副总统”选举失败之仇，将行政院迁到了广州。3月8日孙科内阁辞职，李宗仁提名何应钦出任行政院长，希望“府院一致，共撑危局”。因为他知道何与蒋介石之间有矛盾。

张治中奉李宗仁之命到溪口，请求蒋介石允许何应钦出任行政院长。蒋介石不同意，冷冷地说：“院长应该让别人来做，他任副院长兼国防部长好了。”何应钦知道后十分气愤，说：“院长我都不愿意做，我还做副院长？！”

由于许多人不愿替国民党政府殉葬，经李宗仁一再敦劝，蒋介石不得不勉强同意，何应钦于3月12日就任了行政院长之职——它相似于现在的国务院总理。

这一年3月12日是何应钦和夫人王文湘“六秩双寿”，又刚刚当上了行政院长，真是双喜临门。这一天在杭州“避寿”的何氏夫妇，所住的汤恩伯公馆里冠盖云集，国民党军政大员汤恩伯、周至柔、雷震、谷正纲等上门祝贺，李宗仁、顾祝同、白崇禧、张治中等送了贺幛，蒋介石还特地亲笔手书“安危同仗甘苦共尝”八个字以示祝贺之意。蒋介石的“潜台词”很清楚，要何应钦与他一同为国民党支撑危局。

但何应钦心里也有自己的打算。12日他从杭州到上海，盛情邀请著名民主人士章士钊、颜惠庆、江庸等加入内阁，但碰了一鼻子灰，只“请”到了青年党左舜生等政客。

3月15日上午，何应钦和夫人王文湘、弟弟何纵炎偕参谋总长顾祝同等离开上海返南京。京沪杭警备总司令汤恩伯、上海市市长吴国桢、市政府秘书长陈良、市党部主任委员方治、议长潘公展、淞沪警备司令陈大庆、警察局长毛森等军政大员到火车站送行。前往送行的还有一大批军政官员。

段仲宇事前就接到通知要为何应钦准备专列，并叫他也前往送行。

段仲宇一直在等待、在寻求送他“上青云”的“好风”。是啊，既然不能用吹牛拍马或行贿送礼之法以完成地下党交代的“官再做大一点”的特殊使命，唯一的办法只有靠“好风凭借力，送我上青云”。眼下，这位新上任的行政院长何应钦，不就是可以借用一下的“好风”吗？

经过精心考虑，段仲宇决定了自己的行动方案。

车站月台上站满了送行的军政官员，黑压压的一大群。论资历、论职位、论军阶，段仲宇在这样的场合排不上号，只能靠后站。但段仲宇对月台的地形和专列的位置很熟悉，他决定站到送行人员的最后面。这儿紧靠专列，何应钦走近专列时，这里就成了最前面。

不一会儿，何应钦前呼后拥，一边和送行的军政大员们一一握手，一边和个别人挥手打个招呼，间或寒暄几句。当他走近专列时，段仲宇迎上前去，恭恭敬敬地行了个军礼，说：“总长好！”他故意用在纽约时惯用的称呼而不称“何院长好”，是一种感情上的沟通，也是向人家显示他与何应钦过去的上下级关系。

何应钦向他点点头，伸出手来，说：“段上校好！”话刚出口，何应钦用手指了指段仲宇肩上的将军星花，改口说：“喔，段将军好！”

段仲宇很机敏地说：“我上车去看看夫人。”未等何应钦表示可否，他便迅速地登上了专列。

段仲宇见到王文湘后，敬了一个礼，说：“夫人好！”又问：“小珠和赵小姐可好？”

小珠即何应钦的女儿何丽珠，赵小姐是王文湘的侄女。在纽约时段仲宇和她们都很熟悉。

王文湘说：“段上校，你好！小珠她们这次没来。小汪（汪敬煦）也没有来。”

段仲宇请王文湘转达对汪敬煦的问候。

段仲宇见专列即将开动，及时下了车。何应钦和王文湘客气地送段仲宇到车门口，频频向他招手致意。

这在政治上真是极精彩的一幕！在场的军政大员众目睽睽，汤恩伯、陈大庆、毛森等人都对段仲宇瞠目而视。他们没有想到这位“段侍从”与何应钦夫妇竟有这么亲密的关系。不可小觑呀！

几天以后，段仲宇被任命为上海市政务委员。市政府秘书长陈良告诉他，由他分管交通运输工作。后来段仲宇就主持召开过几次交通会议，讨论全市在紧急状况下交通运输如何加强战备等等问题。

政务委员是市政府的组成人员，有点像今天的市政府委员。原先段仲宇只能管港口和铁路军运，对上海全市的工作根本没有“话语权”。现在当了市政务委员并分管全市的交通运输工作，这标志着段仲宇的权力又大了一些。参加的会多了，接触的面广了，主管的事多了，从而又为开展党的情报、策反等工作创造了更好的条件。

在错综复杂的地下斗争中，段仲宇又赢得了一个回合，受到了党组织的表扬。

29. 段公馆里多次研究预干总队起义方案。段伯宇穿针引线出谋划策。关键时刻段仲宇深夜驾车将贾亦斌送上了南去的列车

蒋介石父子对预干总队可谓情有独钟。为了把只剩100余万的国民党军扩编到350万至500万人，保卫东南半壁江山，与中共相抗衡，蒋介石下令成立了14个编练司令部，着手补充和编练30多个新军和2个师。这么多新部队的基层干部从哪里来？蒋氏父子把希望寄托到了贾亦斌和他领导的几个预干总队共10000多名学员身上，尤其是嘉兴第一预干总队，其训练的基层干部更为保卫京沪杭所急需。

在这样的背景下，预干总队起义无疑是阻力重重，波谲云诡，一波三折。

段伯宇联系的十几支国民党部队，到底什么时候起义，采取什么方式起义，李正文在段伯宇陪同下作了深入的考察后，又关起门来在上海宝山路1号段仲宇公馆内进行了多次研究。

这时总的军事形势是：国民党正在紧张地部署长江防线和京沪杭地区的防御作战。人民解放军已经推进到长江北岸，渡江之战箭在弦上。为了实现“划江而治”的美梦，李宗仁派出和谈代表团到北平“议和”——当时也有人称之为“求和”“乞和”。

和耶？战耶？局势扑朔迷离，难以预卜。

一旦人民解放军进行渡江作战，那么该会在何时？何地？采取何种战略战术？这是中共方面的最高军事机密，局外人不得而知。

但是，上述问题关系到段伯宇联系的这些部队的起义方案和一系列起义准备工作问题，是不能不考虑的大问题。

起初，大家的设想是：在人民解放军举行渡江作战之际，在跨越江苏、浙江、安徽三省的广大地域内，特别是京沪杭地区，这十几支国民党部队同时宣布起义，里应外合，策应解放军渡江。这样做的好处是声势大，作用大，影响也大。

但是，中共上海局策反工作委员会书记张执一经过深思熟虑，却否定了

上述方案。长期的地下斗争磨炼，使这位职业革命家既有澎湃的革命热情，关键时刻又显得非常冷静。是啊，在那样特殊的环境里，固然需要有“敢把敌人脚下踩”的凌云壮志，但更需要的是审时度势，是冷静、冷静、再冷静，千万不能头脑发热。

张执一对李正文说，这几支部队大规模联合起义的计划不现实，即使另外加上我们党所掌握的其他所有准备起义的部队，同时联合起义，在总体力量上仍然小于敌人的力量。由于敌我力量悬殊，起义不可能取得成功。

张执一认为，只能利用机会，采取小规模的形式，一个部队一个部队单独的起义。预干总队是蒋经国的嫡系，驻地嘉兴处于沪杭铁路的中枢，北临上海，南靠杭州，四周围驻有国民党的重兵。它一动，敌人就会像饿虎扑羊似地扑上来，区区4000之众哪里抵抗得了几十倍的敌人?

但是，明知起义要失败，张执一却提出预干总队应该相机单独起义。他认为，预干总队的起义政治意义非常大。第一，说明蒋氏父子最亲信的嫡系也与之彻底决裂，高举义旗，投向人民，这象征着蒋家王朝已经到了众叛亲离的末日；第二，从表面关系上看，贾亦斌是蒋经国自己挑选的“心腹”，预干总队是蒋经国经过多年苦心经营，准备用来支撑蒋家王朝的“擎天柱”，如不经过武装起义，就进入解放区，可能得不到解放区人民的信任，这对贾亦斌和整个预干总队官兵都是不利的。从我们的角度来说，把蒋经国嫡系的干部拖过来，在当时的条件下，一时也难以消化。不如在蒋的京沪杭命脉地区，来一次起义，可以起到动摇蒋家王朝总基地的作用；或把这支嫡系队伍拖垮，起到威慑敌人、瓦解敌人的作用。

李正文完全赞同张执一的看法。他召集段伯宇、贾亦斌、刘农畯三人，关起门来在段公馆里研究了两三天。段仲宇虽然工作忙得团团转，但有时也参与了研究。

贾亦斌坚决拥护张执一的指示。他分析了在嘉兴起义的利弊。他认为，从嘉兴东往浦东或西往天目山，都是国民党政权的心脏地区，重兵云集。据调查正规军就有四五十万，加上交警、保安部队和宪兵警察特务，总数号称七八十万人以上。其次，嘉兴地区水网纵横，湖沟密布，起义部队无山区可以依托；敌人却据有铁路和公路，可以运用现代化交通工具迅速调动部队围追堵截。起义部队只有数千人，要对抗几十倍的敌人的"围剿"，在军事上取胜的可能性确实很小。贾亦斌诙谐地说，如果大军事家孙膑、吴起再世，要指挥起义取胜恐怕也难乎其难。

贾亦斌又说："古人说，置之死地而后生。事在人为，如果我们能出敌不意，以最快速度越过京杭国道进入天目山，加上我党苏浙皖游击队的接应，再加上驻溧阳、金坛一带齐国楷的保安总队进行策应和配合，那么胜利的希望也是很大的。关键在于组织指挥的严密和行动的果敢迅速，在敌人还没有反应过来的时候就把部队拉上天目山。"

作为军事情报科长的段伯宇，充分理解在嘉兴举行起义的巨大风险。他出于对贾亦斌个人安全的担忧，提出了一些具体的建议。

通过深入讨论，贾亦斌最后表示，虽然起义的风险很大，但党组织认为有必要，就应当干！干革命不能不冒风险，即使起义不能在军事上取胜，也可以达到三个目的：一是从政治上在蒋政权的"心脏"来个大爆炸，震撼其神经中枢，并以此向国内外宣告蒋氏政权内部已经众叛亲离；二是从军事上在国民党京沪杭防御体系炸出个大窟窿，打乱其部署，动摇其军心，粉碎其京沪杭防御"固若金汤"的神话；三是从组织上使蒋氏父子依靠预干总队编组30多个新军的计划彻底破产，打破其扩编大批国民党军固守东南半壁河山的美梦。

贾亦斌的坚定决心受到其他同志的赞赏，并受到李正文的充分肯定。张执一听取汇报后也深感满意。

方案确定后，贾亦斌在上海局"策反委"派出的联络员张文藻协助下，加紧了一系列的起义准备工作，包括派人沿起义路线暗地勘察地形，绘制详细的行动路线。

正当起义准备工作紧锣密鼓进行之际，突然发生了一起意外事件：蒋经国从溪口打电话要贾亦斌去一趟，说是蒋介石要亲自召见，随后又多次来电催促。

难道东窗事发，蒋氏父子要对贾亦斌下毒手？

去，还是不去？3月初的一个早晨，贾亦斌急匆匆赶到上海宝山路1号段公馆，向段伯宇请示。段伯宇即请李正文来一起共商对策。

李正文和段伯宇认为，党组织领导的起义准备工作，非常谨慎，机密保守得很好，迄今未发生过人员被捕等事件。蒋氏父子叫贾亦斌去溪口，看来不一定抓到了我们的把柄，要不，他们为什么不对贾采取断然措施呢？其次，去溪口，固然是“鸿门宴”，有巨大风险；但如不去，更增加蒋氏父子怀疑，对我们不利；再次，去溪口见蒋氏父子，还可亲眼看看那里的动静，取得第一手的情报资料。

权衡的结果，李、段、贾三人取得共识，一致认为贾亦斌应该坦然前往，争取变被动为主动，变不利为有利。

张执一也同意贾亦斌去溪口一趟。

贾亦斌随国防部监察局局长彭位仁从上海乘轮船到宁波，再换乘汽车到了溪口。

小小溪口镇，这时已成了国民党的政治中心。郁郁苍苍的群山，潺潺流淌的溪水，使这座小镇充满浙东山区特有的旖旎风光。但贾亦斌无心欣赏，琢磨着可能发生的种种情况和应对之策。

第一天蒋经国没有露面。

第二天一大早，先期来溪口的预干总队上校主任秘书楼锡源悄悄告诉贾亦斌：有人向蒋先生告密，说你思想有问题，准备带队伍投共。今天上午蒋先生（经国）找你谈话，谈得好无问题，谈不好，你就别想回去了。

果然不出“策反委”和贾亦斌事先所料，蒋氏父子虽已对贾亦斌起了疑心，但看来他们并没有抓到确凿的证据。而面临的这场较量，是一场变相的“审讯”，是双方斗智斗勇的一场生死搏斗。

两个多月不见，贾亦斌感到今天的蒋经国一改往日对自己的亲切随和，态度严肃冷峻，劈头就问：“你在嘉兴待很久了吧？”

贾亦斌神态自若，坦然地说：“时间不长，只有两个多星期。部队思想问题很多，官兵们都很想念领袖（蒋介石），可否请领袖去训训话，以安军心？”

蒋经国把手一摆，斩钉截铁地说：“不可能。”

贾亦斌又试探地问：“领袖不去，您能不能去？”

蒋经国又斩钉截铁地说：“我没有空。”

谈话出现了僵局，空气一下子似乎变得凝固了。

蒋经国和贾亦斌各人想各人的心事。

突然，蒋经国说："预干总队开往福建建阳。"说完，两眼紧紧盯着贾亦斌，想看看贾亦斌的反应如何。

机敏的贾亦斌立即作出了不使蒋经国生疑的反应："好！我回去就带领部队开往福建。"

贾亦斌又问："我可否早点回去做准备？"

蒋经国仍然不放心，说："不行！你可以在溪口住几天，这里还有重要事情，领袖还要找你谈谈。今天就谈到这里。"

接下来几天，蒋经国每天派秘书"陪"贾亦斌游览溪口的名胜古迹，同时派人到嘉兴预干总队进一步作调查，以弄清贾亦斌有无"投共"之事。

"泰山崩于前而色不变"。贾亦斌尽管内心焦急万分，度日如年，表面上仍然装得泰然自若，潇洒地徜徉于山水之间，巧妙地应付着蒋氏父子的"考察"。

三四天后，蒋介石和蒋经国约贾亦斌一同看京戏《龙凤呈祥》，气氛亲切，蒋介石虽未和贾亦斌谈话，但看来蒋氏父子确实未抓到贾亦斌的"投共"证据。绷得很紧的弦似乎放松了一些。

又"考察"了几天，蒋经国终于同意贾亦斌返回嘉兴。一场不显山不露水、虽然没有刀光剑影却充满杀机的斗争，以贾亦斌的胜利而宣告结束。

3月12日，贾亦斌从溪口回到了上海，向李正文、段伯宇、张文藻三人汇报了溪口之行的经过。大家研究后认为，蒋氏父子必然要继续对贾亦斌进行监视，起义已到了箭在弦上不得不发的地步。

段伯宇认为，预干总队如果开拔去福建，途中起义获胜的可能性不大。应加紧准备，还是在嘉兴提前起义，出其不意向天目山挺进，将起义部队拉到皖南游击区。从军事的角度来看，这样做路途近，又有我党游击队接应，起义成功的把握较大。

段伯宇还向李正文建议，请上海局通知皖南游击队，东出天目山接应；通知四明山游击队积极在浙东活动，遥相策应，对敌人进行牵制；通过派往江苏保安总队的联络员陈景明，要齐国楮派部队对起义部队的右翼进行掩护。

会议经过认真讨论，还作出了四项决定：

一、立即将贾亦斌的妻子谭吟瑞（“戊戌六君子”之一谭嗣同的孙女）和孩子贾晶晶（后改名贾宁）转移到可靠地点隐蔽起来，对外则扬言已送往福建。

二、在预干总队内部加快组织起义骨干队伍。

三、速将无线电台修理好，以备起义时与地下党保持联系。

四、加紧对驻京沪杭地区有关系的几个军和保安旅的策反，派宋健人、李炳琳前往有关部队联络。

各项准备事宜分别布置完毕后，李正文、段伯宇、贾亦斌投入了更紧张的工作。

在此期间，段伯宇还和李正文、贾亦斌一起到驻大场的青年军二〇九师，对师长方懋锴进一步开展秘密策反。接着三人又赶到常州，与齐国榰进行了秘密商谈；尔后赶到南京，准备对驻浦口、芜湖地区的部队进一步做工作。忽然消息传来，得知国防部下令撤销了贾亦斌的本兼各职，调为国防部部员。

这突如其来的变化，使预干总队的起义面临半途夭折的危险。

李正文、段伯宇、贾亦斌紧急赶回上海，将商定的对策向张执一作了汇报。张执一批准预干总队提前起义。起义后可以用“苏浙皖边区民主联军”的名义进行活动。

为便于隐蔽开展起义准备工作，贾亦斌派人在大上海中央旅社、吴宫饭店、孟渊旅馆、中山旅社和一些小旅社里，有时事先预订房间，有时临时约定时间，和李正文、段伯宇等人以及从嘉兴秘密前来的起义骨干共同研究起义有关事宜。当时特务很多，环境很险恶。一天，贾亦斌刚抵吴宫饭店，发现门口有人形迹可疑，立即迅速转移至另一处秘密联络点。

论安全，宝山路1号段仲宇家是没有问题的。预干总队起义后上天目山的行动路线，曾在“段公馆”进行过几次研究。段仲宇特地搞来了一幅地图交给贾亦斌。段伯宇和李正文要贾亦斌尽量拖延办移交的时间。但久拖也不行，贾亦斌决定冒险潜往嘉兴去现地组织起义。

当时上海实施戒严法，下午6时就开始戒严，路上行人稀少，一队队荷枪实弹的国民党军来回巡逻，气氛很恐怖。4月2日晚上9时许，贾亦斌穿一件灰色长袍，一身小商人打扮，匆匆来到段仲宇家，说："今天晚上我要去嘉兴。"段仲宇赶紧拿出火车时刻表一查，晚上11点还有一趟火车。为了安全起见，段仲宇提出从西站上车，车票由他解决。

在浓浓的夜色中，段仲宇穿上将军服，亲自开着小车穿过偌大的市区，在火车开车前不早不晚赶到西站，送贾亦斌安全地登上了往南方向去的列车。

4月5日，李正文要赶往嘉兴。当时铁路很乱，车票很难买到，好在段仲宇手里掌握着各种车次的车票。李正文拿到车票后，按约定车次抵达嘉兴。他和贾亦斌以游览南湖为掩护，在一条游艇里研究了起义的各个细节问题，作最后的敲定。

南湖是中国革命的圣地之一。中国共产党第一次代表大会在白色恐怖严重的上海开幕后，后来移到嘉兴，在南湖的一条游船上举行了最后一次会议，谱写了中国革命史上开天辟地的一页。贾亦斌对李正文说："现在我们就要在敌人的'心脏'里举行武装起义了。能为最后埋葬蒋家王朝尽一份力，是无上光荣的。除了少数几个反动军官外，整个预干总队已经沸腾了，好像就要爆发的火山。如果这两天不把部队拉出去宣布起义，就要丧失时机了。"

李正文的心情同样很激动，他想到上海局"策反委"从段伯宇手中接过贾亦斌这个关系，只经过短短三个月的工作，就把一支4000人的蒋介石父子的嫡系，引上光荣起义之路，这是党在上海地下工作中的一个丰硕成果。欣慰之余，他又为起义官兵的安全而深感忧虑。毕竟是在敌人重兵云集的"心脏"里起义，我解放大军远在江北无法支援，苏浙皖边区的我游击队兵力单薄，仅能作战略上的配合和策应。无疑，起义部队必将承受巨大的军事压力，甚至付出很大的牺牲。

根据张执一的指示精神，李正文经过审慎考虑后，代表中共上海局策反工作委员会，向贾亦斌当面批准了预干第一总队的起义计划。他紧紧握住贾亦斌的手，预祝起义胜利。

接替贾亦斌担任总队长的黎天铎少将，是个忠于蒋氏父子的顽固分子。4月6日晚上，贾亦斌突然出现在他面前，向他晓以大义，叫他立刻签署总队前往莫干山进行军事演习的命令。可是黎天铎硬是不愿就范，借故拖延时间，不肯签署命令。一直僵持到午夜12点，贾亦斌看时间已不容再耽误，就拔出手枪往桌上“啪”地一放，厉声说：“我是共产党派来的。现在你面前有两条路：一条是把我送到国防部去，你可以升官发财；另一条路是跟我们走，下令行军到莫干山演习。限你考虑五分钟！”

黎天铎何尝不想将贾亦斌抓起来送往国防部请赏。然而环顾四周，总队部内外站满了忠于贾亦斌的人，一个个对他怒目而视，闪亮的刺刀对准了他的胸膛，“我们不要内战要民主！”“我们不要独裁要民主！”的口号声响彻院内，使他震耳欲聋。

看到这副架势，黎天铎像斗败了的公鸡，颓然低下脑袋，全身发抖，喃喃地说：“你是我的老上级，你给我带的路不会错，我听你的。”旋即战战兢兢地签署了全总队到莫干山进行两天军事演习的命令。

与此同时，贾亦斌下达的一道道准备起义的命令迅速传遍了预干总队各个大队和中队。在漆黑的夜色中，4个大队14个中队的3000多名学员汇集到西大营操场集中待命。气氛严肃而紧张。

可是，有2个中队的学员却迟迟未来。原来是第十三中队中队长林荫顽固反对起义，用枪威胁学员不准参加起义。天近黎明，贾亦斌毅然决定将大队人马迅速带离嘉兴城。少将总队长黎天铎和少将副总队长潘振球由学员押着同行。

一场震惊国民党朝野的预干第一总队起义，就这样爆发了！8日上午，段氏兄弟在《申报》上看到了如下一则报道：

驻禾陆军预备团——总队千余学员叛变

（本报杭州7日电）国防部预备干部第一总队，原驻嘉兴，总队长贾亦斌，副总队长黎天铎，官佐士兵4000余人，上峰原定计划开往闽省整编。该部忽于7日晨擅自行动，扣征快班及民船，离禾（嘉兴）去崇德、德清等地，可能往武康、安吉、孝丰、苏浙皖边，与该处土共取得联系。浙省周嵒主席闻讯后，即派兵追截，并令该沿途各县自卫队驻军严予监视……

（本报嘉兴7日电）预干一总队之叛变，据悉为前总队长贾亦斌所策动……口号为反对共产党暴力，不满国民党腐败，共同创造，自力更生……

段氏兄弟认为，《申报》的报道语焉不详，还作了许多歪曲，譬如说什么“口号为反对共产党暴力”，似乎是一次中间路线或第三种势力策划的起义；又说“千余学员叛变”，大大缩小了参加起义的人数，等等。但报纸的公开报道，毕竟像一颗威力很大的炸弹，在国民党统治严密的京沪杭地区爆炸了！它像一道耀眼的闪电，撕裂了黎明前黑夜的长空，使广大国民党士兵和国统区人们看到了光明，看到了希望，看到了东方喷薄欲出的红日……

在溪口的蒋氏父子很快得到了贾亦斌“叛变”的报告。蒋经国痛哭流涕，向其父检讨“用人不当”。蒋介石暴跳如雷，下令围追堵截，还悬赏5万银元“缉拿”贾亦斌。

国防部接到蒋介石的指示后，岂敢怠慢，立即十万火急下令调遣部队“围剿”预干总队。其中包括几个正规师和江苏、浙江、安徽的保安部队及交警总队，企图以几十倍的兵力一鼓而歼。

7日下午5时许，起义部队抵达了乌镇。这是一座充满杭嘉湖水乡风情的小镇。在镇外一个空旷的场地上，数千名起义官兵庄严地举行了起义誓师大会。贾亦斌登上一座高高的土墩，大声宣布举行反蒋起义，并带头扯下军帽上的国民党军帽徽摔在地上。干部和学员们也一齐扯下了国民党军帽徽，表示了他们和蒋家王朝的彻底决裂。贾亦斌还将金光闪闪的将军领章也一把扯下摔在地上。这时学员们齐声欢呼“坚决拥护贾指挥”的响亮口号。

在围追堵截的敌人大军即将压境的危急关头，数千名热血男儿毅然宣告和蒋介石父子公开决裂，生动地表明蒋氏父子在国民党营垒中的影响力大大下降，其内部已分崩离析，军心思“叛”，人心思“散”。蒋介石要固守东南半壁与共产党相抗衡，已经是不可能的了。

誓师大会后，贾亦斌指挥起义部队兵分三路向西突围。他率领第一路，辅导组组长刘异率领第二路，第一大队大队长李恺寅率领第三路。天刚垂暮，突然四周枪炮声大作，敌人向起义部队发起了进攻。顿时不少起义人员倒在血泊中。义愤填膺的起义官兵立即英勇地进行反击，步枪、冲锋枪、轻重机枪和迫击炮一齐向敌人开火，战斗呈白热化状态。黎天铎和潘振球趁混乱之际，相继逃脱。

贾亦斌深知众寡悬殊，不能恋战，他指挥起义部队且战且走，分路冲过了京杭国道。突围途中，部队不断遭到重大伤亡和失散，这时只剩下了300余人。

4月12日下午，起义部队来到了吴兴县妙西山良村。这里层峦叠嶂，已属天目山地区。但敌人重兵仍紧追不舍。三十六师以其优势兵力和装备，从四面八方向起义人员包抄过来。又经过一场血战，敌人付出了伤亡数百人的代价，起义人员也伤亡惨重，最后只剩下了80余人。

5天多的连续战斗，加上日晒雨淋，食不果腹，夜不能寐，对这些青年学员来说，这是他们从来没有吃过的苦，经历过的艰难。但是他们心中仍满怀着一个坚定的信念：找到中共游击队就是胜利。贾亦斌面对此情况，决定将起义部队化整为零，乔装打扮，各自为战，冲出困境，能保存一分起义力量也是好的。起义官兵则认为无论如何要保住贾亦斌。大家坚信只要有贾亦斌在，总有一天能和共产党接上关系。

从良村突出重围后，贾亦斌等少数人来到了安吉。又打了一仗，最后只剩下贾亦斌孤身一人。天黑，又遇上大雨，贾亦斌摸黑行进时不幸跌下山崖，昏了过去，几根肋骨也折断了。

苏醒过来后，贾亦斌又强忍着剧痛，在深山密林中辗转了三天之久……

当贾亦斌被人民群众和游击队员用滑竿抬着送到中共苏浙皖边区工委时，工委书记钱敏向这位身负重伤、极度虚弱的人打听："贾亦斌在哪里？"

贾亦斌吃力地回答说："我就是。"

钱敏早已从上级通知和敌人的报纸上知道了预干总队起义的壮举，得知贾亦斌是这次起义的大名鼎鼎的领导人，但只闻其名而未见其人。今天看到贾亦斌伤成这个样子，又惊喜又心疼。他告诉贾亦斌："你们打得最凶的时候，我们也想接应你们，可惜没有能够联系上。"

说到接应，还有这样一个不该发生而又富有戏剧性的"插曲"。

预干第一总队在嘉兴起义后，中共上海局"策反委"通过电台立即发了一份密电给驻在常州的国民党江苏省保安总队少将总队长齐国楷，要他火速率部队从侧翼对起义部队进行掩护。因为段伯宇陪同李正文与齐国楷见面时，已谈妥了齐国楷率部起义的大致计划。

但是，不知是出于何种原因，上海局的这份密电，竟然发到了国民党江苏省政府主席兼第一绥靖区司令兼江苏省保安司令丁治磐手中。丁治磐大惊失色。这还了得，共产党竟钻到了自己的鼻子底下。眼看着齐国楷就要人头落地、起义未成身先死了。

但是，也不知是出于何种原因，丁治磐竟然没有下令逮捕齐国楷并军法从事，相反，这位堂堂中将司令官在震惊之余，先给齐国楷悄悄打了一个电话，只说了一句话："你赶快离开部队！"口气严厉，斩钉截铁，没有任何解释。但齐国楷立即听懂了这句话的含义，以最快的速度安全转移……

时隔半个世纪以后，齐国楷以90多岁的高龄，仍安然在六朝古都南京享受着厅级离休干部的优厚待遇；而当年"放他一马"、救了他一命的丁治磐，已于1988年3月8日病逝于台湾。缅怀故人，齐国楷老人嘘唏不已。

笔者曾问段仲宇老人：当年丁治磐为什么要放齐国楷一条生路？为什么他亲自通知齐国楷逃离后再下令"通缉"？段老笑笑说：大家都是老同学、好朋友嘛，他怎么好意思抓？抓起来怎么办？向上邀功，借同学好友的人头去请赏？这岂不要让人骂死！再说，万一上峰责怪他丁治磐养痈遗患，姑息养奸，他能脱得了干系？……

经段伯宇和李正文策反、由贾亦斌领导的预干第一总队嘉兴起义，虽然以悲壮的失败而告结束，但它完全达到了中共上海局策反工作委员会原先设想的目的，影响极为深广，在我党地下工作史和国民党军起义史上，谱写了光辉的一页。

30. 上海局“策反委”确定伞兵第三团在海上起义。段仲宇暗施计谋解决了三大难题。毛泽东、朱德来电祝贺起义成功

1949年3月上旬的一天，国民党空军伞兵第三团团长刘农畯急匆匆赶到上海宝山路1号段公馆，向段伯宇汇报了他刚获得的一个最新情报：国防部已决定将伞兵统统撤往闽、台，行军计划正在拟订中，不日即可下达。

这是一个晴天霹雳，给正在酝酿中的伞兵第三团的起义犹如兜头泼了一盆冷水，使起义面临夭折的危险。

段伯宇立即请来了李正文，在段公馆和刘农畯、贾亦斌、段仲宇等进行了紧急磋商。

关于伞兵第三团的起义方案，曾进行过多次密商。鉴于上海周围地区国民党大军云集，一个团要揭竿举义并取得成功几乎是不可能的，因此起初设想将该团往第七十五军防地靠近（第七十五军军长吴仲直和段仲宇关系颇好，多次邀段仲宇到该军任参谋长）。待将来人民解放军进攻上海时，争取七十五军和伞兵三团一起举行阵前起义，以策应我军解放上海。可是，现在国防部要将伞兵第三团撤往闽、台，那么只有在途中起义或到福建后再待机起义了。

但该团是从陆路走还是从海路走，上峰命令未下，大家只能进行猜测。

如果从陆路走，就要通过段仲宇的铁路运输指挥部安排车辆。当然也有可能从公路走。大家讨论后，普遍认为无论是铁路或公路，途中起义困难较多。在什么地方起义？起义后怎样与当地中共游击队取得联系？敌人出动大部队围追堵截怎么办？这步棋太险，起义似乎到了“山穷水尽疑无路”的困境。

几天后传来消息，国防部已决定伞兵部队从海路撤往闽台。这一来，伞兵第三团的起义出现了“柳暗花明又一村”的转机。

2月25日，国民党最大的巡洋舰“重庆号”，驶出吴淞口后在海上英勇起义，驶往解放区。虽然国民党严密封锁消息，但重庆号起义的消息还是不胫而走，给伞兵三团爱国官兵以极大的鼓舞，带了一个好头。

刘农畯是个血性汉子，有一股子冲劲。他建议利用南撤的机会，果敢地在海上起义。他激动地说："如果撤往福建后，再待机起义，夜长梦多，恐易生变。只有破釜沉舟，背水一战，才有成功的可能。海上起义风险虽大，但只要精心组织，沉着冷静，也许能置之死地而后生。即使起义不成功，亦即成仁。死而无憾。"

贾亦斌的预干第一总队，蒋经国原先也要其撤往福建，而且在时间上安排在伞兵第三团之前。本来预干总队也可在乘船南撤途中于海上起义，但贾亦斌考虑到这样一来会引起国民党高层的警惕，伞兵三团再要在海上起义就不可能了。为了使这两支部队的起义都能获得成功，贾亦斌宁可冒失败的风险选择了在嘉兴就地起义，而将海上起义的机遇让给了伞兵第三团。

李正文对此深为感动又大为赞许。真所谓"时穷节乃见"。在最困难、最艰险的时刻，展现了这些爱国军官的高尚情怀。

上海局"策反委"书记张执一批准了伞兵第三团在海上起义的方案。

李正文将刘农畯和陈家懋召集到一起，在南京西路一家俄式菜馆开了一个秘密碰头会。李正文指示说："我解放大军即将渡江南下。为了迎接我军渡江，我们要利用国民党将伞兵南调的机会，组织伞兵在海上起义，把部队带到解放区，以便从政治上、军事上、心理上给敌人以意想不到的打击。"李正文还满怀激情地说，将来我们还要建设一支强大的人民伞兵，需要各方面的人才。伞兵三团起义后前途非常光明。

陈家懋其时在伞兵司令部军械处任中校主任。李正文还一再叮嘱陈家懋："我们在伞兵第三团的力量较强，你要配合伞兵第三团一道行动。"

不久后，国防部正式下达了伞兵部队撤往闽、台的行动计划，分为三个梯队：

第一梯队为伞兵司令部及一部分直属部队和第一团；

第二梯队为第二团及伞兵司令部的另一部分直属部队；

第三梯队为第三团和伞兵司令部军械处。

国防部还规定，每个梯次相隔的时间为5至7天，预定在3月底前撤完。

时间越往后，离人民解放军举行渡江作战的时间就越靠近。无疑，这对伞兵第三团的起义也是有利的。

正当大家暗暗欣喜之际，突然传来一个很不利的消息：伞兵司令部参谋长戴杰夫临时改变计划，要第三团和军械处并入第二梯队，由他率领南撤。他还说，如不走，以后无法解决船只问题。

这个突如其来的变化，又使伞兵第三团和军械处的海上起义计划陷入了困境。

李正文、刘农畯又一次来到宝山路1号，和段氏兄弟进行了紧急磋商。

唯一的办法是找出理由拖延时间。军械处的问题由陈家懋出面，说明前任军械处主任盗卖军火案尚未查清，大量军械弹药一时无法装箱；而伞兵第三团南撤拖延时间的问题在于第一营不能动，从而迫使伞兵司令部改变决定。

这个艰巨的任务落到了段仲宇肩上。

一天，刘农畯陪同伞兵司令部参谋长戴杰夫，来到港口司令部办公室见段仲宇。

刘农畯向戴杰夫介绍说，段司令在陆军大学当过教官。

一听这话，戴杰夫肃然起敬，说："戴某也在陆大参谋班学习过。"

段仲宇见戴杰夫佩挂着少将军衔，40岁左右年纪，中等身材，瘦瘦的，看样子还不是那种油滑的"老行伍"，也很尊敬地对他说："戴参谋长不要见笑，我虽然毕业于陆大第十七期，毕业后留校当了几年教官，但历练不多，比起你们来，是班门弄斧了。请多多指教。"

戴杰夫连声说："哪里，哪里！今后还请段司令多多指教。"

一番寒暄后，气氛显得亲切而融洽。接着，戴杰夫讲了伞兵部队南撤的安排，特别讲了要第三团和他一起在第二批走的打算。

段仲宇站起身来，领着戴杰夫走到墙上挂着的大幅地图前，用手指指地图说："眼下段某既管海运又管陆运、铁运。伞兵第三团第一营奉'警司'之命一直在火车站维持秩序，对保证铁路运输的畅通起了重要作用。在'警司'未派有力部队来接替一营前，它是无论如何不能抽走的。要不，铁路堵塞，交通瘫痪，以及铁路治安都成问题，上峰怪罪下来，段某也担当不起呀！"

戴杰夫听了，也只得点点头，表示同意段仲宇的说法。

段仲宇又说："伞兵部队南调是国防部的命令，我们坚决执行。在派船问题上戴参谋长有什么要求，尽管说，我一定尽最大努力协助解决。”

段仲宇使出的这一“硬”一“软”两招，令戴杰夫不得不乖乖地就范。他表示，既然这样，那就请段司令向警备司令部报告，要求尽快派部队来接替伞兵第三团第一营的任务。同时他也向国防部反映。至于今后派船问题，则请段司令多多关照。段立即满口答应。

难题烟消云散，伞兵第三团起义前的准备工作又暗中继续进行了。

为什么要抬出段仲宇陆大教官的身份？这也是事先经过研究的。因为刘农畯知道戴杰夫上过陆大参谋班，想用“教官”来“镇”住学生。儒家历来尊师重道，所谓“一日为师，终身为父”。学生对老师一般总是不敢违拗的。

“压一压”以后再给戴杰夫一点甜头，用虚无缥缈的“派船给予照顾”的许诺来诱使戴杰夫放弃他原先的计划。段仲宇就这样巧施计谋，赢得了一次关键性的胜利。

接下来又一个难题拦住了伞兵第三团的起义之路。

人的十个指头也不一般齐，何况2500多人的一个团，人心怎么可能一致？国民党长期灌输的反共教育，使少数官兵对蒋介石抱有愚忠思想，对起义持反对态度，例如团政工室中校主任等少数人思想就比较顽固。一旦上了船，他们裹胁一部分人反对起义，双方在船上发生火并，问题就大了。因此刘农畯和地下党支部决定，让这些人以“先遣人员”的名义，派他们先去福建设营，免得碍手碍脚。

怎么走？刘农畯又找段仲宇商量。段说，那好办，就按你们提出的日期、人数、船次，由我交代海运组办理。

“钉子”拔除了，起义准备工作中的第二个难题，也迎刃而解。

第三个难题是派船问题。

港口司令部手里掌握着一批船只，另外还可以军事急需名义向地方轮船公司临时征调船只。但是，要找一条船恰巧装下伞兵第三团和军械处的全部人员和武器装备，也是难乎其难，不是船大了，就是船小了。

第一次，海运组向段仲宇报告说，准备调拨两只船给伞兵第三团和军械处。

段仲宇心想，一个团2000多人，分装两只船，势必给起义的组织指挥带来极大的不便。按惯例将一个团一分为二，一般是团长刘农畯带一只船，副团长姜健带一只船。段仲宇从刘农畯处多次听说，姜健这个人抗日战争中打仗还是挺勇敢的。有一次袭击衡阳日军，他带队跳伞降落在敌后方，立了功。但此人对蒋介石忠心耿耿，对起义持反对态度，要他带船必然会把船带往福建。那样，辛辛苦苦做了多时的工作就付之流水了。而让伞兵第三团全部起义开往解放区是党组织的决定，因此，段仲宇果断地否定了派两只船的方案。

海运组扒拉来扒拉去，第二次提出调拨一条大船，有好几千吨。刘农畯叫地下党支部书记、中共上海局“策反委”派出的联络员周其昌亲自去看了一下。周其昌回来对刘农畯说，不行，船太大。一个团装不满，必然会有其他部队上船，又会给起义工作造成极大的麻烦，甚至毁于一旦。

要解决这个难题只有依靠段仲宇。

段仲宇灵机一动，找来了铁道运输指挥部参谋李春华，让他去海运组“疏通”一下，看看能否换一只不大不小的船，让伞兵第三梯队一起南撤。

海运组和铁运组是兄弟单位，李春华是客人，这点面子总不好不给。海运组的人又打电话又派人，最后终于找到了一条最新的美式坦克登陆艇“中字102号”，3000多吨。李正文、刘农畯、陈家懋化装登船进行了考察，都感到满意。

预干总队4月7日起义后，因国民党特务到处搜捕李正文，奉组织之命李正文于4月10日撤离上海去了香港。对伞兵三团的起义工作，改由中共上海局策反工作委员会委员田云樵领导。

田云樵于4月9日晚在中正东路（现延安东路）大沪饭店的一个房间里，与潜伏在伞兵部队的中共地下党员见了面。他们是刘农畯、陈家懋、周其昌、李贵田、孟虎等五人，另一位地下党员谢易清因故未参加。新担任联络工作的舒忻也参加了。这是部署伞兵三团起义的一次关键性盛会，在伞兵起义史上占有重要的一页。

田云樵主持了会议。刘农畯详细汇报了起义工作的准备情况。他说：部队已经在市区集结，第一营由钟汉勋营长率领马上可以由北火车站撤回。船只已经找好，海图已经拿到。两个航海人员也已经找到，一个是菲律宾爱国华侨白力行，一个是重庆号军舰留下来的武成迹。他们都作为陈家懋的朋友一同上了船。部队准备13日离开上海。官兵情绪比较稳定，眼下还没有发现异常情况和问题。刘农畯还谈了安排各营连舱位，确定具体航线，在船上架设电台，以及安全、警卫方面的问题。

大家边谈边补充，提出了保证起义成功的许多具体措施，表明了各自在行动中的态度，决心团结战斗，与船共存亡，不辜负党的重托，坚决完成带领全团和军械处全体人员光荣起义这一重任。

田云樵代表党组织肯定了大家过去所做的工作，批准了行动计划，向大家表示慰问，对提出的问题一一作了答复，并特别强调了以下几点：

一、我们的这次行动是利用伞兵南调的机会在海上起义。我们在三团的力量还是比较强的。一定要牢牢掌握主动权，把伞兵部队带到解放区。

二、在解放区登陆的目的地是连云港。若遇紧急情况，也可在苏北的八滩及其他任何一个港口登陆。

三、关于伞兵第三团即将行动的情况，中共上海局已与华东部队有电报联系。华东部队方面也已作了布置。

四、起义工作具体由打入伞兵的中共地下支部领导。刘农畯作为这个团的团长，应该更多地负些责任。

五、在行动过程中一定要注意保密，加强警戒，控制好要害部位。对任何胆敢反抗起义的顽固分子，必须采取断然措施，决不可手软。

田云樵还重申了党对起义官兵和船员的政策，要求多做些发动群众的工作，团结绝大多数，胆大心细，争取起义的完全胜利。

在此期间，段仲宇还为这次起义排除了最后一道障碍。

原来，“中字102号”登陆艇除装载伞兵第三团和司令部军械处全体官兵及武器装备外，还多四分之一吨位。为此，海运处向段仲宇请示是不是再另外安排一个营的部队上船。

当时要从上海运往闽、台的人员物资多得不可胜数。船只不敷，天天在抢运，总不能让这么多吨位白白浪费呀。海运处的建议很有道理。

但段仲宇心中清楚，这只船是要在海上起义的，再安排另外一个营的部队绝对不行！即使是零散撤退人员也不能让他们上船，以免对起义造成掣肘。

经过反复考虑，段仲宇巧妙地提出，不久前从美国运来一批新式通讯器材，撤往闽、台的部队多，非常需要这些器材，还是把多余的四分之一吨位统统装上通讯器材吧。再说，如果装载其他部队和人员，也不便于统一管理。

无疑，“段司令”的指示完全是为了“党国”的利益。

其实，段仲宇心里想的是，通讯器材为解放军所急需，多多益善，应当多送一些到解放区，以尽自己的一片心意。

4月13日下午2时，满载着国民党伞兵第三团全体官兵、伞兵司令部军械处官兵的大型坦克登陆艇“中字102号”，徐徐离开黄浦江码头，向茫茫大海驶去。

“长风破浪会有时，直挂云帆济沧海”。登陆艇上的六名中共地下党员胸有成竹，踌躇满志，对起义的胜利充满必胜的信念。当天下午6时，船驶出吴淞口后，地下党支部成员就在刘农畯舱内开会，研究如何掉转方向北上的问题。

刘农畯后来告诉段氏兄弟，他想了一个点子：假造一封国防部的电报，令伞兵三团北开青岛待命，使船只改变航向，而又延缓暴露起义的意图，以免像重庆号起义后那样立时遭到敌舰的拦击和敌机的轰击。当时大家同意了这个想法。

随后，刘农畯巡视了全船。大海在呼啸。船很大，虽然有些颠簸，但总的还算平稳。官兵们都进入了梦境，除了此起彼伏的鼾声，就是风浪的撞击声。六位中共地下党员则不断地在各处巡逻，密切注视着全船每个人的动向。

快到夜里10点的时候，地下党支部书记周其昌来到刘农畯住舱，带着深沉的微笑说：“时间快到了。”刘农畯抬起手腕看看表，心里也颇有点紧张。不仅是他个人，全船2500多名国民党官兵的人生命运就要“转航”了，这是多么庄严的历史时刻啊！

10点整，报务员成许生敲响了刘农畯的舱门，喊了声“报告”，声音特别响亮清脆，划破了船上的沉寂。他把一份预先策划好的电报送给了刘农畯。刘农畯看后，即要姚副官把副团长姜健和各营营长请来召开紧急会议。开会时，地下党支部书记周其昌全副武装站在走廊上，孟虎站在刘农畯的舱门口。刘农畯一本正经地朗声念起了电报：“奉蒋总统电，伞兵三团即开青岛待命……”

事情来得太突然，姜健等人听了后非常惊讶、紧张。刘农畯说可能青岛情况紧急，共军要进攻，调其他部队来不及，所以让我们改道。姜健怀疑地提问，上峰怎么会这样朝令夕改呀？情况变化是可能的，不过青岛早已被共军所包围，为什么突然让我们去当炮灰？三个营长中，一营营长钟汉勋早已心中有准备，表示一切听团长决定。三营营长李敬宾和刘农畯关系不错，平时遇事缺乏主见，他支支吾吾地说听团长的。只有二营营长杨鹤立问电报是哪里发来的，为什么让他们增援青岛，说上级是昏了头。

刘农畯郑重地说：“军令如山！既然是命令，就要坚决执行，一切到青岛后再说。”随即把船长请来，向其交代了任务，要船长立即掉头向北开往青岛。船长白力行是个聪明人，环顾周围形势，很不自然地提出：“刘团长，请你给我一个文字命令。”刘农畯点点头，说：“可以。”

在陈家懋带领下，船长走进了驾驶室，他对大副、二副说：“我们已成了重庆号！”

“中字102号”坦克登陆艇船体相当大，转舵时刘农畯听到机声轰鸣，轧轧作响，船体波动很大。他来到指挥塔，时近午夜。他看到大海黑茫茫的一片。海风逐渐增大，波涛汹涌，船已掉头向北，在辽阔大海中顶风破浪前进。刘农畯心中激起一股豪情，心想：这是180度具有历史意义的大转弯啊！

回到舱内，刘农畯请来团部少校书记官王牧龙和伞兵司令部中校政训员王独慎，共同撰写起义宣言。写出稿子后又送地下党支部书记周其昌审定，准备打印散发。

14日拂晓，天气晴朗，水天一色，东方霞光万道，一轮红日喷薄欲出。这时，甲板突然有人惊呼：太阳怎么从西边出来了？我们的船为什么朝北开？是不是方向错了？政工室女宣传队员小金走近刘农畯身边，莞尔一笑，诡秘地说：“团长，我知道船的方向没有错，但我不说。”

在地下党支部的统一组织下，起义骨干们用各种方式向广大官兵宣传国民党逆历史潮流而动，贪污腐败，人心丧尽，军事上一败涂地，必然覆灭；共产党顺应人心，为国家振兴和人民解放而战，大公无私，受到人民的衷心爱戴和拥护，中国的未来和希望在共产党这一边，军事上也必然会取得全国性的胜利，并宣传了党对起义人员的政策。这一天，全船形成了反对国民党打内战和拥戴共产党的强烈气氛，起义已成为大多数官兵的共识。

下午，在刘农畯舱内召开了第二次地下党支部会议，研究如何公开宣布起义以及应采取的举措等问题，并作出了相应决定。

会后，大家按计划分头行动。

刘农畯首先找一营钟营长和三营李营长谈话，说明到青岛打内战没有好结果，我们应另找出路。共产党对起义人员很优待，现在船上已是共产党在领导，士兵已自动组织起来，我们只能因势利导，去连云港登陆。你们愿意跟随我，我也对你们完全负责。两个营长当即明确表示："一切听团长的。"

第二营杨鹤立营长比较顽固，一般的宣传动员不起作用。刘农畯严厉地告诉他："现在船上的形势是士兵反对去青岛打内战，我已答应他们的要求，决定把船开到连云港去。你是我的部属，我对你负责，保证你的生命安全和前途、事业。你不得反抗！"

杨鹤立听了后，神色黯然，无可奈何地低下头，说："我服从团长的命令。但我们是蒋委员长的人，我的家属还在湖南。"刘农畯一听到"蒋委员长"几个字就来了气，严肃地说："蒋介石统治中国20多年，把国家弄得一团糟。他是中国人民的敌人，中国历史上的罪人。我们反对人民的敌人，是正义的行

伞兵第三团起义时乘用的国民党招商局"中字102号"坦克登陆艇。

为。至于你家属，只要你跟从我们走，可以设法帮助你。”

副团长姜健问刘农畯：“这次行动是谁领导的？”刘说：“是共产党！你的卫士孟虎就是地下党员。”姜健听了大吃一惊。他怎么也没有想到自己十分信任的卫士，竟然是埋伏在身边的共产党。这共产党实在太“神”了！

接着，刘农畯主持召开了军官会议，分析了当前的形势、面临的前途和全船的处境。他指出：如果去青岛，必然是当炮灰的下场；如果回上海，则是违抗军令；如去闽台，将来也是为蒋介石集团殉葬。现在共产党已经派人来联系了，就在我们船上，欢迎我们起义，并迎接我们去连云港。

正当军官们面面相觑之时，身穿国民党中校军服的陈家懋站了起来。刘农畯向大家介绍说：“陈处长就是共产党派来的代表！大家都很熟悉，他是个老党员了。”会场上立时爆发出一阵热烈的掌声。

陈家懋代表中国共产党和人民解放军热情欢迎大家光荣起义，参加人民的行列。他讲了形势，晓以大义，阐明了党的政策，对起义后的前途、工作、留沪家属的照顾以及私人财物的处理等问题，一一作了说明，使许多人进一步

1949年4月15日，国民党伞兵第三团官兵2500余人，在团长刘农畯（前排左四）率领下，于黄海海面起义。这是他们抵达江苏连云港时合影。

消除了疑虑。

午夜12点左右，雷达发现有一艘军舰在“中字102号”登陆艇右后方80海里的同一航线上行驶。是不是前来拦击的敌舰？地下党支部立即作了研究，提出了以防万一的措施，做好了战斗准备。约1小时后，军舰掉头离去，一场虚惊结束。

过了一会儿，有个连长跑到刘农畯舱内，一手拿着个酒瓶，一手抓着个手榴弹，借酒装疯卖傻，又哭又闹。刘农畯和团附李贵田对他进行了严肃的批评，命令纠察队员将他架回该连舱位。

15日早晨，红彤彤的太阳从东方升起，“中字102号”登陆艇沐浴着万道金光。望远镜里，东西连岛和云台山已隐隐在望。李贵田、孟虎、谢易清等同志向全船散发了起义宣言，正式宣布伞兵第三团起义。后来刘农畯告诉段氏兄弟：散发起义宣言时全船沸腾了。官兵们争相传阅，热烈鼓掌，有的唱歌，有的高呼口号“我们胜利了！”“我们解放了！”有的高兴得热泪盈眶，互相

1988年4月23日，谷牧（前左七）、阎明复（前左八）、平杰三（前左六）、武连元、李贵、周文元、高兴民等党中央、国务院和解放军总政治部领导人接见参加国民党伞兵第3团起义39周年座谈会全体人员。前排左三为段伯宇，前排右三为贾亦斌。

拥抱。全船沉浸在一片欢声笑语之中，群情激昂的场面十分感人。

上午8时许，“中字102号”登陆艇由舢板领航徐徐驶入港内。周其昌、陈家懋、谢易清三位中共党员下船登岸与当地党委政府和驻军取得了联系。尔后刘农畯、李贵田两位中共党员指挥部队携带全副装备登上了连云港码头，受到了解放区军民的热烈欢迎。

当天上午，中共新海连特委负责人苏羽专程到港口看望了起义部队。下午，特委书记谷牧又专程到团部，会见了起义领导人员。18日，新海连军民召开了热烈隆重的欢迎伞兵三团起义大会，谷牧致了欢迎词。起义官兵向毛泽东主席和朱德总司令发了致敬电。

5月18日，毛泽东、朱德发来了致伞兵三团起义官兵的回电，全文如下：

刘农畯团长、姜健副团长、全体官兵们：

庆祝你们脱离国民党反动集团而加入人民解放军的英勇举动。希望你们努力于政治上和技术上的学习，为建设新中国的新伞兵而奋斗。

毛泽东　朱德

五月十八日

伞兵第三团起义的成功，对国民党和蒋介石是致命的一击，其作用主要是政治上和心理上的。从政治上来说，连蒋介石最最宠信的“掌上明珠”也叛他而投向了共产党，深刻地表明蒋介石已成为众叛亲离的孤家寡人。从心理上来说，进一步动摇了京沪杭地区以至东南半壁江山的军心和民心。仅仅几天以后，人民解放军就一举突破了长江天堑。

当段伯宇、段仲宇获悉伞兵三团起义胜利的喜讯后，都为自己在这一壮举中尽了一分力而感到欣慰。

31. 协助工兵第四团堵塞浙赣铁路。党组织令段伯宇撤往香港。汤恩伯当面责问段仲宇："伞兵是怎么回事？"并严厉警告："你不要胡闹！胡闹，我就杀你的头！"

段伯宇陪同李正文实地考察工兵第四团后不久，中共上海局策反工作委员会派出的联络员汪声明即潜入该团，协助团长王海峤具体组织和领导该团的起义准备工作。

按原先商定的方案，该团以各种借口拖延南调广州的时间，力争留在京沪杭地区，争取在人民解放军发起渡江作战时起义并进行策应。为此，段仲宇没有满足给工兵四团装运笨重机械的平板车，半数以上给的是低边车。火车车厢没有边，笨重机械便于装车；有了边，不管是低边、高边，就装不上去。这样一来，工兵第四团的重机械就分散放置在苏州、上海、嘉兴、杭州的各个车站上，占了预备轨道，严重地影响了火车的调度工作。

俗话说：军令如山。那时兵荒马乱的，对国防部命令打点儿折扣还可以，但压根儿不执行也不行。为此，王海峤在联络员汪声明的协助下，采取以空间换时间的办法，将三个营逐次移防，一点一点地慢慢往南方移动。

段仲宇的铁路运输指挥部，只管京沪、沪杭两条铁路，浙赣铁路就不是他的管辖范围了。3月间，段仲宇曾特地赶到杭州找王海峤，表面上是执行联勤总司令部运输署署长赵桂森的指示，要工兵第四团迅速把停放在各个车站的重机械搬运出岔道，以减少铁路堵塞。

段仲宇提出：浙赣铁路的设备、路况比之于京沪、沪杭铁路，各方面的条件更差。只要你稍微占一条岔道，它就堵了。工兵第四团这时已在浙赣铁路上停放了不少笨重机械。后来，第二营逐渐移到了衢州车站一带，第三营逐渐移到了南昌车站一带，第一营和团部由王海峤自己带领向衡阳方向移动。

这样一来，工兵第四团的部队和装备（含各种筑路机械），就在千里浙赣线上零零星星地散布着，占用了不少车皮和股道，实际上成了阻碍铁路畅通的巨大障碍物。

浙赣铁路是东南的一条交通命脉，又是国民党从陆路将大批人员物资撤往闽、台和广州的唯一交通干线，因此，保证浙赣铁路的畅通，是蒋介石确保东南半壁江山，大力经营闽、台、广州等后方地区的战略需要。其重要性非同一般。

但是，从1月份以来，由于军运繁忙，南京各机关大量疏散列车南下，使浙赣铁路的行车密度骤然大增，再加上铁路设备相当简陋，即使像金华这样的大站也只有6股岔道。股道不够，只要有一两列火车或工兵第四团那些重机械占了股道，就会使上行下行列车不得过往，从而造成铁路阻塞，交通瘫痪。

这种情况使国防部大伤脑筋，多次下令进行“整饬”，但收效甚微，仍然是通了又堵，堵了再通，恶性循环，有增无减。

工兵第四团严重妨碍浙赣线畅通的情况，早已引起了国防部的注意，多次下令申斥。但王海峤为了完成党组织交给的任务，总是找出种种借口进行“解释”，实际上是推托和软顶。

一个小小上校团长竟然置上峰的三令五申于不顾，这还了得！国防部大为震怒，遂下令通缉王海峤，罪名是“贻误军机”，扬言“定予严惩”。显然是要杀王海峤的头。

王海峤听到风声后，偕同地下党联络员汪声明，避开特务的监视，巧妙地搭上陈纳德航空公司的飞机，悄悄飞到了香港。

团长一走了之，工兵第四团立刻陷入了群龙无首的状态，全团更加混乱，大量笨重机械还是放在铁路上无人过问。这种情况基本上持续到解放。

在段氏兄弟协助下，王海峤以特殊的方式完成了他的夙愿：将他的团队和全副新式美械装备留给了人民解放军；同时，堵塞了铁路，使敌人也不得不将更多的物资和部队留给了解放军。

李正文撤离上海前，悄悄来到宝山路1号找到段仲宇，说：“我已经暴露，特务到处在搜捕我。组织上要我撤离上海。以后由田云樵同志和你联系。他也是上海局策反工作委员会的委员。你的情况和住处及办公地点，我都告诉了老田同志。你们第一次见面的时间、方式、地点也约定好了。”接着李正文详细作了交代。

过了几天，大约在4月中旬的一天早晨，段仲宇穿一身当时流行的美国将军艾森豪威尔穿的夹克式军装，佩戴少将军衔，自己开着军用吉普车，一个人来到了万国公墓。

远远望去，段仲宇看到一个30多岁的中年人，穿一身藏青色西装，戴一条深紫色领带，正从万国公墓西端沿着马路慢悠悠地向东走来。段仲宇从衣着上看，来人正是李正文介绍的新的联系人。他抬起左手看看表，正好8点30分，时间也和李正文约定的完全一致。

于是段仲宇把小车开到李正文事先交代的万国公墓对面那家水果店门前，然后迎着那个中年人走了上去。走近他身旁仔细一看，脸型、长相和李正文介绍的完全一样。

段仲宇在那人身旁停下脚步，说："姓段。"

那人回答说："姓田。"

一切按照事先约定的暗号，顺利地接上了关系。

天气晴好，春天的阳光柔柔的，风也是柔柔的。树上嫩绿的新芽，满地如茵的青草，显示着大地已经春色烂漫。政治形势也非常令人鼓舞，离上海解放的时间越来越近了。

田云樵和段仲宇在万国公墓里像一对老朋友那样亲切漫步，边走边低声交谈。周围静悄悄的，没有别人，说明这里比较安全。

段仲宇向田云樵简要汇报了新近发生的一些事情。田云樵从身上掏出一个火柴盒，从中拿出一张小纸条，说："这是我们接管沈阳的经验，对将来我们接管上海很有参考价值。你可以拿回去看看。"

田云樵说："上海快解放了。越是接近黎明敌人越疯狂。要注意安全。我们快要胜利了，没有必要作无谓的牺牲。万一被捕，要坚贞不屈。"

田云樵还叮嘱说："敌人已经注意到段伯宇同志，他的处境相当危险。请你转告他，要他做好撤离上海的准备。何时撤离，撤往哪里，听候组织上的通知。"

说至此，田云樵从口袋里摸出一小根金条，约有两三钱重，交给了段仲宇，说："这是组织上给伯宇同志的路费补助，请你转交给他。这是组织上的一点心意。不足之数，只有请你们自己解决了。"

这次接头不到半小时。为避免引起特务注意，谈完话后两人握手而别。

这时，段伯宇的肺结核病发得比较厉害，正住在铁路医院里治疗，一方面也是为了隐蔽。段仲宇随即驱车来到了铁路医院，将田云樵的话原原本本向段伯宇作了传达，小金条也转交给了伯宇。兄弟俩还商谈了有关转移的一些问题，以及家属的安置等等。

第二天，段仲宇正在办公室里处理公务，突然电话铃响，拿起耳机，传来了田云樵的声音："大哥身体不好，要赶紧住院。"

这是事先约定的暗语，是党组织叫段伯宇立即撤离上海去香港。

第三天，田云樵又打来电话，催"大哥"快快去"住院"。如果再耽误，"病"就来不及治了。

看来党组织已经从内线获悉了敌人的动向。敌人要对段伯宇下手了。

真是十万火急！段仲宇立即赶到医院，和伯宇研究了撤离的一些具体细节。

翌日，段伯宇化了装，在仲宇亲自护送下，由仲宇一个姓阎的军校同学陪伴，一起登上了去南方的列车。

仲宇回到家中后，对父母说："大哥已去广州转香港，我请了一个同学护送，请二老放心。"段云峰和李云湘没有多问。他们心明如镜，儿子安全离开上海这个是非之地是好事，但此去千里烟波，也使两位老人牵挂不已。

段伯宇先在衡阳隐蔽了几天，后又到了广州。这时，"总统府"军务局局长俞济时在奉化蒋介石身边，南京留有少部分人，多数人撤到了广州。段伯宇碰见了军务局的一个河北同乡杨宝贤。此人很仗义，他虽不知道段伯宇的共产党员身份，但知道段伯宇思想进步。他悄悄告诉段伯宇："局里到处在找你，听说要抓你呢！"段伯宇向他表示谢意。段伯宇知道广州不可久留，迅速去了香港，找到了新华社乔冠华。乔冠华安排他在香港隐蔽了下来，直到上海解放。

4月20日，国民党政府断然拒绝在《国内和平协定》（最后修正案）上签字，和平谈判遂告破裂。

当晚，人民解放军百万雄师发起了震惊中外的渡江战役。第三野战军第七、第九兵团在裕溪口至枞阳镇100多公里的江面上，借着夜幕的掩护，分乘数千只木船，千帆竞发，万桨击水，劈波斩浪，直奔南岸。国民党军开炮拦击，并出动海军“太平”“安东”“楚同”“美亨”等舰横冲直撞，战斗打得十分激烈。解放军指战员勇往直前。他们发扬近战特点，将木船靠近敌兵舰，打得敌舰狼狈逃窜。很快，解放大军登上了南岸，国民党军苦心经营的长江防线土崩瓦解。“固若金汤”的神话彻底破产。4月21日一大早，段仲宇从淞沪警备司令部作战处长张棣处得悉，人民解放军已经突破长江防线。张棣告诉他：“共军在拂晓从荻港过了江。汤总司令现在像热锅上的蚂蚁，焦急得不得了。”

这真是天大的喜讯！段仲宇盼星星，盼月亮，不知盼了多少天，终于盼到了这一天。自己的队伍过了江，他们这些战斗在敌营的地下党员，成天提心吊胆的日子就要结束了。

正当段仲宇心中高兴万分的时候，突然接到港口司令部司令杨政民的电话，通知段仲宇上午8点钟和他一起去见汤恩伯。还特地叮嘱说：“你在家等着，过会儿就坐我的车一起去。”

接完电话，段仲宇立刻意识到情况很异常。以往去京沪杭警备总司令部开会，杨政民和他都是各坐各的车，今天杨政民为什么一反常态，指定自己坐他的车？这中间有什么名堂？段仲宇想到此去凶多吉少，说不定会遭到扣押。

在段伯宇撤离前后，出于安全和隐蔽的考虑，段仲宇已经将父亲段云峰和妻子薛纪常转移到了上方花园，但母亲李云湘尚住在宝山路1号。为了不惊吓老人，段仲宇镇定地对母亲说：“娘！儿子有事出去一下。如果夜里11点还不回来，您就先睡吧，不要等了。”

不一会儿，门外响起了汽车喇叭声，杨政民的车子到了。段仲宇下楼前，频频回首望望年迈的母亲，看到那满头白发，那慈祥的面容，段仲宇心里漾起一种生离死别的酸楚……

走下楼梯，段仲宇很快恢复了镇静。他坐进车子，向杨政民点头致意。杨政民往日对段仲宇很客气，很热情，今天却很严肃。见此情景，段仲宇也就不再说话。就是这个杨政民，不久前还将伞兵三团一营在麦根路火车站查获的12600多两大烟土（“人头”土），要段仲宇上交给他。当时走私一两“人头”土相当于一两黄金。段仲宇猜想杨政民很可能“进贡”给了汤恩伯。

车子开了一段路后，杨政民突然开口问道：“令兄现在在哪里？”

段仲宇一听，心里立时警觉起来。他知道大哥和这位杨政民素不相识，从无来往，怎么今天此人突然打听起大哥的行踪来了？这是为什么？

边想，段仲宇边从容地回答：“已随军务局先去广州了。”

杨政民阴沉着脸，没有再问。

很快车抵北四川路京沪杭警备总司令部。段仲宇跟在杨政民后面上了楼。说来也正巧，楼梯上碰到了汤恩伯的参谋长包烈中将。

这位包烈身材魁梧，是个胖子，性格很豪爽。他1902年生于浙江诸暨，毕业于黄埔军校第四期，后来又进陆军大学特五期深造。恰好这时段仲宇在陆大第十七期学习。他们在陆大毕业时搞对抗演习，包烈是“蓝军”司令官，段仲宇是“红军”司令官。从此包烈对这位“小老弟”的才干很赏识，印象特别深。包烈当过蒋介石卫士大队的分队长，段仲宇是蒋介石侍从室的参谋，两人都是蒋介石侍从系统的人。包烈和何应钦关系颇深，他也知道何应钦与段仲宇在纽约一起工作过相当长一段时日。这种种因素加在一起，使这位汤恩伯的中将“参座”今天对段仲宇一见如故，表现得特别亲热。寒暄后，两人就在走廊上拉起呱来。

段仲宇没有想到半路里会杀出个程咬金。机敏的他立时想到，这位汤恩伯的参谋长此时此刻对自己太重要了，是请也请不到的“保护神”。包烈是个大嗓门，于是段仲宇也故意提高了嗓门，和包烈讲侍从室，讲何应钦，有意让人知道自己也是个有“背景”的人物。

正说着，忽听有人高声喊道：“长官到！”段仲宇看到汤恩伯身穿将军服，佩上将衔，脚蹬大马靴，威风凛凛地走上楼来。

汤恩伯生于1899年。他身材中等，是个黑头大汉，当时被人称为蒋介石的“三宠将”之一（另两人是陈诚和胡宗南）。但查一查这位汤总司令的作战史，却发现他并没有打过什么著名的胜仗。1944年8月，日本侵略军五六万人发动了河南战役。汤恩伯拥兵五六十万之众，本可痛饮胡虏血，而他却闻风丧胆，全线溃退，在逃命途中竟连电台也落入地方民团之手，成为军中一大笑料，受到了撤职处分。1947年的孟良崮之战，他任第一兵团司令官，指挥六个整编师（相当军）向华东野战军进攻，不料号称国军“五大主力”之一的整编第七十四师，被陈毅全部歼灭。汤恩伯又一次受到撤职处分。人们说他作战、指挥的拙劣可以概括为八个字：战前细心，枪响忙乱。眼下人民解放军已经突破了长江防线，此时此刻的汤恩伯，脚步沉重，心乱如麻。

汤恩伯走到包烈和段仲宇跟前时，段仲宇向他立正、敬礼。包烈介绍说：“这是港口副司令段仲宇，是我陆大同学。”

汤恩伯表情严肃，理也不理，径直走进了办公室。

包烈和段仲宇也跟着走进了汤恩伯的办公室。杨政民站在门口没有进去，这说明今天汤恩伯是单独“召见”段仲宇。

包烈继续说：“段副司令原先是委座侍从室的，去年跟敬公（何应钦字敬之）从纽约回国不久。”

汤恩伯铁青着脸，阴沉地望着段仲宇，劈头就问：“伞兵是怎么回事？”

段仲宇一听，心里吃不准汤恩伯掌握了什么证据，但他很快想到，如果汤恩伯已经知道自己是共产党员、伞兵第三团的船就是自己安排的，那么他今天绝对不会亲自“召见”，而是早就下令将自己逮捕了。这说明汤恩伯并没有确凿的证据在手。

段仲宇泰然自若地回答：“不知道。”紧接着又补充了一句：“长官，敌军过江的荻港、旧县、铜陵，是八十八军马师恭军长的防地。他们都是伞兵。”

长期在侍从室和国防部等高级机关工作，使段仲宇对国民党部队的人事及背景情况比较了解。真所谓“世事洞明皆学问”，他脑子里立时想到了当过伞兵司令的马师恭。听说此人是黄埔军校第一期毕业生，早年还参加过共产党，1945年任伞兵司令，1948年任第七绥靖区副司令兼第八十八军军长，还兼任过芜湖指挥所指挥官。他慑于人民解放军的声威，找了个借口于不久前“辞职”，实际上是临阵脱逃。段仲宇这句不明不白的话，其“潜台词”很明白：伞兵本来就不是那么可靠嘛！

汤恩伯嘴里“唔”了一声，似乎点了点头，又似乎没有点头，看得出他听懂了段仲宇这句话的个中含义。他瞪起双眼直盯着段仲宇，目光威严、冷峻、凶狠，似乎想从段仲宇的神色中抓出什么东西来。

段仲宇内心很镇定，立正站着，神态很自然、从容，大胆地迎着汤恩伯的审视，一点没有胆怯、心虚之色。

汤恩伯盯了一会儿，突然冒出一句话：“你不要胡闹！”继而又结结巴巴地警告说：“胡……闹，我……就……杀……杀……你的……头！”

汤恩伯每到心急时说话就结巴。说毕，他一屁股坐到了椅子上。俄顷，他扫视了一下包烈和段仲宇，说：“请用茶。”

包烈知道汤恩伯每说这句话就意味着让人离开，于是高声说了两个字：“送客。”

很讲义气的包烈，并未因汤恩伯对段仲宇“审讯”式的召见而对段仲宇“保持距离”甚或“划清界限”，他仍然热情地陪送段仲宇下楼，握手而别。段仲宇看看手表，时间还不到8点半。

段仲宇内心对这位中将“参座”充满感激之情，临别时一再说：“请老学长多多指教、关照！今后望多联系。”

一场本来对段仲宇是生死攸关的风波，幸亏段仲宇高度机智灵活地应付，加上包烈不经意地协助和转圜，终于有惊无险，安然过关。

包烈去台湾后，曾任“情报局”副局长、台湾警备司令部参谋长等职。1980年12月9日病逝于美国。段仲宇至今谈起他来，心中仍怀着追思之情。

32. 与中统特务头子范子文巧妙周旋，借重敌人掩护自己。副指挥官石振江（军统）还到处对人说：“哦，段副司令原来是中统！”

人民解放军百万雄师胜利渡过长江后，进展神速，战局发展很快，段仲宇几乎每天都悄悄收听解放区电台的广播，越听越抑制不住心中的喜悦。

一天晚上9点钟，段仲宇在铁路大楼的办公室里，看看四下无人，就打开了收音机，准备收听邯郸电台的广播（其时中共中央在河北省平山县西柏坡）。

正在他选台之际，突然闯进来一位不速之客：淞沪警备司令部稽查处处长何龙庆（军统特务）派来侦察段仲宇行动的一条“狗”——一个姓潘的科长。

“副司令官还在加班呀！”特务不阴不阳地说。

段仲宇反应机敏，立时把收音机的音量放大，传出的当然不是我党的广播，而是一段美妙的轻音乐。

“潘科长是跳舞，还是喝点什么？”段仲宇装出非常客气和热情的样子，和这位不请自来的军统特务打哈哈。

“副司令官还有这个雅兴？”

“忙了一天，昏头昏脑的，想放松放松。”段仲宇边说边倒了一杯威士忌递给潘科长。

潘科长两只贼眼骨碌碌地不断打量着室内。他看到段仲宇办公桌上摆放着一大堆调拨单，说：“不喝了。副司令官你忙，打搅了。多保重。”说毕，扬长而去。

月晕而风，础润而雨。段仲宇从汤恩伯的突然召见、军统特务潘科长的夜闯办公室等种种迹象判断，敌人在预干总队和伞兵三团先后起义后，对自己已经有很深的怀疑。处境很险恶啊！

党组织也考虑过段仲宇的撤离问题，并和他打过招呼，说必要时让他也去香港。但段仲宇所处的位置太重要了，党组织认为非到万不得已的时候，还是让他发挥其特殊的作用。段仲宇也表示，他可以用机智和巧妙来应付面临的险恶处境，坚持战斗到最后一刻。

段仲宇等待着改善处境的机遇。

说来也真巧，又一个从天而降的机遇，使段仲宇万万没有想到自己竟被人当成了“中统”。

国民党特务机构有两大系统，即“中统”和“军统”。前者的全称是国民党中央执行委员会调查统计局，是蒋介石一手组建的特务情报机构。主要头目有陈果夫、陈立夫、朱家骅、徐恩曾、叶秀峰等。中统局在各省市党部及交通要道成立“调查统计室”，省市以下各级党部设“调查员”，在乡镇保甲组织中均建立“党员调查网”，在解放区周围建立特务据点，在解放区内建立秘密的点和线。它在全国形成了一个庞大的、严密的特务网络，主要从事对付共产党的特务活动。

和“中统”同时成立于1938年的“军统”，其全称是国民党军事委员会调查统计局，是蒋介石控制的另一个特务系统。第一任局长由军事委员会办公厅主任贺耀祖兼任，戴笠任副局长负实际责任。贺耀祖还当过侍从室第一处主任。1946年3月戴笠飞机失事毙命后，蒋介石对军统局进行改组，其核心部分改组为国防部保密局，其余部分转入国防部二厅、警察总署、交通警察总署等部门。

中统和军统在对付共产党方面是完全一致的，但为了争功邀宠，两家也互有矛盾，互相倾轧，甚至闹到火并的地步。

4月下旬的一天，上海中统特务头子范子文突然闯到港口司令部，找到了段仲宇。他开口就恭恭敬敬地说了声：“长官好！”

原来，1944年段仲宇在印度蓝姆伽任驻印远征军指挥部上校代理军务处长期间，这位范子文是他手下的一名少校参谋。分别多年，段仲宇并不了解范子文现在是干什么的，问道：“子文，你怎么在这里？”看他西装笔挺，又问了一句：“你现在在哪里高就？”

范子文说：“老长官，头头都走了。我现在在亚尔培路2号负责。”

段仲宇一听“亚尔培路2号”这个地方，就知道那是中统在上海的一座“魔窟”，心中陡然引起警觉，心想这小子怎么混到特务机关当了头目。来者不善，可要倍加小心。

不料范子文满脸堆笑，用央求的口吻说：“老长官，我有一件事想求您帮帮忙，不知您能否鼎力相助？”

段仲宇对这位昔日的老部下十分爽气，说：“老朋友了，有什么事你尽管说。”

“有6部进口小轿车，都是朋友的，想请老长官帮忙运到台湾去。”

段仲宇心里犯了难。现在要运往台湾的物资堆积如山，都是上峰三令五申必须尽快运出的战略物资和黄金白银等贵重物资，而船只又远远不够，一下子运6部小轿车，很难。转而一想，中统可万万不能得罪。眼下军统已经盯上了自己，再得罪中统，还能有好果子吃？！于是他对范子文说：“船只少，运输紧张的情况你都清楚。但既然是你的事，我一定帮忙。”

范子文又进一步提出要求：“这都是些高级轿车，顺风、雪佛莱、道奇、别尔卡，很贵重，希望都能放在二层甲板上，不要碰坏了。”

段仲宇感到这个要求太过分，不得不婉言解释说：“6部车面积太大，都放在二层甲板上不行。”

范子文一听，以为是段仲宇借机“敲竹杠”，于是从提包里摸出6条“大黄鱼”（黄金，每条10两）和一大叠花花绿绿的美钞，再次央求说：“老长官，这件事无论如何得请你鼎力相助。我这里带了一点‘黄’的、‘绿’的，不成敬意，请老长官笑纳。”

段仲宇脸上露出嗔怪、责备之色，说：“子文，你老兄这是干什么！你这样不就太不仗义了吗？老朋友了，你叫办的事，我还能不尽心尽力吗？快收起来，让我再想想办法。”

当时段仲宇手中掌握着调拨船只、安排运输的巨大权力，如果下决心帮范子文的忙将6辆小轿车运往台湾，可说是小菜一碟。段仲宇随即给海运组打了电话，第二天又亲自到吴淞口为这6辆小车作了安排，并交代一定要放在第二层甲板上，装载时不要碰坏。

段仲宇心里断定，这6辆小轿车决非范子文所说是他朋友的，十有八九是范本人从哪里发来的洋财。当时段仲宇处境很险恶，每次拿起电话机，都听到里面有“咔嚓、咔嚓”拔插头的声音。段仲宇想这必定是有人对自己的往来电话进行窃听、录音。因此，段仲宇日夜思谋着改善地下工作环境的计策。

现在，中统特务头子主动上门求助，这不是天大的机遇吗？借重敌人保护自己，历来是隐蔽斗争中一条重要策略，现在难道不可以通过范子文来给自己增加一点“保护色”吗？！

段仲宇正是出于这样的考虑，才给昔日的下级、今天政治上的对手又打电话又跑腿，简直是降低身份以博取其欢心了。

范子文对这6辆小轿车的装运事宜抓得很紧，亲自到吴淞口去看装船。他没有想到事情会办得这样顺利、迅速，心中对段仲宇万分感激，于是又一次打电话向段仲宇表示谢意，并再次问道：“老长官要‘黄’的，还是要‘绿’的？”

段仲宇灵机一动，说：“我要的条件比‘黄’的‘绿’的还要高，你老兄能答应吗？”

范子文连声说：“行，行。要什么老长官尽管说。”

段仲宇话锋一转，问道：“满小姐还在吗？”

范子文回答：“还在，她还向老长官问好呢！”

“我的条件是要满小姐请客。注意，光你老兄不行，一定要满小姐请客。”

范子文倒是答应得很干脆：“好，一言为定。时间就在今天晚上，地点就在亚尔培路2号寒舍。”

说起这位满小姐，还有一段风流韵事。

满小姐的芳名叫满漱玉，40年代前期在重庆是个很有点名气的交际花。那时虽然处在抗战时期，国难当头，但国民党的达官贵人依然沉醉在灯红酒绿、声色犬马之中。不知怎么搞的，满小姐竟然勾搭上了赫赫有名的二级上将、副参谋总长白崇禧，成了他的情妇。

范子文当时在国防部任职，军衔是少校，年龄30岁左右。年轻英俊，风流倜傥，会说一口流利的英语。他时常出入歌楼舞厅，也勾搭上了满小姐。论地位，论权势，论钱财，区区少校参谋范子文哪里比得上白崇禧？但风月场中的事儿就是有点怪，满小姐竟然和范子文打得十分火热。

这件事在山城闹得沸沸扬扬。范子文捅了“马蜂窝”，得罪了白崇禧，哪里还敢在重庆待下去，遂通过关系到了印度蓝姆伽，在军务处当了一名普通参谋。

军务处长景云增是个规矩人，认为范子文这个“花花公子”竟敢从白崇禧怀抱中将其情妇抢了过来，实在是“色”胆包天，非处理不可，并要让他回重庆去。这不是要范子文的命吗？

事情正在酝酿之际，景云增回国。段仲宇接替他任代理处长，成了范子文的顶头上司。从某种意义上来说，段仲宇成了决定范子文命运的一个关键性人物。

段仲宇也看不惯范子文的“花”劲，但从业务角度上考虑，他感到此人英语说得很流利。当时，驻印军指挥部里一半中国人一半美国人，不懂英语简直是个聋子、哑巴。再说，范子文的参谋业务水平也不错。至于他与满小姐的风流韵事，类似情况在国民党军官中比比皆是，普遍得很，难道得罪了白崇禧就罪加一等、非要严办不可？

经过范子文的苦苦哀求，段仲宇终于格外开恩，让他留在了印度，并婉言相劝，希望他好好工作，规规矩矩做人。至于这位满小姐，段仲宇后来在重庆还和她见过一次面。

范子文由此对段仲宇感恩戴德。所以段仲宇一提出要满小姐请客，他就毫不推辞，满口答应了。

亚尔培路2号是个深宅大院，中统驻上海的机关所在地，是个令人望而生畏的魔窟。临去前，段仲宇把母亲送到了比较安全的上方花园，还叮嘱司机说：“晚上11点你来接我。看我的车停在亚尔培路2号门口，你就等我。车不在，你就回去告诉老太太，今天晚上我有事，不回去了。”

夜色苍茫，市区灯火闪烁。段仲宇自己开着车来到了亚尔培路2号。是啊，不管是龙潭还是虎穴，段仲宇决心闯一闯。古人说：置之死地而后生。也许从此自己的处境会出现某种转机。

范子文果然应约在门口迎候。他身后还有两个彪形大汉紧紧跟随，这也许是为了防卫，也许是为了向昔日的老长官显示自己今天的气派。

院子很大，树木森森，花草繁茂。段仲宇跟在范子文后面，突然脑子里冒出两句诗，随口吟道：“曲径通幽处，禅房花木深。”

范子文笑了起来，说：“老长官还有如此雅兴。”

说着已到了范子文公馆的门口。满小姐穿一身漂亮的衣服，在门口迎接，热情地向段仲宇问好。段仲宇见她还是那样光彩照人，像在重庆时所见，并不那么妖艳风骚，花枝招展，给人一种大家闺秀的印象。

宴席间畅谈往事，充满叙旧的气氛，谈话十分投机。

这次与范子文的周旋，果然达到了段仲宇预先想要达到的目的，不仅电话机中“咔嚓、咔嚓”拔插销的声音消失了，而且铁路运输指挥部副指挥官石振江（军统）还到处对人说：“哦，段副司令原来是中统！”

33. 冲破黎明前的黑暗，延缓战略物资运往台湾，机智地组织港口司令部所属单位喜迎解放

在中国现代史上，1949年4月23日是具有“改朝换代”意义的一天：国民党政府“首都”南京被人民解放军攻占，统治中国22年之久的蒋家王朝宣告覆亡。更具讽刺意义的是，占领南京的部队第三野战军第三十五军，是由不久前在济南起义的吴化文部改编的。军长吴化文、副军长杨友柏和师长于怀安、何志斌等，都是国民党起义将领。蒋介石的倒行逆施为自己造就了一批掘墓人，这是其中颇为生动的一例。

中共中央主席毛泽东得知南京解放的喜讯后，抑制不住激动的心情，欣然命笔，写下了一首千古绝唱：《七律·人民解放军占领南京》。诗曰：“钟山风雨起苍黄，百万雄师过大江。虎踞龙盘今胜昔，天翻地覆慨而慷。宜将剩勇追穷寇，不可沽名学霸主。天若有情天亦老，人间正道是沧桑。”

毛泽东下令部队追歼的“穷寇”，其中之一就是盘踞在上海地区的国民党汤恩伯集团，计有8个军25个师，约20余万人，各种舰艇30余艘，飞机130余架。

人民解放军于4月27日占领苏州，5月3日占领杭州，浙赣线上的诸暨、金华、衢州、上饶、贵溪、横峰等地亦相继解放。至此，汤恩伯集团与华中白崇禧集团的战略联系被彻底截断。上海失去了与外界的陆路联系，只靠飞机和海运勉强维持着和福建、台湾等地的联系。

上海是蒋介石心目中必须坚守半年到一年的战略要地。他要在这里等待第三次世界大战的爆发。他认为美国在上海有巨大的经济利益和战略利益，必然会出兵支援他坚守上海。那时他又可再圆一次以江浙为基地出兵北伐的美梦了。

正是这个大形势，使得上海港口司令部成了蒋介石的棋盘上具有异乎寻常作用的一个“子”。

说蒋介石一点没有战略眼光，那是小觑了他，何况他也深谙“狡兔三窟”

的古训。所以从1948年底开始，当辽沈战事结束，淮海、平津战事胜负已成定局之后，他就开始大力经营台湾。举措之一是将中央银行库存黄金277.5万两和银元1520万元，从上海分三批秘密运往台湾。

蒋介石心里很清楚，这件事万一传扬出去，必然引起舆论大哗，给本来已经失掉信心的军心民心上再撒上一把盐，局面将变得更加不可收拾。而这对他确保东南半壁河山的战略意图是非常不利的。因此，他命令海军总司令桂永清亲自调拨军舰护送，命令汤恩伯派部队严密警戒，装运时间选择在午夜，由士兵搬运。这场面局外人几乎不得而知。

但作为港口副司令的段仲宇，对此却知道得一清二楚。也许对别的军长、师长可以保密，而对掌握港口运输大权的他，这是瞒不住的。段仲宇告诉笔者，当年派船是联勤总部下的命令，由我们派出船只。有些黄金、银元就存放在北四川路的港口司令部地下仓库里。这里在上海沦陷期间曾是日本海军司令部的所在地。地下仓库很坚固，大铁门牢牢地把守着。他看到士兵们吃力地一箱一箱地抬。周围都有士兵站岗，行人完全绝迹。

据有关资料披露，第一批装运的时间是1948年12月1日午夜。由海关缉私船“海星”号装载黄金200.4万两。海军总部派军舰“美盛”号护送，在天未破晓前就驶出了吴淞口，以最快的航速直驶台湾基隆港。

第二批装运黄金57.2万余两。仍由“海星”号运载，由军舰“美朋”号护送至厦门，后转往台湾。

第三批装运的时间是上海解放的前10天，即1949年5月13日。汤恩伯派人从中央银行劫走黄金19.8万余两，银元120万元。据说这是蒋介石答应留给汤恩伯作防守上海之用的。

“引退”后在溪口遥控的蒋介石，还念念不忘有一箱珠宝存放在上海，特派蒋经国带人去取。谁知李宗仁已知道了这件事，下令不准移动这箱珠宝，还令保险箱的保管人飞往香港，使蒋经国无法取出。回到溪口后，蒋经国认为这箱珠宝已经用了不少，剩下的仅值二三十万美元，犯不着为此区区小事与李宗仁伤了和气。蒋介石却大发脾气，说：“到了台湾，当军队粮饷发不出的时候，就是一块美金也是好的。”

被蒋经国称之为“全国同胞血汗之结晶”的价值10亿美元的黄金白银，后来成了蒋介石赖以生存的“国脉”。此事在蒋经国所写的《我的父亲》一书中，有以下一段记述：

“……当时上海快要撤退的时候，父亲就派我们几个人到上海去，劝中央银行把库存的黄金全部搬运到台湾来……政府在搬迁来台的初期，如果没有这批黄金来弥补，财政和经济情形早已不堪设想了，哪里还会有今天这样稳定的局面？古语说：‘无粮不聚兵。’如果当时饷糈缺乏，军队给养成了问题，那该是何等严重？……”

段仲宇没有参与搬运黄金白银去台湾这件绝密大事。但他知道这件事，他无能为力，只能眼睁睁地目睹着全国老百姓的民脂民膏被国民党劫掠一空而心痛不已。

除了黄金和白银，其他大量重要物资的抢运任务就责无旁贷地落到了港口司令部身上。下面我们抄录一份历史资料，管中窥豹，也许有助于今天的读者了解抢运的规模，了解那段复杂的历史。

上海港口司令部关于国防部运台物资给陈良的电报

上海市物资调节委员会陈主任委员勋鉴：

关于疏运国防部等六单位物资二万八千三百一十二吨（拟列为第一批），业经排定船期造具运费计算表，共金圆二万七千五百三十二亿四千二百万元，于本月十一日，以沪货（1471）代电奉达办理在案。兹续据：（一）卫生署药品供应处列报药品一千四百五十一箱，重一百廿吨，约计容积二百吨。又吉普车三辆，约计三十吨。共约二百三十吨。（二）善后事业保管委员会，机械五十箱，约三十五吨。又存张华浜物资一千八百七十八吨。共一千九百一十三吨。（三）中央造币厂一万零五十三吨。以上三单位共计一万二千一百九十六吨（拟列为第二批）。兹拟：（1）卫生署物资并装其美轮，于本月二十日开始装船。（2）善后事业保管委员会并装海天轮，于本月廿六日开始装船。（3）中央造币厂物资另加拨海列轮承运，约本月廿八日装船。兹再造具运费及装卸船费，计算表一式两份，共计金圆一万二千八百三十亿一千一百万元，送呈鉴核即请速赐。(一)通知上述三单位立即准备如期装船并速与招商局货运部洽办。(二)请通知中央银行加拨上项运什费金圆一万二千八百三十三亿一千一百万元,该款亦请即日一次径行拨交招商局,具领相应电,请惠赐办理示复为荷。

上海港口司令杨政民
招商局总经理胡时渊同叩
中华民国卅八年五月十三日

仅仅3个单位需要抢运去台湾的重要物资即多达12000余吨,而当时上海的党、政、军、警、宪、特、财、经、文等单位为数众多,博物馆、档案馆里的古玩珍宝等贵重文物、绝密档案也多得不可胜数。于是一张一张的调拨单雪片似地飞到了港口司令部,摆满了段仲宇的案头。

港口司令杨政民对段仲宇很放心,因为这位副职对他很尊重,从未对他的权力和职位心存觊觎。特别使杨政民感到满意的是,段仲宇对他的经理权(解放后的用语是财权)从未提出过挑战。港口司令部的钱都掌握在杨政民手里。段仲宇为了掩护自己,就装出"忠心耿耿,死心塌地"的样子为杨政民当助手,用一分钱都向经理处开支。在国民党军队里,这样"安分守己"的副手实在太少了,因而博得了杨政民的欢心。于是杨政民就把派船等业务上的事一股脑儿交给了段仲宇。

杨政民此举,正中了段氏兄弟的下怀。他们就是要利用这个重要的岗位为党为人民多做工作,为推翻蒋家王朝和建立新中国尽自己的最大力量。他们就是要抓"派船"这个大权,在"船"的问题上大做文章。

要把上海的大量物资运往台湾和福建,哪来这么多船呀?那些去台湾、福建、香港等地的船寻找种种借口不肯回上海;美国债权船以上海战局骤紧为由,奉美总领事馆的指示纷纷驶离上海;最后招商局只剩下了三条船,总吨位仅6000吨,加上卸货、装货过程中又互相扯皮,延搁时日,这些情况为段仲宇提供了开展地下工作的极好机遇。

面对办公桌上堆积得一叠一叠的调拨单,段仲宇心里想的是一定要千方百计把这些重要物资截留下来,留给党,留给人民,留给即将诞生的新中国。但在表面上,他仍然不得不进行应付,下命令,打电话,派人联系,不让敌人发觉他这个中共地下党员的“庐山真面目”。这种“两面人”的角色，需要灵活、沉着、机智，需要很高的智商。

有道是：困兽犹斗。成了瓮中之鳖的汤恩伯集团在总崩溃前进行了疯狂挣扎。列入黑名单准备逮捕的地下共产党员、爱国进步人士和民众团体的负责人共达两万人之多。国防部保密局局长毛人凤和上海市警察局局长毛森，下令大肆逮捕和屠杀革命志士。仅4月26日一次就逮捕学生300多人，5月7日又在戚家庙杀害了中共地下党员李白、张困斋、秦鸿钧、周宝训、焦伯荣等多人，接着又在宋公园、南市等地枪杀了大批革命者。整个上海弥漫着腥风血雨，笼罩在严重的白色恐怖之中。

段仲宇自从被认为是“中统”以后，处境虽大有改善，但周围仍然特务密布，容不得他有半点疏忽。

港口司令部下属单位颇多，计有辎汽第二团，辎汽第十八团，还有好几个兵站、仓库等。共有汽车1500多辆。仓库中存放着大量武器、弹药、粮秣、被服、油料、通讯器材……有许多刚从关岛、冲绳岛等地运来，是美国政府用来支持蒋介石打内战的。段仲宇心里一直盘算着怎样把这些物资留下来，不运往台湾资敌，把它们完整地交给人民解放军。为此他运用各种方式向下面可靠的人作暗示，制造各种借口拖延调运。

在战事最紧急之际，国民党军为了从市区逃跑，汤恩伯下令成立了汽车总队，任命段仲宇兼任总队长，下辖两个团六个营。两个团即辎汽二团和十八团。六个营则临时组建，司机和车辆均临时向地方征调。这项新的任命表明，在汤恩伯心目中段仲宇并未“胡闹”，仍然是可靠的。

这时上海周围地区均告解放，火车已停开，段仲宇的铁路运输指挥官已经名存实亡，他成天忙的就是港口副司令和汽车总队总队长这两个职务给他带来的大量繁重事务。

5月19日下午快到6点钟时，段仲宇驾车途经南京路、西藏路口，远远看到大新公司门口围着一群人。他把车子放慢了速度，靠近一看，不禁大吃一惊！原来警察局正在处决“犯人”。他清清楚楚地看到“犯人”之一就是联勤总司令部中将视察官张权。段仲宇心里“格登”一下，以致开车时竟忘了打火……

段仲宇和张权都是陆大一个系统的。张权虽然也当过教官，但资历、军阶、学识都比段仲宇高。段仲宇对他很敬重。前些天张权还到港口司令部找过段仲宇，说他有个亲戚在虬江路仓库，能不能想想办法把他调到港口司令部来工作。上海地下党各有各的线，彼此绝不发生横向联系。张权属于沙文汉（张登）这条线；段仲宇属于张执一这条线，因而他当时并不知道张权正在策反国民党的不少部队准备举行武装起义，只是认为张权是为亲戚找个美差，所以当即婉言谢绝了。

第二天，段仲宇从报纸上看到张权是作为“银元贩子”而被枪决的。堂堂国军中将怎么会去贩卖银元，这岂不是天大的笑话？这不是明摆着的欲加之罪何患无辞！他想张权也许和自己一样都是中共地下工作人员。如今这位爱国将领为了实现崇高的理想而血洒申城，献出了宝贵的生命。壮志未酬身先死，令人扼腕长叹。

山雨欲来风满楼。随着上海解放日益临近，敌人表现得越来越疯狂。段仲宇的处境也越来越险恶，随时都可能被逮捕，可能像张权那样被杀害。

段仲宇对此做了充分的准备。父母和妻子儿女已经转移到外人不知的上方花园，段仲宇请他们不要外出，注意隐蔽。他自己仍然住在宝山路1号坚守，照常上班“应卯”和处理公务。

人民解放军于5月12日开始了解放上海的作战。

战役第一阶段是从扫清外围之后开始的。主要以第十、第九兵团钳击吴淞口，封锁黄浦江，以截断敌人从海上逃跑之路。战斗主要在市郊吴淞、高桥一带进行。国民党军在吴淞口两侧的月浦镇和刘行镇、杨行镇周围，建筑了密集的钢筋水泥地堡群，构成了纵深防御体系，并有飞机、舰炮和要塞炮火的支援，因而人民解放军在激战三天、付出伤亡8000余人的重大代价后，才予攻克。川沙、白龙港、周浦一带的战斗，我军打得很顺手。汤恩伯急急忙忙从市区调来的第五十一军，还未站稳脚跟就遭到我军痛歼，中将军长王秉钺以下8000余人被俘。

郊区激战的隆隆炮声，使段仲宇内心欣喜万分，同时也告诉他，敌人越接近死亡越会歇斯底里大发作。前些日子自己敬重的浙江省政府主席陈仪被撤职和关押，就是一个讯号，表明了蒋介石、汤恩伯、毛森之流的凶狠残忍。陈仪是陆军二级上将，当过陆军大学代校长。其时段仲宇正在陆大当教官，他至少和段仲宇单独谈过四次话，在段仲宇心目中留下了极为深刻的好印象。想想这位国民党元老如今遭此悲惨下场，段仲宇更感到要时时提防，格外小心。

对手下的辎汽第二团负责人（姑隐其名），段仲宇进行了详细的考察分析，感到他为人正直，不是那种口是心非、两面三刀、反复无常的小人，对蒋介石打内战是不满的，于是先用各种方式进行暗示和试探。他明确表示不愿去台湾，不愿当蒋介石打内战的牺牲品，愿意留在上海迎接解放，并愿意为人民作出贡献。段仲宇大喜过望，遂向他详细交代一定要把团里400多辆全新的美式十轮卡大道奇保存好，不转移，不破坏，将来完好无损地交给人民解放军。

上海港口司令部担负着上海地区国民党陆海空军的全部补给任务，物资多得堆积如山。仅仅是港口司令部军医处的下属单位就多达26个，存放在各个仓库里的药品少说也有3000多吨，还有一批贵重医疗器械。汤恩伯深知军队不能缺医少药，专门调拨了一条5000吨的船，作为撤运这些药品、医疗器械和医务人员之用。还有粮秣、被服、汽油……都是军队须臾也缺少不了的。汤恩伯宁可少带走一些部队，也不愿将这些战略物资留在上海。因此，如何截留这些物资就成了一场严峻的斗争。

段仲宇以巡视防地、检查战时补给工作为名，经常驾车奔走于各个下属单位，机动灵活地做工作。一天他驾车到苏州河北岸巡视。他在一个阵地上见到了辎汽第二团的六个连长。他语带双关地向他们交代："你们连里的汽车要保存好，各种零配件都要完好无损，连一个扳手也不能丢！"

话说得很巧妙，无论从哪个角度来理解都天衣无缝。如果上峰查问或特务找上门来，段仲宇可以理直气壮地回答，这是为了执行"汤总司令"的命令，保证部队随时准备撤退；如果从中国共产党和人民解放军方面来说，段仲宇是在策动国民党军不要破坏，要将手中武器装备完整地交给人民。

其实，说者有意听者也有心。辎汽第二团在人民解放军向苏州河北岸进攻前，其任务是和第二〇四师、第三三四师等部一起占据百老汇、四行仓库、外白渡桥、北四川路、天妃宫等高大建筑物和桥梁，封锁苏州河东段，抗击解放军的进攻。5月24日凌晨，解放军向苏州河北岸发起强大攻势，辎汽二团遂举行了火线起义，策应解放军顺利渡过苏州河，迅速插入江湾地区，迫使国民党五十一军接受和平改编。第三野战军后勤部派黄河同志为军代表，接收了辎汽二团400余辆全新美式大道奇车及大批零配件，果然连一个扳手也没有少。

又一天，段仲宇借巡视与港口司令部有关的防御工事为名，来到了工兵指挥部。本来，他可以和工兵指挥部参谋长刘伟华叙叙蠡县同乡情谊。记得1930年在南京上中央军校时，河北蠡县籍同乡郭登第就悄悄告诉段仲宇：刘伟华和他都参加过共产党，中原大战失败后西北军解体，他们都被蒋介石收编，组织关系也就失掉了。事隔多年，段仲宇吃不准刘伟华是否已经和党组织恢复了联系，盘算着见面后和他说些什么。

刚走进工兵指挥部，刘伟华就出来迎接，彼此握手、寒暄。在场的其他人员当然不会知道段、刘的真实政治身份。等到作战室里只剩下他们二人时，刘伟华摊开上海市区防御图给段仲宇看，并用手指了指浦东的阵地，说部队都部署在前沿，后方很空虚。如果解放军绕道从后方奇袭，从川沙、浦东进击吴淞口，只要一个团就能进来。段仲宇边看图边用两手作了个一卡的手势。双方彼此心里都明白，只要把吴淞口卡死，上海的敌人就入海无门了，上海的物资也能更多地保存下来。

刘伟华低声问："能不能找个朋友传传信？"

段仲宇也低声回答："找到了朋友，我就来拿。"

当段、刘两人大摇大摆离开作战室的时候，下级参谋人员都向他俩立正、敬礼。他们哪里会想到，这两位国民党将军竟然都是暗藏的共产党，而且在瞬息之间完成了重要的情报交换。

上海解放前一天，段仲宇到淞沪警备司令部看望作战处长张棣。张棣指着大幅作战地图，让他看了苏州河北岸的布防情况。

段仲宇问："苏州河南岸即将不保，老兄你怎么办？"

张棣摇摇头，苦笑一声，把军装上衣解开两个扣子给段仲宇看。段仲宇一看里面穿的是便衣，知道张棣已做好了随时逃跑的准备。对这位陆军大学的同班同学，段仲宇本想劝他留下来参加人民的行列，但话到嘴边又咽了回来。因为从一贯表现看，他不可能幡然醒悟。还是不要点破吧，日后见面也有个说话的余地。

5月25日，人民解放军从四面八方攻入上海市区，迅速肃清了残余的国民党军。27日，杨树浦守军第二三〇师残部在副师长许照率领下，主动放下武器向我军投降。这是陈毅指示二十七军军长聂凤智打电话给原陆军大学教官蒋子英，请他说服许照取得的“不战而屈人之兵”的又一个胜利。

段仲宇的港口司令部几天前才更名为运输司令部。其实，从吴淞口争夺战白热化之时开始，汤恩伯的指挥部已经移到了军舰上，随时准备逃跑。段仲宇也接到了要他撤退的命令。段仲宇一方面采取各种方式、用各种借口抵制汤恩伯要他将重要的物资抢运去闽、台的命令；一方面采取措施保护自己及全家的安全，等候上海的解放。

25日天快亮时，段云峰老将军兴冲冲地跑到住处附近一块长满青草的荒地里，找到了隐藏其间的儿子仲宇，用手指指外面，兴奋地说：“他们过来了！”

段仲宇身穿便衣来到了马路上。他看到人民解放军指战员一排排地和衣而卧，疲惫的面容映着东方的曙光，漾溢着胜利者的微笑。

上海于27日宣告全部解放。共产党员段仲宇在经历了一次又一次生死攸关的斗争以后，终于安然地以胜利者的姿态从“地下”回到了地上，开始了全新的生活。

34. 历尽艰难曲折，起义火种不灭。大浪淘沙，爱国进步官兵纷纷投向人民

水流千转归大海。经段伯宇、段仲宇联系并做了大量工作后准备起义的众多国民党部队，除上文已经述及的外，其余部队的情况如何？

令段氏兄弟深感欣慰的是，在人民解放军席卷东南半壁河山的伟大进军中，这些国民党部队均以不同的方式，或多或少进行了配合和策应，有些部队最终作出了起义或投诚的光荣抉择。

蒋经国“太子系”的骨干——国防部预干第一总队的起义，经历了悲壮的历程，以失败而暂时落下帷幕。但是，任何正义的事业都是消灭不了的。进步与反动、正义与邪恶的斗争并没有结束，起义的烈火仍然在熊熊燃烧。

预干第一总队起义的3000多人，以区区血肉之躯去对抗几十倍于己的围追堵截的敌人，众寡实在太悬殊了。在经过若干次大战小打之后，一部分人牺牲，一部分人失散，大部分人被抓回，其人数达2239人。这些身穿国民党军官服的起义人员，成了身穿同样军服的“自己人”的俘虏。

中国自古以来有多得不可胜数的虐杀俘虏的先例。国民党军对叛逃者一般也予以枪决，如今这些胆敢“叛变投共”的起义人员，等待他们的命运也就可想而知了。当国防部派预干局副局长徐思贤（军统特务）等人杀气腾腾赶到嘉兴处理“善后”时，一场大规模的血腥屠杀迫在眉睫。

然而，蒋介石父子却另有考虑。一杀了之固然可以一泄心头之恨，但挽回不了丢失的面子，也维系不了已经混乱不堪的军心。相比之下，倒不如表面上仍然保持一个“国防部预备干部训练团第一总队”的番号，借以标榜“叛乱”者为数甚少且已“幡然悔悟”。这样做既可向国内外舆论作个交代，也可能有利于稳定内部。

当然，对外是一套，对内则是另一套。尤其是对那些起义积极分子，反动派决不会轻易放过。他们关起门来进行法西斯镇压，不准外出，不准通信，有的南下广州途中被丢进钱塘江，有的则惨遭活埋。其手段之残酷毒辣令人发指。

人民解放军渡过长江的第三天，预干总队将这批起义人员押上列车南下广州，接着又被船运往厦门，最后改编为国防部厦门要塞司令部所辖的炮兵教导总队第一、第二大队，让他们继续为蒋家王朝苟延残喘打头阵。

人民解放军攻打厦门前，又一次起义的机遇降临到这些人员的面前。而长期埋伏在该部的中共地下工作干部胡岳宣，迅速而机智地抓住了这个机遇，终于领导起义取得了胜利。

1949年2月间，当中共上海局策反工作委员会派出的联络员张文藻秘密打进嘉兴预干第一总队时，属于人民解放军华东军区山东兵团敌工部的联络干部胡岳宣亦从南京来到了嘉兴。不过此时他的公开身份是国防部预备干部局的中校参谋。

原来，国防部南迁广州后，胡岳宣奉命留守南京。留给他的还有小轿车，吉普车各1辆、驾驶员2人，传令员1人，还发给一本联勤总部的汽油票，可在各地加油，并规定他在紧急时携带一批军用地图去广州。胡岳宣向党组织汇报了这些情况后，组织上指示他打入预干第一总队并策反其起义，以粉碎蒋介石建立二线兵团的阴谋。胡岳宣随即携带车辆、地图来到了嘉兴，被贾亦斌任命为中队长。

富有戏剧性的是，由于党的地下工作各归各的系统，因而当贾亦斌和胡岳宣直面相对促膝谈心时，彼此并未“全抛一片心”，互相坦陈自己真实的政治面目。

贾亦斌起义前两天，胡岳宣因妻子即将临产而将她送往杭州住医院。当他于4月7日上午返回嘉兴时，营区里空荡荡的，才知起义已被迫提前举行。反动当局见胡岳宣自投罗网，遂将他关押。

胡岳宣的叔父叫胡逸民，是国民党元老，早年参加过同盟会，北伐时任国民革命军总司令部军法处执法科科长，四一二后曾任国民党中央清党审判委员会主席等职。被国防部派到嘉兴整顿的预干局副局长徐思贤，一度曾是胡逸民的部下。他听到胡岳宣被关押之事后，立即发了话：“胡岳宣的叔父是我的老上级，他家有地位，有声望，有财产，怎么会去做亡命之徒？！”因而胡岳宣很快获释，还被委任为总队部军械室主任。

中共驻南京代表团成员王炳南，也是胡逸民的好友。胡岳宣秘密参加革命工作，就是胡逸民通过王炳南介绍的。当年国共两党间的关系，就是这样互相渗透，你中有我，我中有你。

胡岳宣将最新情况向党组织汇报后，组织上深谋远虑，认为胡岳宣身份没有暴露是件大好事，指示他随部队南下，继续隐蔽，待机而动。

长达四个多月严密的监视和控制，不断的审查和审讯，残酷的杀戮和镇压，这些都没有吓退起义积极分子。嘉兴起义的地下火并未被扑灭，相反却燃烧得更旺。胡岳宣团结可靠人员，暗地里成立了一个“三•三起义小组”，利用敌人秘密活埋李德厚等四位进步学员一事败露的契机，与少将总队长欧阳钦展开了面对面的斗争。“不自由，毋宁死！”“要自由，不怕暗杀！”的口号响彻全总队。欧阳钦狼狈逃到顶头上司第二十二兵团司令兼厦门警备司令李良荣处哭诉。李良荣大怒，亲自率武装部队赶到预干总队驻地，召开全体官兵大会进行“训话”，疯狂叫嚣说：“共产党杀我们成千上万，我们杀他几个算什么！”随后又下令撤销该总队番号，新派了领导人员。欧阳钦狼狈逃往台湾。

国民党对共产党的镇压很残酷，但其内部派系林立，争权夺利，矛盾重重。这就给了我党地下工作人员以可乘之机。第二大队大队长谢子湘和副大队长（军统特务）有矛盾，胡岳宣表示愿助谢子湘一臂之力。谢子湘大喜，说：“如此困境，老弟愿意相助，十分感佩。”他说服顶头上司调走了那个副大队长，委任胡岳宣就任此职。

手里有了职务和权力，胡岳宣暗中筹划第二次起义就方便得多了。

8月底，上峰看到这支部队原为青年军，有很多机枪手、炮手和驾驶人员，可充实厦门要塞炮兵，于是破例将该部调上厦门岛，番号改为“厦门要塞炮兵教导总队”，下辖两个大队，每个大队辖4个中队，共800余人。胡岳宣仍任第二大队副大队长，给谢子湘当助手。部队装备很好，配有双管炮、重迫击炮等先进武器。

厦门当时未与大陆连接，四面环海，地形险要，易守难攻。岛上国民党军配有重炮，环岛有重兵把守，天上有飞机，海里有军舰，吹嘘厦门防御“牢不可破，固若金汤”。尽管如此，逃到厦门岛上的国民党军已如惊弓之鸟，军心动摇，即使像谢子湘这样比较顽固的人，也不愿卖命。我军发起厦门战役前一个星期，此人就带着小老婆逃到金门去了。

胡岳宣在临战前的紧要关头，被上峰提升为该大队大队长。本来上峰是要他为“坚守厦门”卖力，却没有想到他会是个长期潜伏的地下共产党员，从而白白地为他领导第二次起义提供了最好的条件。

看来，敌人总结的经验教训“大陆失利如此之速，主要是败类叛变之故”，并非空穴来风。胡岳宣又将在厦门岛上为此提供一份有力的佐证。

10月15日晚，人民解放军用重炮轰击厦门。小小厦门岛上遍地火光冲天，浓烟滚滚，要塞炮台几乎全部为火焰所吞没。这时胡岳宣率第二大队防守虎头山第二道防线。根据军事经验，他判断天明后解放军即将进行对厦岛的登陆作战。于是他当机立断，当夜将第二大队全部撤出第二线，进入第一线后方市区，并庄严宣布起义，袭击敌人后方，迎接解放大军登陆。

厦门岛海底设有三道钢丝束和电网，人民解放军勇士当夜已将它剪断。16日黎明，大部队千帆齐发向厦岛进攻。不料敌人打开了秘密敷设的油管，点火后海面上顿时成了一片火海，加之飞机俯冲扫射，解放军攻击受挫。

见此情景，胡岳宣忧心如焚。部队上不了岛，起义人员势孤力单，势必重蹈嘉兴起义的覆辙，被敌人扑灭。正当关键时刻，忽然天上掉下了“救命菩萨”——原来有20多位解放军勇士从海底潜水上了岛，攻入市区并和胡岳宣取得了联系，交给胡岳宣两项任务：一是带路并配合其袭击敌人后方；二是派人维持市区秩序，防止敌人破坏公共设施和杀人放火。

胡岳宣率起义部队很好地完成了这两项任务，并俘获了大量敌人，其中包括几名国民党将军。

次日，慑于解放军的强大攻势，加上第二大队起义的影响，第一大队在大队长逃跑后，全体人员主动放下武器向解放军投诚。

厦门战役从15日黄昏开始至17日中午结束，共歼国民党军2.7万余人，其中俘2.5万余人。胡岳宣所率起义部队虽然仅有400余人，但它是一支成建制的部队，为解放厦门立了一功。

在上海的贾亦斌闻此喜讯，立即发来了贺电，表示热烈的祝贺！毕竟这是预干总队的第二次起义，以它的成功显示了一道鲜活的亮色。

再说预干总队那些被打散了的起义人员。

当枪声渐渐平息，挨村挨户搜捕的国民党部队陆续撤走以后，隐匿在老百姓家里和山林中的起义人员又互相寻找，三五成群地结合起来，开始了新的战斗。

在余杭县某地一个关帝庙里，预干总队起义失散人员张若虚、刘汝沧、张民祥与“国防部青年救国团太湖义勇队”负责人杨光、参谋长余龙进行了一次坦诚会谈。杨光和余龙对贾亦斌深为尊敬，对预干总队起义失利深表同情，愿意将他们这支部队和起义失散人员一起拉上山去打游击，随时准备迎接解放军渡江。经过深入交谈，双方商定新组成的部队使用中共上海局赋予预干总纵的“苏浙皖边区民主联军”的番号。鉴于起义部队已编有四个纵队，新的部队商定为第五纵队，杨光任司令员，余龙任副司令员，刘汝沧任政委。将原有的1700余人扩编为两个团，以原警卫连为基础扩编为武工大队。经过10余天时间，部队发展到2400余人，而且装备齐全。

民主联军第五纵队的游击活动开展得有声有色。他们在京杭国道及其附近多次袭击国民党军，截获并收编了从长江防线上溃散下来的数百人，收缴了一批武器装备；袭击了浙江省警保处的“飞行堡垒”，枪声响彻杭州近郊的武林门；还在杭州市内张贴了大量标语，吓得敌人惶惶不可终日。

5月3日杭州解放。民主联军第五纵队派人与第三野战军第二十一军联系后，奉命驻防于湖墅至拱宸桥一带待命。杭州市军管会成立后，民主联军所部人枪奉命交给第二十一军接收，排连长以上干部则由市军管会予以安置。

预干总队还有一些被打散人员，则以不同方式继续坚持斗争。第十五中队中队长顾炳耀是嘉兴人，利用乡间熟人找到了中共领导的吴嘉湖独立团，继续与反动派作斗争，后来还当了该团参谋长。有的起义人员和浙东游击纵队金萧支队接上了关系，参加了迎接杭州解放的斗争。

预干总队在嘉兴起义的消息传到重庆后，预干第二总队干部学员大受鼓舞，情绪激昂，提出了“向第一总队看齐”的口号，酝酿举行武装暴动，以策应人民解放军向西南的大进军。此举使国民党重庆警备司令部大为震惊，遂出动部队包围该总队并强迫缴械。这一事件在整个大西南引起很大反响。

段伯宇策反的第九十六军驻浦口期间，段伯宇和李正文本欲秘密会见该军中将军长于兆龙，但由于长江封锁不便见面，段伯宇便跟于兆龙通了电话，商定由宋健人留驻南京，作为中共上海局策反工作委员会派驻该军的联络代表。

人民解放军大举渡江前，国民党军对长江防线不断进行调整。不知由于什么原因，于兆龙的九十六军被调离浦口桥头堡，到安庆一带布防去了。

还有国民党第一〇六军，段伯宇陪同李正文与军长王修身秘密见了面。经过劝说，王修身答应在人民解放军渡江时进行策应。王修身还提出希望起义后能保留他的军长职位。谁知军情瞬息万变，王修身所部于江防之战发生前被迫调往皖南，荻港至芜湖一带的长江防线改由马师恭的第八十八军接防。这位马师恭曾当过伞兵司令，刚接防就再三要求辞职，不等批准就匆匆离去，实际上是临阵畏缩，退而自保了。

人民解放军百万雄师的渡江作战，最早发起战斗的时间是4月20日夜8时，地点在安徽中部裕溪口至枞阳镇100多公里的地段上。其中一部分恰好是国民党第九十六军和第八十八军的防线。第九十六军军长于兆龙曾私下向段伯宇表示：在解放军渡江时，他的部队枪口抬高一寸，实际上是对天放枪，向上级交个差，而又不致伤及我军，这也算是一种策应吧。

在香港的段伯宇日夜注视着远在长江的江防争夺战。当他看到新华社如下一则报道时，高兴得几乎跳起来。报道说：4月20日夜起，长江北岸人民解放军中路渡江部队首先突破安庆、芜湖防线。当面之敌纷纷溃退，毫无斗志，所遇抵抗甚为微弱。这一方面是由于人民解放军英勇善战，锐不可当，另一方面是因为国民党官兵希望和平，不愿再打了。战犯汤恩伯21日到芜湖督战，不起丝毫作用。段伯宇听了这条消息，心想这和中共上海地下组织的策反工作也是有关系的，是多种因素综合起作用的结果。

解放军突破长江防线后，于兆龙率九十六军残部、王修身率一〇六军残部都溃退到了福建。

蒋介石把福建视为台湾的屏障，下决心在福建和人民解放军再作较量。指挥官仍然是汤恩伯。集中的部队有3个兵团，10个军，27个师，共约12万人。但大都是长江防线和上海溃退的败军，建制混乱，士气涣散，仓促布防，工事简单，已成惊弓之鸟。

第三野战军第十兵团在兵团司令叶飞和政委韦国清率领下向福建进军，首先求歼福州之敌。

这时第九十六军奉命配置于雪峰和大小北岭地区，以加强福州正面防御，第一〇六军则奉命扼守福州市区核心阵地。

第一〇六军原先是十七兵团司令侯镜如的老部队。侯镜如是黄埔军校第一期毕业生，早年参加过南昌起义，受过周恩来、贺龙的领导。他曾说："过去我们口口声声为三民主义奋斗，实际上是为豪门卖命，今后再不能这样干了。"1948年底，安子文派侯镜如的外甥李介人秘密向侯转告了周恩来、贺龙的关怀，动员侯镜如回到革命队伍中来。侯镜如到福建后，十七兵团被撤销，他很快去了香港。

在中共华南分局领导下，侯镜如对秘密到香港的一〇六军三一八师编外副师长曹仁凤交代了策反王修身和于兆龙的任务。曹仁凤回到福州后，一天找到了王修身，向他面交了侯镜如的策反亲笔信。

王修身看完信，苦笑着摇摇头，坦率地说："我的母亲和家眷已由上海去了台湾，我不能再有其他选择。"王修身后来去了台湾。但该军所辖的第三一八师在我军向福州市区进攻时，师直属队和两个团光荣起义，回到了人民怀抱。

于兆龙和王修身私交很厚。他也没有履行向陆大老同学段伯宇所作的起义承诺，和王修身一样去了台湾。但该军副军长黄振涛（也是段伯宇陆大特七期的同学）和参谋长纪舒平，在福建永泰率数千人向解放军投诚，其中还有于兆龙的副官魏之雅和干女儿冯雅琴。

笔者作了一个不完全的统计：段伯宇从1943年根据周恩来指示打入国民党陆军大学、毕业后打入军务局（侍从室后期），先后长达7年之久。经过他的团结、教育、争取，有4位国民党爱国将领和一位上校团长成了中国共产党的地下党员；经他最先做工作后来光荣起义和投诚的，有国民党将军3人，校级军官多人。起义部队计有1个预干总队、1个伞兵团、2个辎汽团、1个工兵团、1个保安总队，以及两个军中的若干部队，人数多达数万人，而且大多是蒋介石的嫡系部队。

毛泽东同志曾经说过："我们共产党人好比种子，人民好比土地。我们到了一个地方，就要同那里的人民结合起来，在人民中间生根、开花。"段伯宇就是这样的一个优秀共产党员。他打入国民党军队后，团结爱国进步官兵，为打败国民党反动派，为建设新中国，作出了他独特的贡献。

35. 旭日东升，起义将校胜利会师。陈毅高度赞扬起义人员的英勇爱国行动。蒋介石痛心疾首大骂段氏兄弟。历史不会忘记一切为创建新中国赴汤蹈火的仁人志士

人们常常用“一天等于二十年”来形容革命时期形势发展的迅速。而三年解放战争那个急风暴雨的年代，特别是1949年，真是天翻地覆慨而慷，弹指一挥换了人间！

李正文4月5日在嘉兴和贾亦斌匆匆分手后，8日上午在上海得到了嘉兴起义的消息。10日，他因特务追捕而秘密撤往香港。他在香港的报纸上看到“贾亦斌在良村被击毙”的消息后，感到非常悲痛和惋惜。

李正文途经南京时，心里惦记着贾亦斌的老母亲。他想应该代表党组织去看看她，表示慰问。仅仅一个多月前，李正文在段伯宇、贾亦斌陪同下从上海秘密抵达南京。那时南京尚未解放，他们曾在干河沿109号贾家隐蔽过。老奶奶忙里忙外照料他们，给李正文留下了很好的印象。

正当李正文怀着沉痛的心情迈进贾家大门时，蓦然发现贾亦斌竟然活生生站在自己面前！真是太高兴了！两位生死与共的战友紧紧地拥抱、握手，都激动得热泪纵横。

李正文对贾亦斌说：“你在起义中的大智大勇，起义后经历的生死考验，都无愧于共产党员的光荣称号。希望你好好养伤，早日康复，为党为人民做更多的工作。”

临分手时，李正文留下500元渤海币，作为党组织给贾亦斌治伤的一点补助。数量微不足道，但那时实行供给制，大家都很清苦，只能略表心意。

几天后，中共中央华东局派李庆方开车将贾亦斌从南京接到了丹阳。当时以邓小平为书记的总前委和华东局、华东军区的负责人陈毅等都住在丹阳，大批干部也云集丹阳，日夜进行学习讨论，紧张地进行着解放上海的各项准备工作。贾亦斌看到这一切后内心非常激动。随后，华东局社会部负责人扬帆、梁国斌等接见和宴请了贾亦斌，备致慰问。

紧接着，陈毅、曾山（华东局常委）、刘晓（中共上海局书记）等领导人在丹阳大旅社亲切接见了贾亦斌。这在当时华东地区来说，是最高“规格”的礼遇了。对一个只身来到解放区的国民党起义将军给予如此荣耀，是罕见的。

陈毅、曾山等领导人一一和贾亦斌亲切握手，热烈地表示欢迎和慰问。

贾亦斌生平第一次见到共产党和解放军这么多大首长，而且都是自己心仪已久的传奇式英雄，既高兴又有点紧张。他诚惶诚恐地说：“我没有能够把起义部队带到解放区，感到心里不安，很惭愧……”

话还没有说完，陈毅立即打断他的话茬儿说：“不！你已经胜利完成了起义的任务。你的英勇爱国行动值得称赞！”

陈毅这句话，不仅是对贾亦斌个人的高度评价，也是对所有参加起义斗争的国民党爱国官兵的高度评价。

贾亦斌在丹阳期间，被分配到第三野战军搞联络工作，并为接管上海进行紧张的学习和准备。

在丹阳期间还有一件值得一提的喜事。

在贾亦斌领导下参加嘉兴起义的预干第一总队第一大队上校大队长李恺寅，经过多次恶战后只剩下他和贾亦斌在一起时，又遇上了到处搜山的敌人。这时贾亦斌已化了装，身穿一件旧布长袍，自称是小学教师。李恺寅则化装成当地乡民。敌人问他俩的身份，又从他们身上搜去了手表等财物，让他们之中的一个人留下做人质，另一个人带路去搜捕起义人员。李恺寅用目光示意贾亦斌走，他留下。贾亦斌在途中乘混乱之际脱了身，李恺寅则被押解到了江阴。

谁知审讯李恺寅的国民党第一绥靖区少将参谋长喻啸牧（道之），和贾亦斌是第十军干部学校老同学，关系不错。他借审讯之机向李恺寅打听贾亦斌的下落。后来干脆找了一个机会，私下把李恺寅释放了。

人民解放军进占江阴后，李恺寅向部队有关部门说明了起义经过。随后他被送到丹阳，和贾亦斌见了面。劫后重逢，大难不死，两位患难之交欣喜之情难以言表。

1949年5月27日上海解放。李正文、贾亦斌等随胜利之师浩浩荡荡进入市区。想想不久前还在这里搞地下斗争的那些惊险情景，真有天壤之别。如今他们都成了胜利者，从“地下”到了“地上”，接管了城市，成了上海的主人，可以昂首阔步、扬眉吐气地走来走去，可以自由地说话，可以大声地唱歌，再也用不着乔装打扮，再也不必为逃避特务追捕而东躲西藏了。这种喜悦的心情，如果不是亲身经历过地下斗争，是很难体会得到的。

中共上海局策反工作委员会很快派任百尊找到了段仲宇，并接上了党的组织关系。

不久后，从香港到上海的第一艘轮船“盛京”号在十六铺码头靠了岸。早就等候在码头的段仲宇，看到大哥段伯宇和老同学王海峤满面春风，迈着轻松的步伐走下了舷梯。他快步迎上前去，当他们紧紧地握手、拥抱之际，都不约而同地说出了同样一句话：“我们胜利了！”

组织上指定贾亦斌、李恺寅负责寻找和收容失散的预干总队起义人员，在上海专门开办了一个训练班，并由贾亦斌任副主任。开学那天，陈毅作为华东军区司令员和中共上海市委第一书记、市长，偕同市委书记刘长胜特地到会祝贺。这在当时具有非同寻常的意义。他对上海地下党组织和领导的这次起义作了高度的评价，并认为必须亲自到会向参加学习的原国民党军官表示慰问。这就是陈毅的风格，展示了他对党的地下斗争和党的统战政策的卓识。

京沪杭战役的彻底失败，特别是上海的解放，对蒋介石的打击实在太大了。他常常彻夜难眠，辗转反侧，想找出失败的原因所在。6月21日他在福州召开的军事会议上，对撤退到福建的20万国民党军的粮秣、被服和武器弹药供应感到十分头疼。所需之数甚巨，而手中所有寥寥。他想起了积存在上海仓库里大量的军粮、服装和武器弹药。这些军需物资为什么运不出来？为什么统统落到了共产党手中？是谁竟敢如此“资敌”？一查，原来上海港口副司令段仲宇就是暗藏的共产党员！再一查，原来此人的大哥段伯宇早就是共产党员，还居然混进军务局当上了少将情报科长。预干总队和伞兵三团的“投共”均系段氏兄弟所策反。两个地下共产党员竟然在自己的侍从室和军务局潜藏了这么久，这么深，蒋介石着实惊出了一身冷汗，感到党国的损失实在太大太大！

后来，伞兵第三团副团长姜健经共产党同意回到国统区，被长期“集训”，全家九口人生活无着。后来经老朋友帮忙，勉强度日。他回大陆探亲，看望了当年起义的钟汉勋，盛赞共产党的改革开放政策。

1949年10月1日，鲜艳的五星红旗在天安门广场冉冉升起，一个崭新的时代开始了。共和国永远不会忘记一切为了创建她而赴汤蹈火的仁人志士。是啊，没有他们的浴血奋斗，壮丽的共和国大厦就不可能矗立在世界的东方。

周恩来出任政务院总理兼外交部长后，立即着手组建新中国的外交工作机构。段伯宇也奉命调到北京进入外交战线工作。开始他参加了中央军委举办的“武官训练班”学习，准备派到驻国外的大使馆去当武官。谁知学习结束后领导又选调他负责刚刚成立的“国际俱乐部”的工作。干了一段时间，显示了他卓越的办事才能，后来被提升为外交部行政处长。外交学会成立后，段伯宇又被任命为副秘书长，工作得很出色。再后来他转入中国科学院，历任亚非研究所党支部书记、自然科学史所负责人和党支部书记等职。多次被邀请登上天安门城楼参加国庆观礼，还荣任第六届全国政协委员。

段仲宇新中国成立后一直在人民解放军中任职。他先后担任过第三炮兵学校训练部副部长、第三炮兵技术学校训练部部长、军械学校副校长、后勤工程学院训练部副部长、学院顾问等职，为人民解放军的现代化正规化建设

段云峰夫妇和段伯宇家人，1953年摄于北京。

倾注了他后半辈子的全部精力。段仲宇曾任全国黄埔军校同学会理事和江苏省黄埔军校同学会会长。他多次被评为先进工作者，还参加了1960年全军、全国文教系统“群英会”，直至1982年以副军职的高位离休。

贾亦斌开始被分配在上海市公安局工作，后来被调到上海市政协，再后来又上调到北京全国政协工作。曾任第二届全国政协委员，第四届全国人大代表，第五、六、七、八届全国政协常委，民革中央副主席和名誉副主席等重要职务。他为开展党的统战工作和促进祖国的统一大业，作出了卓越的贡献。

刘农畯率伞兵第三团胜利起义后，部队被改编为人民解放军华东伞兵训练总队，后又改编为华东军政大学伞兵训练总队。刘农畯荣任副总队长。1950年2月4日，中共中央军委主席毛泽东专门致电华东军区兼第三野战军副司令员粟裕（其时陈毅主要从事上海地方工作，华东部队军事工作由粟裕主管），电报说：“前起义过来的伞兵第三团，现在还有多少人？跳伞技术程度如何？他们中间的政治工作进行得怎样？有无党员的发展？一般的政治情绪如何？望电告。这批伞兵盼加强对他们的政治训练。我们需要以这批伞兵作基础训练一个伞兵部队，作为台湾登陆作战之用。”1950年8月，人民解放军创建伞兵部队，刘农畯、李贵田等率一批骨干奉命调到空军陆战第一旅工

段仲宇和妻子薛纪常（2009.5.17）

作。还有一批起义官兵奉调加入第三野战军第九兵团，后来参加了伟大的抗美援朝战争。许多同志光荣加入了中国共产党或共青团，成长为英勇的革命战士。后来刘农畯转业回湖南老家，曾任省体委副主任等职。

1988年4月23日，伞兵第三团起义39周年座谈会在北京召开。国务院副总理谷牧、中共中央统战部部长阎明复和平杰三、武连元、李贵、周文元（总政副主任）等领导人与当年起义官兵亲切座谈。参与这次起义的策划和组织领导工作的段伯宇、刘农畯、贾亦斌、李贵田、陈家懋、周其昌、孟虎等同志欢聚一堂，追忆当年壮怀激烈，喜看今朝伟大祖国欣欣向荣，展望未来海峡两岸的和平统一大业，这些耄耋老人都开怀畅谈，喜不自胜。

王海峤解放后曾任人民解放军工程兵学校训练部副部长等职，后转业至地方工作。

宋健人解放后进入上海市公安局社会处工作，后来调到安徽任某农场负责人。

齐国楷解放后曾任江苏省城建厅副厅长等职。当年他所率的江苏省保安总队虽未起义，但在人民解放军渡江后，该部未作什么抵抗，很快瓦解了。

胡岳宣改名胡亚力，曾任全国黄埔军校同学会理事和浙江省黄埔军校同学会会长。他们都在为祖国的和平统一大业继续做着富有成效的工作，作出了独有的贡献。

段伯宇与段仲宇两兄弟

段云峰老人已于1984

年1月11日谢世，享年96岁。全国政协为老人举行了隆重的追悼会。中央统战部部长平杰三、原军委炮兵副司令员陈锐霆、民革中央副主席李赣骝等参加了追悼会。遗体安放于八宝山革命烈士公墓。

1997年12月—1998年4月29日初稿

1998年4月30日—8月10日修改

2009年9月3日修订

附 录

讣 告

中国共产党优秀党员，第六届全国政协委员，中国科学院自然科学史研究所原负责人、党支部书记，离休干部段伯宇同志，因病医治无效，于1998年9月23日9时30分在北京逝世。享年95岁。

段伯宇同志，1904年7月9日出生于河北省蠡县孟尝村。他为共产主义事业、社会主义建设和祖国统一大业贡献了毕生精力。青年时期，他积极投身于天津“五四”运动而被学校开除。在河北大学组织学运被迫停学。只身掩护与北洋军阀作战的傅作义将军脱险。在太原宣传社会主义思想遭阎锡山通缉。在邹韬奋先生帮助下在保定开办进步书报社。1938年赴延安“抗大”学习，同年8月加入中国共产党。1939年初，奉周恩来副主席指示打入国民党军事机关。在严峻的环境中，独立、灵活地开展地下工作，出生入死，创造条件，打入国民党最核心的军事机关总统府军务局，任少将情报科长、高级参谋，争取、团结了一批有正义感的国民党爱国将领。在中共上海局策反委员会的领导下，在宁沪杭地区成功地组织了国民党四个特种兵独立团、两个总队及两个军共十余万人起义及配合解放工作，有力地支持了渡江作战和宁沪杭地区的解放，为中国人民解放事业作出了特殊贡献。

新中国成立以后，段伯宇同志从中央军委武官班毕业。1950年任外交部行政处长、党支部书记，接管国际俱乐部，并任中国人民外交学会副秘书长、党支部书记。1958年被授予全国人民慰问解放军代表团勋章。1956年入中共中央高级党校学习，毕业后任哲学教研室讲师。1960年任亚非研究所党支部书记，亚非学会副秘书长。1964年参与筹办亚非拉国际科学会议。同年，根据周恩来总理关于搞好中国自然科学史的指示，任自然科学史研究室负责人、党支部书记。1985年起任全国政协第六届委员，继续发挥对台湾军政界的影响。在垂暮之年直至弥留之际，他还念念不忘祖国统一大业。1986年被选为中国亚非学会理事、顾问。1987年离休。

段伯宇同志毕生学习马列主义、毛泽东思想，全心全意为人民服务。在“文革”中与林彪、江青反党集团进行了坚决斗争并遭迫害。他衷心拥护党的十一届三中全会以来的路线，认真学习邓小平理论，衷心拥护以江泽民同志为核心的党中央领导。

段伯宇同志的一生是战斗的一生，为党工作的一生，在军运、外交、党建、对台工作和科学研究事业等方面都作出了重要贡献。他忠于党，忠于祖国，忠于人民；廉洁朴素，尊重、爱护知识分子；团结同志。他的逝世使上述工作受到了损失。我们要学习他崇高的革命精神和思想品德，化悲痛为力量，为我国社会主义建设事业努力奋斗。

段伯宇同志永垂不朽！

中国科学院自然科学史研究所

段伯宇同志治丧委员会

1998年9月28日

段伯宇同志遗体告别定于1998年10月6日上午9时，在八宝山革命公墓第一告别室举行。

后 记

1949年5月25日，公开身份是国民党少将的中共地下党员段仲宇，在经历了艰苦惊险的地下斗争以后，随着上海的解放，终于从“地下”回到了“地上”，迎来了即将诞生的新中国的曙光。

多年前，为迎接新中国成立50周年，回顾胜利的过去，展望辉煌的未来，笔者专门采访了段伯宇、段仲宇两位尊敬的前辈，并将他们人生旅途上最具传奇色彩的，即在国民党军中开展党的地下工作的经历，写成本书，以奉献给广大读者，特别是年轻的朋友。

本书写作过程中，参考和引用了段伯宇同志的回忆录《蒋军心脏中的一条秘密战线》和《我的回忆》、张执一同志的回忆录《在敌人心脏里——我所知道的中共中央上海局》、李正文同志的回忆录《我所知道的贾亦斌率领预干总队起义》、贾亦斌同志的回忆录《半生风雨录——贾亦斌自述》、胡亚力同志的回忆录《起义火种不灭——回忆嘉兴、厦门两次起义的经过》、陈家懋和李贵田同志的回忆录《国民党军伞兵第三团起义纪实》、周其昌同志的回忆录《我经历的伞兵第三团起义》，以及中国人民解放军历史资料丛书《解放战争时期国民党军起义投诚·沪苏皖浙赣闽地区》、全国《文史资料选辑》中的有关文章，在此向作者、编者和出版社一并致以衷心的感谢！

本书还参考和引用了朱文芳同志写的《几番风云心向阳——记段仲宇同志》和杨昭明同志写的《特殊身份的少将》两文中的有关史料，特致谢意！

由于年代久远，许多当事人已不在人世等多种原因，特别是由于蒋介石政府逃离大陆前已将许多机密档案运往台湾，以致像南京第二历史档案馆等著名民国史档案馆里，有关蒋介石侍从室的机密档案荡然无存，几乎一份也找不到。这就不得不使本书的写作留下了许多迄今无法弥补的缺陷，也许只有待将来台湾回归后才能弥补了。

孙景如同志在本书写作过程中做了史料汇集、誊抄等多方面的工作，谨致深切的谢意！

衷心感谢中共党史出版社领导和本书责任编辑贾京玉为本书付出的辛勤劳动。

感谢广大读者。

作者

2017年于南京